清高宗纯皇帝

乾 隆

李 勇 ◎ 编著

辽海出版社

图书在版编目(CIP)数据

清高宗纯皇帝乾隆/李勇编著.—沈阳：辽海出版社，2017.9
ISBN 978－7－5451－4405－5

I.①清… II.①李… III.①乾隆帝(1711-1799)-传记 IV.①K827＝49

中国版本图书馆 CIP 数据核字(2017)第 240861 号

责任编辑：孙德军
封面设计：李　奎

出版者：辽海出版社
　地　　址：沈阳市和平区十一纬路 25 号
　邮　　编：110003
　电　　话：024-23284381
　E-mail：dszbs@mail.lnpgc.com.cn
　http://www.lhph.com.cn
　印　刷　者：北京一鑫印务有限责任公司
　发　行　者：辽海出版社

幅面尺寸：155mm×220mm
印　　张：14
字　　数：218 千字

出版时间：2017 年 9 月第 1 版
印刷时间：2017 年 10 月第 1 次印刷
定　　价：29.80 元

《世界名人传记文库》编委会

主　编　游　峰　姜忠喆　蔡　励　竭宝峰　陈　宁　崔庆鹤
副主编　闫佰新　季立政　单成繁　焦明宇　李　鸿　杜婧舟
编　委　蒋益华　刘利波　宋庆松　许礼厚　匡章武　高　原
　　　　　袁伟东　夏宇波　朱　健　曹小平　黄思尧　李成伟
　　　　　魏　杰　冯　林　王胜利　兰　天　王自和　王　珑
　　　　　谭　松　马云展　韩天骄　王志强　王子霖　毕建坤
　　　　　韩　刚　刘　舫　宫晓东　陈　枫　华玉柱　崔　武
　　　　　王世清　赵国彬　陈　浩　芝　羿　姜钰茜　全崇聚
　　　　　李　侠　宋长津　汪　裴　张家瑞　李　娟　拉巴平措
　　　　　宋连鸿　王国成　刘洪涛　安维军　孙成芳　王　震
　　　　　唐　飞　李　雪　周丹蕾　郭　明　王毓刚　卢　瑶
　　　　　宋　垣　杨　坤　赖晖林　刘小慈　张家瑞　韩　兆
　　　　　陈晓辉　鲍　慧　魏　强　付　丽　尹　丛　徐　聪
　　　　　主勇刚　傅思国　韩军征　张　铧　张兴亚　周新全
　　　　　吴建荣　张　勇　李沁奇　姜秀云　姜德山　姜云超
　　　　　姜　忠　姜商波　姜维才　姜耀东　朱明刚　刘绪利

	冯 鹤	冯致远	胡元斌	王金锋	李丹丹	李姗姗
	李 奎	李 勇	方士华	方士娟	刘干才	魏光朴
	曾 朝	叶浦芳	马 蓓	杨玲玲	吴静娜	边艳艳
	德海燕	高凤东	马 良	文 夫	华 斌	梅昌娅
	朱志钢	刘文英	肖云太	谢登华	文海模	文杰林
	王 龙	王明哲	王海林	台运真	李正平	江 鹏
	郭艳红	高立来	冯化志	冯化太	危金发	仇 双
	周建强	陈丽华	叶乃章	何水明	廖新亮	孙常福
	李丽红	尹丽华	刘 军	熊 伟	张胜利	周宝良
	高延峰	杨新誉	张 林	魏 威	王 嘉	陈 明
总编辑	马康强	张广玲	刘 斌	周兴艳	段欣宇	张兰爽

总　序

　　我们每个人心中都有自己崇拜的名人。这样可以增强我们的自信心和自我认同感，有益于人格的健康发展。名人活在我们的心里，尽管他们生活在不同的时代、不同的国度、说着不同的语言，却伴随着我们的精神世界，遥远而又亲近。

　　名人是充满力量的榜样，特别是当我们平庸或颓废时，他们的言行就像一触即发的火药，每一次炸响都会让我们卑微的灵魂在粉碎中重生。

　　名人带给我们更多的是狂喜。当我们迷惘或无助时，他们的高贵品格就如同飘动在高处的旗帜，每次招展都会令我们幡然醒悟，从而畅快淋漓地感受生命的真谛。只要我们把他们视为精神引领者和行为楷模，就会不由自主地追随他们，并深刻感受到精神的强烈震撼。

　　当我们用最诚挚的心灵和热情追随名人的足迹，就是选择了一个自我提升的最佳途径，并将提升的空间拓展开来。追随意味着发现，发现名人的博大精深，发现时代赋予我们的使命，发现最真实的自我；追随意味着提升，置身于名人精神的荫蔽之下，我们就像藤蔓一般沿着名人硕大粗壮的树干攀援上升，这将极大地缩短我们在黑暗中探索的时间，从而踏上光明的坦途。

不要说这是个崇尚独立思考的年代,如果我们缺乏敬畏精神,那么只能让个性与自由的理念艰难地生长;不要说这是个无法造就伟人的年代,生命价值并不在于平凡或伟大。如果在名人的引领下,读懂平凡世界中属于自己的那本书,就能够成为最好的自己。

名人从芸芸众生中脱颖而出,自有许多特别之处。我们追溯名人成长的历程,虽然每位人物的成长背景都各不相同,但或多或少都具有影响他们人生的重要事件,成为他们人生发展的重要契机,并获得人生的成功。

名人有成功的契机,但他们并非完全靠幸运和机会。机遇只给有准备的人,这是永远的真理。因此,我们不要抱怨没有幸运和机遇,不要怨天尤人,我们要做好思想准备,开始人生的真正行动。这样,才会获得人生的灵感和成功的契机。

我们说的名人当然是指对世界和人类做出突出贡献的伟大人物,他们包括著名的政治家、军事家、发明家、文学家、艺术家、思想家、哲学家、企业家等。滚滚历史长河,阵阵涛声如号,是他们,屹立潮头,掀起时代前进的浪花,浓墨重彩地描绘着人类的文明和无限的未来,不断开创着辉煌的新境界和新梦想,带领我们走向美好的明天。

政治家是指那些在长期政治实践中涌现出来的具有一定政治远见和政治才干、掌握权力,并对社会发展起着重大影响作用的领导人物。军事家是指对军事活动实施正确指引或是擅长具体负责军事行动实施的人,一般包括战略军事家和战术军事家。

政治家、军事家大多充满了文韬武略,能够运筹帷幄,曾经叱咤风云,纵横天地,创造着世界,书写着历史,不断谱写着人类的辉煌篇章,为人们留下了许多宝贵的精神财富和物质财富。

科学发明家是指专门从事科学研究和发明,并做出了杰出贡献的人士。他们从事着探索未知、发现真相、追求真理、改造世界和造福人类的大学问。他们都有献身、求实、严谨和持之以恒的精神，都具有一颗好奇心。从好奇心出发，他们希望探知事物规律，具有希望看到事物本质一面的强烈意识与探索激情。还有就是他们都有恒心，他们在科学研究中不断努力，努力，再努力，锲而不舍，具有永不止步的追求精神。

文学家是指以创作文学作品为自己主要工作的知名人士和学者等。其中，诗人是指诗歌的创作者，小说家指小说创作者，散文家指散文创作者，而文学家则是指在诗歌、小说、散文、戏剧等各种文学体裁领域均取得一定成就的创作者，他们是人类精神财富的创造者。

艺术家是指具有较高审美能力和娴熟创作技巧并从事艺术创作劳动而具有一定成就的艺术工作者。进行艺术作品创作活动的人士，通常指在绘画、表演、雕塑、音乐、书法及舞蹈等艺术领域具有比较高的成就，并具有了一定美学造诣的人。他们是生活中美的发现者和创造者，极大地丰富着我们的生活。

哲学家、思想家是指对客观现实的认识具有独创见解并能自成体系的人士。思想主要是用言语和符号来表达的，而致力于研究思想并且形成思想体系的人就是哲学家、思想家。他们用独到的思想解决生活中遇到的问题，且在此过程中逐渐认识自我与宇宙，以此解决人们思想认识上矛盾迷惑的问题。他们是我们人类灵魂的工程师，塑造着我们的人格，探讨所有人类重要的问题和观念，并创造出一种思考和思想的能力，闪烁着智慧的光芒，照耀着人类前进的步伐，推动着人类思想和精神不断升华，使人类不断摆脱低级状态，不断走向更高境界。人是有思想和精神的高级动物，因此，哲学家和思想家是人类不可或缺的，是我们人类的伟大导师。

企业管理家是最直接创造财富的人。他们创造物质财富，推动社会不断进步，使得人们更加幸福。财富虽然只是一个象征，但它与人们的生活、国家的发展、民族的强盛等息息相关。企业家也创造巨大的精神财富，他们在追求财富过程中所表现出来的创新、冒险、合作、敬业、学习、执著、诚信和服务等精神，是我们每一个人学习的榜样。

我们追踪这些名人成长发展过程中的主要事件，就会发现他们在做好准备进行人生不懈追求的进程中，能够从日常司空见惯的普通小事上，碰撞出思想的火花，化渺小为伟大，化平凡为神奇，从而获得灵感和启发，获得伟大的精神力量，并进行持久的人生追求，去争取获得巨大的成功。

影响名人成长的事件虽然不一样，但他们在一生之中所表现出来的辛勤奋斗和顽强拼搏的精神，则大同小异。正如爱迪生所说："伟大人物最明显的标志，就是他们拥有坚强的意志，不管环境怎样变化，他们的初衷与希望永远不会有丝毫的改变，他们永远会克服一切障碍，达到他们期望的目的。"

爱默生说："所有伟大人物都是从艰苦中脱颖而出的。"因此，伟大人物的成长也具有其平凡性。正如日本著名歌人吉田兼好所说："天下所有伟大人物，起初都是很幼稚且有严重缺点的，但他们遵守规则，重视规律，不自以为是，因此才成为名家并进而获得人们的崇敬。"所以，名人成长也具有其非凡之处，这才是我们应该学习的地方。

英国著名哲学家培根说："用伟大人物的事迹激励青少年，远胜于一切教育。"为此，本套作品荟萃了古今中外各行各业最具有代表性的名人，阅读这些名人的成长故事，探知他们的人生追求，感悟他们的思想力量，会使我们从中受到启迪和教育，让我们更好地把握人生的关键，让我们的人生更加精彩，生命更有意义。

简　介

清高宗爱新觉罗·弘历（1711~1799）是雍正帝第四子，生于康熙四十九年，即公元1711年。他是清朝第六位皇帝，定都北京后的第四位皇帝。年号乾隆。他25岁登基，在位60年，退位后又做了3年太上皇，实际掌握最高权力长达63年零4个月，是中国历史上执政时间最长、年寿最高的皇帝。他为发展清朝康乾盛世作出了重要贡献，为一代有为之君。

雍正元年，弘历被密立为太子，雍正十一年他被封为和硕宝亲王，开始参与军国要务。他在雍正时期受到了全面而又严格的教育和训练，表现出色，深得雍正信任。雍正帝驾崩后，弘历即位并改次年为乾隆元年。

乾隆非常重视发展农业。他要求北方向南方学习耕种技术，并责成地方官招募养蚕纺织能手向人们传授技术。他还令地方官注意植树造林，保持水土。他鼓励开荒，扩大种植面积，使得全国耕地面积扩大了许多。乾隆重视社会的稳定，关心受灾的百姓，执政期间曾五次减免天下钱粮，三免八省漕粮，极大减轻了农民的负担。由于生产的发展，国家财政收入也逐年提高。

在政治上，乾隆实行宽严相济之策，整顿吏治，严格规范各项典章制度。他优待士人，安抚并重用雍正朝受打击的宗室。乾隆三年，他觉察国家贪腐风气后，开始严肃处理侵贪案件，将性质严重、核实无误的贪污犯即行正法。乾隆六年，乾隆处死了十余名职位很高的巨贪。

在军事上，乾隆多次镇压西部少数民族贵族起义，反击廓尔喀对西藏的入侵，加强了清朝对新疆和西藏等地区的管理，进一步巩固了多民族的帝国，使清王朝气派恢宏，威震遐迩，环顾四周，悉为属国，甚至以前从来和清王朝没有交往的国家也纷纷遣使前来朝贺。

在文化上，乾隆期间各种官修书籍达100余种，完成了顺治朝开始编撰的《明史》和康熙下令开始编写的《大清一统志》等，他还令臣下编成《续文献通考》《皇朝文献通考》《大清会典》等，另外在文字音韵、文学著作以及地学、农学、医学、天文等方面都有重要文献。特别是他鼓励编修的大型文化典籍《四库全书》，是中国历史上规模最大的一套丛书，涵盖了古代中国几乎所有学术领域，为后代学者研究中国古代文化提供了较完善的文献资料。

在外交上，乾隆时期的清帝国继续以"天朝上国"自居，和周边属国友好往来。他组织力量勘察东北边境多条河流的河源，抑制了沙俄在东北黑龙江流域、蒙古地区和西北新疆地区的侵略野心。在对外贸易方面，开辟了中俄边境恰克图贸易市场，还实行四口通商。但在乾隆后期，也实行了全面的闭关锁国政策，对出口货物种类多有限制，影响了近代中国的发展。

乾隆拥有最大权势和最丰厚财富的同时，还兼具学者、诗人、艺术家等独特气质，特别是在诗词歌赋、书法、绘画、音乐上都有很深造诣。他是世界上写诗最多的作者，一生作诗41863首，世界第一，当之无愧。他还是最富的收藏家和鉴赏家。他继承了先祖们终生征战锻炼出来的良好身体素质和勇武精神等。他还是大清历史上最出名的旅行家之一，被称为马上朝廷，曾六次南巡，四次东巡等，中华大地各处奇景几乎都有他的足迹。

乾隆是中国历史上统治成绩最辉煌的君王之一。乾隆年间的清帝国，政治安定，经济繁荣，人口大增。他在位期间，清王朝达到了康乾盛世以来的最高峰。他在康熙、雍正两朝文治武功的基础上，进一步完成了多民族国家的统一，使得社会经济文化有了进一步发展，对近代中国作出了巨大的贡献。

目 录

自幼深受康熙帝宠爱	001
多年得到名师教诲	005
自编《乐善堂文钞》	008
被定为皇位继承人	011
太和殿奉诏登基	015
登基开始独揽大权	020
勇敢改革抑制宗室	025
严密预防宫廷内部	031
发现朋比结党隐患	037
平衡削弱两派实力	044
铲除朋党残余势力	060
培植自己心腹大臣	064
实行宽严并用政策	075
着意审定考察官员	083
第一次平定大小金川	088
两次平定准噶尔叛乱	093

平定叛乱加强管理 …………………………… 099

第二次平定大小金川 …………………………… 107

镇压天地会的起义 …………………………… 111

征服缅甸国 …………………………… 115

帮助安南国平复叛乱 …………………………… 118

击退廓尔喀的侵略 …………………………… 122

勤于政务关心民生 …………………………… 127

六度视察水利工程 …………………………… 131

追彰明朝忠臣义士 …………………………… 137

对和孝公主的喜爱 …………………………… 140

与皇子之间的相处 …………………………… 149

宽仁导致官场积弊 …………………………… 159

内部矛盾相对缓和 …………………………… 167

大兴"文字狱" …………………………… 173

巨资兴修皇家园林 …………………………… 179

放松对和珅的管控 …………………………… 188

压制农民反抗斗争 …………………………… 195

闭关锁国的内忧外患 …………………………… 200

驾崩之后移权新皇 …………………………… 206

附：清高宗大事年表 308 …………………………… 210

自幼深受康熙帝宠爱

公元1644年，清太祖努尔哈赤第十四子、摄政王多尔衮在大明王朝叛将、总兵吴三桂的帮助下，率领清军浩浩荡荡地从山海关杀入中原，从此，满族在中华大地上建立起了大清帝国。清朝历经顺治、康熙两朝的励精图治，国势逐渐强盛，经济快速发展，人民休养生息，世局逐渐稳定了下来。

但是，清朝皇室内部却并不太平。自康熙帝继位以来，众皇子之间争权不断。为了夺得皇位，20多位皇子之间纠集同党、勾心斗角，手足相残，其中尤以大皇子、二皇子、三皇子、四皇子、八皇子、九皇子、十皇子、十三皇子、十四皇子的"九王夺嫡"最为突出。

皇位的争夺甚至代替了正常人伦，权力的交替一直伴随着血雨腥风。就在康熙帝为此而满心焦虑的时候，他的眼前蓦然跳出一颗明珠，那就是皇四子胤禛的儿子弘历。

1711年9月25日，康熙五十年，爱新觉罗·弘历出生，他是胤禛的第四个孩子。胤禛在子嗣上甚是艰难，4个儿子有一个还夭折了，所以从小对儿子们十分疼爱，但同时要求也非常严格。

弘历自幼聪颖过人，勇敢而且又有智谋。当康熙帝第一次见到弘历时，祖孙二人就颇为投缘。康熙帝第一次见到弘历时，弘历刚刚12岁，当时四皇子胤禛请康熙帝到圆明园与自己一家人吃饭，康熙帝见孙子弘历品貌端正、天资聪颖，立刻就有了好感。

弘历的聪明灵慧使为皇位继承而苦心焦虑的康熙帝立时感到了后继有人，于是康熙帝当时就对儿子说："胤禛，就让弘历搬到皇宫中，跟我一块住吧。"

一直暗暗盯着皇位的胤禛感觉当真是天降之喜，马上叩头谢父皇垂眷之恩。弘历搬到皇宫后，住进了皇子们住的毓庆宫。康熙帝非常宠爱这个聪明的小皇孙，他亲自指导弘历读诗书，闲暇散步时也带着弘历说说笑笑。

有时候到围场打猎和批阅奏章，康熙帝都要将弘历带在身边。康熙帝利用一切时机对弘历进行言传身教。一次康熙帝谈到宋代学者周敦颐的《爱莲说》，弘历倒背如流，康熙帝非常高兴。

同时，康熙帝又让弘历向贝勒允禧学射箭，向庄亲王允禄学放火箭。聪明的弘历一学就会。康熙帝看在眼中，对弘历更加欣赏。康熙六十一年的秋天，康熙帝带着弘历去热河避暑，特意将避暑山庄内自己居住宫殿的侧堂万壑松风殿赐给弘历居住、读书。

有一天，康熙帝乘坐的御舟停泊在白殿下的晴碧亭畔，康熙帝站上船头，远远地向万壑松风殿呼唤："弘历！……"

正在殿北山坡上玩耍的弘历听到康熙帝呼唤，急忙从山坡上连蹦带跳地直冲下来，边跑口中边喊："皇爷爷，我来了！"

康熙帝看弘历跑得太快，怕他发生危险，急忙摆手大声劝阻说："弘历，慢点，别摔着了！哎呀，你慢点！"

不一会儿，弘历便身手敏捷地跳上船来，小脸涨得通红，喘着粗气，跪在地下喊着："孙儿给皇爷爷请安。"

康熙帝一把将弘历搂进怀里："起来，快起来，你这孩子，怎么这么不知道轻重啊，刚才那么急地跑下来，多危险啊！"

"弘历怕皇爷爷等急了，再说，孙儿这不也是急着想到皇爷爷身边来嘛！"

康熙帝慈爱地捏着弘历的鼻子："你这孩子！"

弘历笑嘻嘻地说道："孙儿下次再也不敢了。"

康熙帝说："来，弘历，随爷爷到那边的亭子中小憩一下。"

弘历搀扶着皇爷爷走到了亭子中。大太监李德全端上一盘茶果点心，摆在桌子上："万岁爷，这是今年进贡的最新鲜的点心，您尝尝。"

康熙帝信手抓了一把糖莲子，心想："朕何不以'莲子'为题考考弘历的才学呢？"

想到这儿，康熙帝便捧着莲子问弘历："你知道'莲'字是平声还是仄声吗？"

弘历立刻反应过来，知道是皇爷爷有意在考验他，便谨慎地回答着："是下平声。"

康熙帝追问道："在哪一韵？"

弘历答道："一先。"

康熙帝暗暗点头。这年秋天八月初八日，弘历随康熙帝入木兰围场秋猎，木兰围场的自然景观如仙境一般，众峰峭立的悬崖，九曲碧绿的河水，沟壑纵横的山岳，惊驰的獐狍野鹿，天空翱翔的雄鹰，游翔浅底的细鳞鱼。

这美丽的大自然，令少年弘历心旷神怡。他右挂雕翎，左挂弯弓，身骑银饰的白龙马，行进在康熙帝身边。一靠近猎场，御前侍卫马武提醒道："皇上当心，这丛林中经常有熊出没。"

康熙帝有些激动地说："如果能遇见熊那就太好了。朕这辈子，猎的熊少说也有百余头了，不过这几年却不曾猎到了。"

马武又提醒道："皇上，这熊的皮毛十分厚，臣担心，一箭恐怕不能将其毙命。"

康熙帝从腰间掏出了火枪，对马武说："你说的这些朕都知道，不过你忘了，朕有这个。有时候，这西洋人的玩意儿还是蛮管用的，听人说，这玩意无论打什么都是一枪毙命。"

马武还是担心地说："总而言之，皇上小心便是了。"

一直跟着的弘历此时并没有说什么，他在仔细地观察着四周，寻找着熊出没的地方。突然，他策马挥鞭看着一旁对康熙帝说："皇爷爷，您快看，熊。"

康熙帝顺着弘历马鞭所指的方向骑去，一边大叫："好啊，朕来杀它！"

弘历和众人在后面紧紧跟随着。康熙帝看到了大熊，快速靠近，突然瞄准大熊，一枪向它射去，"砰！"大熊顿时跌伏于地。

康熙帝见大熊倒了下去，有心试试弘历的胆量，便对弘历说："弘历，皇爷爷已经将大熊射伤了，过去看看它死了没有？"

弘历答应一声，跳下马来向熊走去。但还未等走到熊跟前，不料，倒地的黑熊突然跃起，向弘历扑来。随驾的众武将都被这一幕吓得胆战心惊。

谁知，在这危急时刻，12岁的弘历却面不改色，拔出剑来和熊搏斗。那熊本来就中了枪，再加之弘历的武艺高超，几个回合便被弘历刺得鲜血直流。最后，弘历灵活地躲开了黑熊的一击，撤身几步拉开距离，并立即搭箭向熊连珠猛射几箭，大熊倒地而死。

康熙帝看见弘历面对如此险情竟然面不改色、镇定自若，忙来夸赞道："好好好，大敌当前面不改色，真不愧为朕的好孙儿，颇有朕年轻时候的风范啊！"

众人也都附和着:"小皇子真是英勇神武啊!""是啊,是啊。""小小年纪不简单啊!"

康熙帝召唤着弘历:"来,弘历,快过来,到皇爷爷身边来。"

弘历答应一声:"是。"策马来到康熙帝身旁。

康熙帝问弘历:"你刚才难道一点儿都不害怕吗?"

弘历拍拍胸脯:"不怕!有皇爷爷这真龙天子在孙儿身边护着,孙儿什么都不怕了。"

康熙帝故意加重了语气:"那可是一只凶狠的大熊啊!"

弘历倒吸了一口气:"皇爷爷,大熊攻击孙儿只是因为孙儿要伤它性命,它只是为了保全自己而已,所以这并不可怕!"

康熙帝大加赞赏:"我的孙儿真是勇敢啊!"然后转过头来对着众人,"这把火枪,朕决定赐给弘历了,你们没有意见吧?"

众人齐声表示:"皇上英明。"

通过这件事,康熙帝见弘历临危不惧,心中更加坚定了:"不选皇子选皇孙。有一位好皇孙,即可保大清再续百年基业!"

回帐之后,康熙帝激动地对和妃说:"我看弘历是贵重命,他将来的福恐怕比我还要大呢。"

后来,康熙帝还特地传见弘历的生母钮钴禄氏,满意地说:"嗯,你能为我生下弘历这样的孙儿,你也是有福之人啊。"

康熙帝对弘历毫不掩饰的偏爱和赞美,其意义,不仅仅是祖孙之情的表露,还隐含着康熙帝期待将来由弘历来接承帝统的愿望。康熙六十一年十一月,康熙帝病危。

临终前,康熙帝对大学士马齐说:"第四子雍亲王胤禛最贤,禀性刚毅,我死后立为嗣皇,必能继承大统,整顿朝纲。皇孙弘历有英雄气象,则必封为太子。"

多年得到名师教诲

康熙六十一年，康熙皇帝驾崩，四皇子胤禛继位，也就是雍正皇帝。康熙临终时的遗命为弘历将来继位打下了基础。弘历的少年，是在康熙、雍正两朝帝王的教诲和宠爱中度过的。

弘历13岁就被祖父密定为皇储，无需为此耗费精神；雍正鉴于康熙晚年的时候诸皇子卷入政治的前车之鉴，也尽量避免让弘历过早地与外界社会接触。

所以，对于弘历来说，皇子时代是他活得最得意、最洒脱的一段宝贵时光。他既不像顺治帝和康熙帝那样幼龄即位而没有天真烂漫的童年和少年，也不同于雍正帝从青年时代便机关算尽以谋取皇位，直到45岁，韶华已逝，才坐上了皇帝的宝座。

弘历幼年时期最为有利的条件是父亲雍亲王胤禛对他的态度，因为他在处心积虑地维护弘历王储地位的同时，还贯注精力于他的教育，期望他在登基之前，具备成为一个帝王的素养。

在弘历启蒙时期，翰林福敏成为他的第一任老师。不久，弘历便把这个翰林所有的本事都挖尽了。在弘历的反复要求下，胤禛命徐元梦、朱轼、张廷玉等品行端方、学问渊博的名臣作为弘历的老师。不久，徐元梦因为有罪而离开了弘历。

张廷玉作为重臣，忙于应付公务，很少在上书房露面。只有朱轼经常到书斋为弘历兄弟等人讲授。对弘历来说，松劲殿拜师虽有4位，但让他终生念念不忘的只有朱先生一人而已。朱轼，字若瞻，号可亭，所以弘历一直称之为"可亭先生"。

朱轼是江西高安人，康熙三十三年中进士。朱轼为官清廉，学问很好，经学造诣尤其深厚。朱轼对弘历一生影响深远。福敏使弘历饱读经史诸子，而朱轼则帮助弘历将其慢慢地咀嚼、消化，把几千年积累下来的中国传统文化精华，特别是儒家的政治思想、道德规范变成了与弘历的血肉之躯不可分离的部分。

朱轼历任知县、刑部主事、刑部郎中，康熙四十八年时出任陕西学政。他极力推行宋代哲学家张载的学说，他教导学生知礼成性、变化气质。后来，朱轼因为政绩突出，屡次受到提拔升迁至左都御史，担任《圣祖实录》总裁之职。

雍正年间，朱轼入职上书房，被提升为吏部尚书、太子太傅、文华殿大学士。朱轼很有才干，为此，他两度遇到家人病丧，被两朝皇帝特准在职服丧。朱轼是著名的理学家，研究礼记，又精明能干，躬亲治事，政务虽然繁重，但仍然好学不厌，生活上则很俭朴。朱轼除了比较推崇张载的学说外，对汉代的贾谊、董仲舒和宋代的周敦颐、程颢、程颐等也较为看重。朱轼接任弘历等几位皇孙的老师时，弘历12岁，虽然课业已经有良好的基础，但由于年龄正处在少年阶段，性格、气质、兴趣爱好还未定型，所以，朱轼对弘历的性格、爱好、志向、能力等的形成起了重要的作用。

弘历的另一位师傅是蔡世远。尽管弘历并未对蔡世远行拜师之礼，但弘历却从蔡世远的言传身教中逐渐领悟到了谋划权力的乐趣。蔡世远，字闻之，福建漳浦人，康熙四十八年进士。蔡世远特别擅长写古文，所以专门教弘历兄弟习古文。他还曾协助李光地编纂《性理精义》，这也是弘历曾经学习的课本。

雍正年间，蔡世远入职上书房，后又升至侍讲、侍讲学士、少詹事、内阁学士、礼部侍郎，但主要工作是教弘历等皇子读书。蔡世远教书非常认真，在内廷担任老师10年，早出晚归，没有一天缺席。

蔡世远也是一位十分崇拜宋儒的理学家，他说："宋朝正是理学繁荣昌盛的时候，周程张朱，一个一个地成为大家，德行学问的能力，世上无人可以与之匹敌。"

因此，蔡世远在教导诸位皇子时，也极力把这些宋理精义讲给他们，把自己对于理学的理解与时政结合，深入浅出地将程朱理学的精神灌输到弘历的头脑中去，这对于弘历日后治理国家有着较大的影响。

弘历跟着蔡世远学习了8年，其间，蔡世远不但教会弘历写作古文，而且还教会弘历从古人的文章中体会皇子如何在夺取皇位中稳操胜券的技巧，这些都为日后奠定了坚实的基础。

弘历知道父皇雍正帝非常赏识读书勤奋的皇子，为了博得父亲的喜欢，他尤其用功，在上书房学完功课，回到家中，仍在自己的小书房不停地诵读，沉浸在读书的乐趣中。

由于弘历天分很高，用功又勤，所以得到老师和一块学习的其他皇子的交口赞誉。老师朱轼赞誉弘历："皇四子精研《周易》《春秋》及戴氏礼、宋儒性理诸书，另外还学习各种《通鉴纲目》《史记》《汉书》及唐宋八大家的文章，无不深深地探究其中的真义和奥妙。"

与他一起读书的同窗也对他给予了很高的评价。弟弟弘昼说："我哥哥在向父皇请安和吃饭的空余时间，每当心有体会，就写成诗词。每天都写一篇，就算放学回到家里，也不敢松懈，手不释卷，力求达到古代作者的水平。"

福彭说："皇四子在向皇上问安吃饭之余，看的听的想的都是学习，考证古今的道理，讨论其中的异同，就算对某个字词也很认真，每当写文章，一下笔就停不下来，一会儿就写成千字的文章，才思敏捷。"

弘历通过师傅的教导、同窗的切磋，以及自己的理解，初步构建起以儒家价值取向为标准的伦理道德系统。他尊奉孔子，推崇宋儒，在诗文中经常阐发"内圣外王"的观点。

弘历坚信儒家"仁政""德治"的正确，认为"治天下者，以德不以力"，在处理君臣关系方面，则主张虚己纳谏。他对孔子"宽则得众"的格言尤为欣赏，并在《宽则得众论》一文中说：

> 自古帝王受命保邦，非仁无以得其心，而非宽无以安其身，二者名虽为二而理则一也。故至察无徒，以义责人则难为人；推宽，然后能并育兼容，众皆有所托命，诚能宽以待物，包荒纳垢，有人细故，成己大德，则人亦感其恩而心悦诚服矣。苟为不然，以损急为念，以刻薄为务，则虽勤于为治如始皇之程石观书，隋文之躬亲吏职，亦何益哉！

除诗文书画之外，弘历还有各方面的广泛兴趣。他喜欢打猎和比试射箭，喜欢在春天和秋天去郊游，读书闲暇的时候，还下围棋、坐冰床、玩投壶、养鸽子、烹茶品茗、鉴赏古玩，甚至对斗蟋蟀也饶有兴味。弘历也喜欢摆弄西洋"奇物"如自鸣钟、望远镜。

历代帝王中，弘历最崇拜的偶像是唐太宗李世民。弘历在论唐太宗的史论中赞美说："三代以下特出之贤君，虚心待物，损上益下，才能达到天下之盛。即位之后，励精图治，损己益人，爱民从谏，躬行仁义，用房玄龄、魏徵之谏，君臣相得，不敢怠慢，才能达到贞观之盛。"

自编《乐善堂文钞》

雍正八年秋，年仅20岁的弘历对自己14岁以后写的诗文进行挑选整理，编辑成册，取名为《乐善堂文钞》。弘历读书很用心，过目成诵，并经常撰写诗文，所以几年下来积累了大量的作品。

"乐善堂"是弘历的书斋，弘历以"乐善"为他的书斋命名，是因为他对"乐"与"善"两个字有深刻的理解。弘历在《乐善堂记》一文中写道：

> 余有书屋数间，清爽幽静，山水之趣，琴鹤之玩，时呈于前。菜圃数畦，桃花满林，堪以寓目。颜之曰乐善堂者，盖取大舜乐于人以为善之意也。

现在，弘历又以"乐善"作为他的诗集名。弘历刊刻《乐善堂文钞》，是为了用自己的言论来检查自己的行为，达到言行一致的目的。他自己在《乐善堂文钞》序言中写道：

> 余生九年始读书，十有四岁学属文。今年二十矣。其间朝夕从事者，四书五经、性理纲目、大学衍义、古文渊鉴等书，讲论至再至三。
>
> 顾质鲁识昧，日取先圣贤所言者以内治其身心，又以身心所得者措之于文，均之有未逮也。日课论一篇，间以诗歌杂文，虽不敢为奇辞诡论，以自外于经传儒先之宗旨，然古人所云文以载道者。
>
> 内返窃深惭恧，每自念受皇父深恩，时聆训诲，至谆且详，又为之择贤师傅以受业解惑，切磋琢磨，从容于藏修息游

之中，得以厌饫诗书之味，而穷理之未至，克己之未力，性情涵养之未醇，中夜以思，惕然而惧。

用是择取庚戌九月以前七年所作者十之三四，略次其先后，序、论、书、记、杂文、诗赋，分为十有四卷，置在案头，便于改正。且孔子不云乎"言顾行，行顾言"。

《书》曰"非知之艰，行之维艰"。常取余所言者，以自检所行。行徜有不能自省克，以至于言行不相顾，能知而不能行，余愧不滋甚乎哉。

《乐善堂文钞》刊行后，弘历又进行多次重订，直到将雍正十三年前的作品逐渐补入其中，最终成为《乐善堂全集》。弘历不仅自己为《乐善堂文钞》写了序言，还另外请了14个人阅读并作序，其中有弟弟弘昼、同窗福彭，还有老师鄂尔泰、张廷玉、蒋廷锡、福敏、顾成天、朱轼、蔡世远、邵基、胡煦以及和硕庄亲王允禄、和硕果亲王允礼和慎郡王允禧等。

从这些人的序言中，可以看出他们对弘历诗文的充分肯定，并高度赞扬了年轻的弘历怀有治理天下的道德和才能。

张廷玉说："皇四子饱览群书，精通经史诗，自经史百家以及性理之阃奥，诸赋之源流，靡不精择讲明。皇子以天授之才，博古通今之学，确实是因为得到了康熙皇帝的真传。"

邵基说："《乐善堂文钞》真可以称为稀世之作，其气象之崇宏，就像巍巍的大山一样，其心胸之开阔，就像春风吹动山泉一样，其词采之高华，就像天上的彩霞一样；其音韵之调谐，就像金钟脆玉的声音。"

朱轼说："圣祖仁皇帝康熙德合乾坤，功参化育。当今皇上钦明缉熙，圣以继圣，四皇子天禀纯粹，志气清明，与康熙、雍正皇帝朝夕相处，受到了很深的熏陶，就像太阳和月亮的光华，也未必比得上他的文采。"

由于政治环境的改变，弘历不必像父辈那样为夺权而明争暗斗。他要做的事情是在皇族和朝臣之中树立起未来明君的形象。编辑《乐善堂文钞》，就是弘历为了宣传自己而采取的一项聪明举措。

有了张廷玉、朱轼等人的一致称许，弘历果然得以在众皇子中脱颖而出，就连最有力的竞争者弘昼也不得不表示佩服：

在我看来，我虽然和哥哥每天都住在一起，但我与他理解有浅深，气力有大小，文采有工拙，不敢与他相提并论。哥哥跟着皇父在藩邸时，朝夕共寝食相同。

后来又得到皇爷爷宠爱，养育宫中，性情更加恪慎温恭。皇父见了，心里越来越喜欢他。哥哥乐善无穷而文思因以无尽。凡古圣贤之微言大义，修身体道之要，经世治国之方，无不发挥到最佳的境界。

弘历刊刻《乐善堂文钞》，其实是有明确的政治意图。他一直将康熙对自己的钟爱作为最有力的资本，因此在《乐善堂文钞》中多次提及祖父，大造舆论，说皇祖康熙帝曾赐他"长幅一条，横幅一面，扇子一把""恩宠大异于他人""得皇祖的恩泽最深"。

弘历自幼颇得康熙皇帝的垂青与厚爱。其父胤禛即位后，弘历自然成为王储之一，在这种情况下，只要他能克勤克俭，树立起宽厚仁德的形象，王位可唾手而得。相反，如果弘历急于登基，表现得锋芒毕露，给皇祖康熙帝及父皇雍正帝一个刻薄寡恩的印象，那么他就会被最高统治者所排挤，被权势的洪流所淹没。

鉴于此，弘历表现得相当克制，做到了"淡泊以明志，宁静以致远"。他巧妙地利用其他人来为自己鼓吹，大肆宣扬自己的长处，并把他们拉入到自己的阵营中来，实现了"不争为争""一箭双雕"的目的。

《乐善堂文钞》反映了涉世未深的年轻皇子弘历的政治理想、生活情趣，以及闲适恬淡的心境，书中无处不浸透着正统的儒家思想。弘历通过编撰《乐善堂文钞》，不但向皇族展示了自己的才华，而且传递了自己的为人处世的理念。

经过10多年的皇子学习生涯，弘历成了一个文武双全、胸怀天下的帝位继承人，为靖国安邦、治理天下打下了牢固的基石。

被定为皇位继承人

雍正元年八月十七日，紫禁城乾清宫西暖阁。雍正帝召见诸王、总理事务大臣及其他满汉文武要员，讲了一件非常重要的事情，那就是宣布确立皇位继承人的原因与办法。

雍正说："建立皇储这是一件大事，应该早点决定。去年十一月圣祖选择继位人，仓促之间，只凭一句话而定，全凭他神圣睿哲，但是我自己承认神圣不及圣祖。"

雍正帝言外之意是说，他也像先父康熙帝那样在仓促之间选择继位人，就难以这么英明了。因此，受圣祖重托，对于立储之事他不能不及早考虑，于是雍正帝就提出了"秘立皇储"的方法。

雍正帝征询诸王大臣意见。吏部尚书、步军统领、一等公、舅舅隆科多带头表态："皇上考虑得周详，为国家大计才说出这种想法，臣下但知天经地义者，怎么能对您的决定有异议呢！只应该谨遵圣旨。"

既然卫戍京师、身居要职的隆科多已如此表态，诸王大臣对这个耳目一新的确立继位人办法也都没有异议，一个个都摘下顶戴，连连叩头，表示赞同。雍正帝对他们的表态很满意。

接着，雍正帝令总理事务大臣留下，其余大臣全部退下，将一个内装传位诏书的密封锦匣藏在高悬于乾清宫正中的"正大光明"匾后面。于是，中国历史上崭新的确立继位人制度，那就是秘密建储办法诞生了。

雍正帝在阐述创立这项新继位人制度原因时，说了几层意思：第一层讲了重视继位人问题的必要性；第二层看似对先皇进行粉饰，但能看出这是巧妙的批评，实际上从接受先皇在最高权力移交问题上的教训的角度，讲了应当秘密确立皇太子的重要性；第三层意思则是假托之辞。

皇子年龄固然不太大，但是，论他们的年纪，比祖父、太祖父登上皇位时要大得多。当年,世祖福临不满6周岁当了皇帝,圣祖玄烨当皇帝时不满8周岁。因此,皇子年龄太小,不是雍正帝革新继位人制度的关键出发点。

这位被秘密确定为继位人的皇子到底是谁,继位人本人不知道,诸王大臣不知道,只有雍正帝一个人知道。为保万无一失,雍正帝另写了一份相同内容的传位诏书,秘密藏于经常驻跸的圆明园。这份诏书藏得更玄,除皇帝本人外,没有任何人知晓。

雍正帝能够创立如此独特的建储制度,能够如此缜密、如此绝妙,除前面所述的缘由之外,他于雍正四年正月讲的一句话可以被视为深层注释。他说:"我当年在藩邸,阅历40余年,人情世态无不周知。"

为了不泄露天机,雍正帝对待各位皇子不分亲疏,基本做到一碗水端平。当然,弘时是个例外,健在的皇子中,弘时年龄最大。但他放纵不法,祖父康熙帝不喜欢他,雍正帝也不太喜欢他。雍正五年,他因不改放纵的性情,遭到雍正帝的严惩,不久就死了。

对待其他皇子,尤其是年龄较长的弘历、弘昼兄弟,雍正帝基本上给予了相同的待遇。他俩于雍正十一年二月初七同一天封王,一起参与苗疆事务,都获得过代父祭天、祭祖等重大政治活动的锻炼。不过,从一些细微的地方,还是能看出一些不同之处。

雍正元年正月,胤禛当皇帝后首次从天坛祭天回来,把弘历叫到养心殿,给他一块祭过天的供肉吃,却没有给弘昼吃。弘历日后思忖,可能父皇祭天时,已将定自己为皇位继承人的心愿默告于上天,所以回来给他这块肉吃。如此非同寻常的肉,弘昼是不能分享的。

雍正帝将弘历封为和硕宝亲王,有的大臣认为这个封号蕴含特定含义,有"锡封鉴宝命之荷"的意思,"宝"就是"大宝",也就是"玉玺""践位",预示将授皇印给弘历。

但是,这并没有引起弘历的格外注意,也没有引起其他皇子和文武大臣的格外注意。天长日久,雍正帝坚持与各位皇子保持相同关系,可谓用心良苦,实在很不容易。

雍正帝对自己的身体健康状况十分自信。他在颁布建储诏书的时候说:"此诏或许将要收藏数十年,亦未可定。"

这正表明了雍正帝对自己寿数的乐观态度。按他当时的眼光来看,先皇康熙帝活了68周岁,他当时才44周岁,即便寿数与先皇差不多,还可再活20余年。正是倚仗健康的身体,雍正帝不怕繁累,从早到晚,日理万机。他一般白天召见廷臣和官员,夜晚批阅本章,常常点完几根蜡烛直到子夜才休息。勤于政务，费神劳心，严重地影响了雍正帝的身体健康。

雍正七年冬，皇帝身体状况开始走下坡路。冬天，雍正帝得了一场大病，此病持续了一年多，几乎摧垮了雍正自己曾沾沾自喜的身体健康。这时雍正帝似乎意识到了病情的严重性，觉得应当对继位人问题作出交代。

雍正八年六月，雍正帝紧急召见庄亲王允禄、果亲王允礼，皇子弘历、弘昼，以及大学士、内大臣数人，面谕遗诏大意。这年九月，雍正帝对自己的健康信心产生动摇，于是将存放于圆明园的亲笔传位密诏一事悄然告诉心腹大臣大学士张廷玉。由此可见，病中的雍正帝对圆明园中的这份密诏非常重视。

圆明园是康熙帝当年赐给胤禛的，雍正帝非常喜欢住在那里，从雍正三年起，他时而住皇宫，时而住圆明园，两处都成了施政之所。雍正八年，他还下谕规定，春末至秋初、秋末至春初两个时令为官员到圆明园理政的时间，说明他到圆明园起居和处理政务已形成制度。

身患重病的雍正帝担心一旦自己倒下，别人若不知道圆明园中那份密诏所藏之处，不得不去取放在乾清宫"正大光明"匾后面的传位密诏，如此不仅太慢，而且两份密诏对合、用以防伪的高明设想定也难以实现。

然而，令雍正帝欣喜的是，这场大病终于过去了。他从死神手中挣脱出来，转危为安。不过，雍正帝遭遇这场大病之后，身体健康已经明显不如从前，他从此比以往更注意保养，身体状况渐渐好转。

雍正十一年六月，年近50周岁的雍正帝又得了一个儿子，取名弘瞻，这是他的第1个儿子。从雍正元年五月年贵妃为他生下儿子福沛，到此时谦妃刘氏为他生下弘瞻，其间未生子女，时隔10年又添贵子，说明身体恢复得还不错。

雍正帝对自己身体能恢复到这种程度非常满意，喜不自禁之下，多次将有关喜讯告诉心腹大臣。雍正帝的婚配都在藩邸时完成，登上皇位后再没有纳妃嫔。

雍正帝共有后妃8人，生有10个儿子，依出生先后分别是：弘晖、弘盼、弘昀、弘时、弘历、弘昼、福宜、福惠、福沛、弘瞻。其中除6人早逝外，弘时因"性情放纵、行事不谨"，于雍正五年，也就是他23岁那年，遭父皇严惩，被削除宗籍，不久死去。

当时活着的皇子有弘历、弘昼、弘瞻3人。依出生前后排行，弘晖为皇长子，弘昀为皇二子，弘时为皇三子，弘历为皇四子，弘昼为皇五子，弘瞻为皇六子，后面的就没有再排列进去。

雍正帝还生过4个女儿，其中3个早就夭折了，唯一长大成人的二女儿于康熙五十一年下嫁那拉氏星德。现在，弘历是健在的三位皇子中最年长的，24周岁；弘昼比弘历小3个月，23周岁；弘瞻还未长大成人，年仅两周岁零两个月，继承皇位的可能性较小。

弘历、弘昼平时都为皇上所喜爱，似乎都有继承皇位的可能。但只有雍正帝本人心里清楚，他依照父亲康熙帝临终前让马齐传达给自己的遗命，密立弘历为皇位继承人。

太和殿奉诏登基

雍正十三年八月二十日，雍正皇帝在圆明园处理政务时，突然感到身体不适，但他当时并未在意。八月二十二日，雍正病情突然加剧，太医匆匆进进出出，但已经回天乏力。二十三日，这位统治中国13年的皇帝就溘然去世了，为后世留下了许多关于他猝然离世的未解之谜。

在全国一片平静的气氛下，皇四子弘历即皇帝位，顺利完成了国家最高权力的交接。胤禛45岁即位，身体状况一直非常好，但常年"昼则延接廷臣，引见官弁，傍晚观览本章，灯下批阅奏折，每至二鼓三鼓"，终至积劳成疾。

据雍正帝自述，自雍正七年冬"身子就不大爽快，似疟非疟"，到第二年"三月以来，或彻夜不成寐，或一二日不思食，寒热往来，阴阳相驳"，但仍然坚持接见廷臣，办理事件，批谕折奏，接见官员，到四月底五月初曾一度出现病危迹象。

这是雍正帝即位后初次大病，而且持续时间相当之长，雍正帝曾向心腹鄂尔泰透露："朕今岁违和，实遇大怪诞事而得者。"至于遇到了什么"大怪诞事"，雍正帝在鄂尔泰的折子上朱批："卿或明年或后岁来陛见时当面细详再谕。"

这年夏秋间，得河南道士贾士芳调治，雍正帝病情有所好转，但很快又将贾士芳逮治处斩。经过此次变故，雍正帝对口诵经咒的调治失去了信心，尔后服食过医生钟元辅所制药饵及据说有"奇验"的"乾坤正气丹"，看来身体状况有所好转。

十月初五日，雍正帝特命鄂尔泰赍折家人进宫瞻仰金颜，这个叫保玉的家奴返回云南昆明时对鄂尔泰讲："亲见万岁佛爷脸面十分丰满。"

总而言之，雍正七年冬至八年秋间雍正帝得了一场大病，从此元气大伤。在他病剧之际，曾将传位大事当面交代给大学士、军机大臣张廷玉，说为防不虞，随身还带有亲书传位密旨一件。

雍正九年，鄂尔泰由云贵总督任上内召主持军机处事务。翌年，雍正帝又把他与张廷玉找来讲了大事既出的应对之策，并说："此事除你们二人之外，其他无一人知晓。"

雍正十三年八月二十日，皇帝开始感觉身体不适，但仍在圆明园召见军机大臣口述旨意，大学士、军机大臣张廷玉跪聆谕旨时并未感到有什么异常迹象。

不料二十二日深夜张廷玉刚刚入睡，就有太监、侍卫前来传旨，宣召甚急，于是起身整衣赶到圆明园。三四拨太监早已提着灯笼等在园子的西南门，待趋至皇帝寝殿，只见皇四子宝亲王、皇五子和亲王侍于御榻之旁，泪水涟涟。

先已赶到的原任大学士鄂尔泰、领侍卫内大臣丰盛额及御前大臣、军机大臣讷亲等肃立一旁，神色凝重。雍正帝已深度昏迷，太医进药全从嘴角流出，所以没有任何遗嘱交代。

至二十三日凌晨一时许，雍正皇帝崩逝，宝亲王、和亲王在一旁捶胸顿足哭嚎且不表，这里鄂尔泰、张廷玉等皇上生前最亲信的大臣则立即在灯下聚首，密议迫在眉睫的传位大事。

鄂尔泰、张廷玉徐缓沉重地对各位重臣讲："大行皇帝虑事周密，非人所及，除大内乾清宫'正大光明'匾后缄藏有正式传位谕旨之外，另亲书传位密旨一道，常以随身。这件大事曾谕示我二人，此外无有知之者。这件旨谕看来藏在圆明园寝宫，应急请出，以正大统。"

重臣向宝亲王、和亲王请示后，立即传圆明园总管太监询问。总管回称："万岁爷在日从未谕及此事，我辈真的不知密旨放在何处。"

张廷玉指示说："这样吧，大行皇帝当日密封之件，想来不会多，各处仔细翻检，外用黄纸封固，背后写一'封'字者，就是此旨。"

不一会儿，总管捧出黄封一函，当众打开一看，上面赫然写着"皇四子宝亲王弘历为皇太子即皇帝位"16个遒劲的朱字。就在这一瞬间，君臣名分已定，和亲王及各位重臣随即匍匐在地。

宝亲王弘历尚沉浸在父皇去世这撕心裂肺的痛楚之中，只觉眼前一片空白，竟没说出一句话。待他稍稍镇定下来，脑海中最先浮出了祖父康熙皇帝慈祥的面容，不禁悲从中来，号啕大哭，任鄂尔泰、张廷玉怎样劝慰也抽泣不止。

对于宝亲王弘历来说，眼前迟早要发生这一幕的，不能讲一点预感也没有，但是，作为一个25岁的年轻人，当父祖两代人真的把大清帝国的重担放在他的肩上时，又觉得太突然、太沉重了！

"回宫吧！"皇太子温和但又不失威严地说。

皇太子弘历连夜奉大行皇帝黄舆自圆明园返回大内，紫禁城的警备交果亲王允礼先行全面布置。进宫后，内侍将雍正元年缄藏于乾清宫"正大光明"匾后的封函取下，捧至皇太子前。

皇太子命将封函恭呈黄案之上，等庄亲王允禄、果亲王允礼、大学士张廷玉、原任大学士鄂尔泰等王公大臣都到齐了，才让打开封函。大家跪阅一遍，与大行皇帝随身所带传位密旨核对无误，然后，由十六叔庄亲王允禄恭宣大行皇帝遗命诏旨曰：

> 宝亲王皇四子弘历秉性仁慈，居心孝友，圣祖仁皇帝于诸孙之中，最为钟爱，抚养宫中，恩逾常格。雍正元年八月间，朕于乾清宫召诸王满汉大臣入见，面谕以建储一事，亲书谕旨，加以密封，藏于乾清宫最高处，即立弘历为皇太子之旨也。其仍封亲王者，盖令备位藩封，谙习政事，以增广识见。今既遭大事，著继朕登基，即皇帝位。

八月二十三日当天，即将登上皇位的太子宣布，遵皇考遗命，命庄亲王、果亲王、大学士鄂尔泰、张廷玉辅政，总理一切事务。第二道旨意是召在浙江海塘工程上的大学士，也是自己最尊敬的老师朱轼回京办事，准备大用。待朱轼到京，命在总理事务王大臣处协同办事。

二十四日，弘历宣布遵照父皇生前谕旨，命张廷玉、鄂尔泰日后配享太庙。这是雍正八年六月雍正帝留下的谕旨。张廷玉身被此不世之荣的原因是"纂修《圣祖仁皇帝实录》宣力独多，每年遵旨缮写上谕悉能详达朕意，训示臣民，其功甚钜"。

鄂尔泰则是"志秉忠贞，才优经济，安民察吏，绥靖边疆，洵为不世出之名臣"。皇太子命将此旨缮入大行皇帝《遗诏》，以昭郑重。大事既已安排妥帖，下一步是择吉日举行登基大典。

雍正十三年九月初三日，弘历在大内太和殿举行登基大典。这天黎明，百官齐集于朝，皇太子弘历派遣大臣分别祭告田、地、宗庙、社稷后，身着素服缓步走到乾清宫大行皇帝梓宫前，行九拜礼，恭敬默告父皇即将受命即皇帝位，随后更换礼服赴太和殿，升座，即皇帝位。

王公以下文武各官、朝鲜等国使臣，进表行庆赞礼。因在国丧期间，不宣表，不作乐。在向天下臣民颁布的《登基诏》中，新皇帝仍念念不忘皇祖父皇如天之恩："朕自冲龄即蒙皇祖抚育宫中，深恩钟爱，眷顾逾常，皇考圣慈笃挚，训迪有加。"

《登基诏》宣告，以明年为乾隆元年。这时，大清帝国的万斤重担，就落在了年轻的弘历身上。弘历得以顺利地继承皇位，得力于雍正的传位方法。在雍正帝传位以前，满族皇帝没有传位的定制，所以在太祖努尔哈赤和圣祖康熙帝死后，引起两次皇位之争。

雍正帝胤禛汲取这一教训，认为明立太子容易使其陷于骄矜而失德，同时又难免诸王子之间为了争夺储位而明争暗斗，引起祸端。所以雍正帝亲自选择皇太子，生前将诏书写好，封藏于锦匣，放置于乾清宫正殿堂前悬挂着的顺治皇帝手写的"正大光明"匾额后面，并密令大臣，等自己去世后，再取出来当众宣布。

秘密立储是雍正帝的创举。雍正帝除在乾清宫"正大光明"匾之后放一份传位密诏外，还亲自在圆明园藏了一份密诏，病重时将密诏大意及时告诉一些大臣，后来，雍正帝还先后将此密诏给一位汉大臣和一位满大臣阅览，以防种种不测。

雍正帝所采用的秘密立储方法避免了清朝的皇子互相争斗的局面，解决了皇位继承人的问题。从此以后，清朝最高权力交接都采用雍正帝发明的秘密建储办法，形成了稳定的确立皇位继承人的制度。

由于雍正帝暴病，皇宫内并无准备，文武大臣处于慌乱之中。据说，雍正帝遗体连夜运回宫中，半夜仓促间只找到几匹劣马，跑得都几乎把马累死了。可以看出，当时人们行色匆匆，情景相当狼狈。

雍正帝猝亡，权力交替。当众大臣处于忙乱和不知所措的时候，弘历却处变不惊，有条不紊地做好权力的平稳过渡。弘历在关键时刻表现出了一代君主号令群臣的能力。

承嗣帝位后，弘历立即布告天下，详述大行皇帝患病及死因，安抚天下。八月二十四日，弘历颁布数道谕旨，晓谕内外大臣。谕旨内容有三条：

一、我受先皇父托付，凡是先皇没有办理完的事，我从今日都应当敬谨继述。

二、诸王大臣都是深受重恩的人，都应该殚心竭力，辅助我这个新皇帝。

三、外省文武大臣，若因先皇去世，将已上奏的本章中途赶回，另行反改，或到京城后撤回不进的，一经查出，一定从重治罪。

通过这三条谕令，弘历很快地稳住了宫内、宫外的大局。弘历刚登上皇位，就表现出勤政、干练的处事风格，对先皇的丧事料理得有条有理。

弘历白天带丧办事，夜晚照常见人处置政务，还要3次到雍正帝的灵柩前哭丧守灵，之后退回上书房批阅奏章到三更，五更时分便又起身到上书房。

如此周旋，不但张廷玉、鄂尔泰苦不堪言，就是弘昼诸兄弟也觉难以支撑。弘历后来又及时变通，7天之后，便命兄弟们3日一轮入宫守灵，叔王辈每日哭灵后在各自府中守孝。

只有鄂尔泰、张廷玉两位，既偷不得懒，又住不得大内，乾隆帝便下令为他们在隆宗门内专设庐棚，上书房、军机处近在咫尺，虽然累些，却也免了往返之苦。

九月三日，年仅25岁的宝亲王弘历在众臣拥戴下荣登大宝，即位于太和殿，祭告天地、宗庙、社稷，布告天下，并改年号乾隆，寓意"天道昌隆"，以第二年为乾隆元年。

弘历在这期间连下诏谕，尊母妃钮钴禄氏为皇太后，册立富察氏为孝贤皇后；颁恩诏于乾隆元年开科考试，并大赦天下。一直忙到九月十五，过了雍正帝三七之后，乾隆命将雍正帝梓宫安奉雍和宫，待3年孝满再入泰陵殡葬。到雍和宫辞柩之后，轰轰烈烈的丧事暂告结束，紫禁城内外撤去白幡，一色换上黄纱宫灯。

登基开始独揽大权

乾隆帝深知,新皇继位,首要任务是掌权。他为了实现皇权的至高无上,采取了几项加强皇权的措施:在行政上,他采用了秘密奏折制度,恢复了军机处;在舆论上,他把自己神化为罗汉;在人事上,他严厉地处理前朝中不服新政的官吏。

乾隆帝一向尊崇"朝纲独揽",但久居深宫,如何才能通晓庶务、明察官吏呢?他采取了"广布耳目,收取信息"这一策略。一是实行密折制度,使信息充分流通,将臣僚完全置于自己的监督与控制之下;二是恢复军机处,促成皇帝对国家政权的高度独裁。

乾隆帝为了加强奏折的保密程度,还采用了一些保密措施:一是坚持满族官员奏事用满文,而不用汉文;二是严禁将奏折中皇上的批语泄露出去;三是把奏折放在匣子里,匣子只有送折人和皇帝才能开启,这就防止了奏折在呈送途中泄密。

乾隆帝对密折的批阅非常仔细,只要属于绝密的奏折,他总是亲自拆封。有的奏折是绝密,乾隆帝就把奏折内容默记在心,马上烧毁原折。乾隆十三年以后,乾隆帝废止了奏本文书,密折的作用就更加突出了。

如果官员们有了机密的事情要汇报,往往先以密折形式报告皇帝,在明白皇帝明确的意图后,再以题本的形式向专职部门请奏。这时候,请奏就仅是走走形式而已了,最重要的还是奏给皇帝的密折,这完全保证了乾隆帝能把大权独揽于怀中。除了秘密奏折制度,乾隆帝另一个独揽朝纲的措施是恢复军机处。

在刚即位时,乾隆帝是把军机处当作前朝政治之弊来撤销的,但头脑敏锐、颇有远见的乾隆帝很快就意识到:真正的弊端并不是军机处的设立,而是由亲王和重臣把持政务要职。

于是,为了充分削弱他们的权力,乾隆二年,乾隆帝裁撤了雍正丧期内设置的总理处，恢复了军机处，并制定相关制度，使皇权牢牢地掌握在自己手中。

乾隆帝是一个勤于政务的皇帝，可是天下庶事繁多，每天都有大量的奏折和问题需要皇帝阅览处理，仅靠一个人又怎能应付得了？然而这时的军机处，说白了，其实还只是皇帝个人的一个秘书而已，里面的大臣所做的事情也不过是些能够贯彻皇帝意旨、通晓文字工作、工作效率比一般臣子高的高级秘书工作而已。

在军机处的人选上，乾隆帝完全把皇族拒之门外，但为了保证满族人在清政权中占重要地位，却规定首席军机大臣必须为满人。因为乾隆帝往往只是一人说了算，便担心军机大臣们有二心，为了彻底收买他们为自己卖命，又规定凡为军机大臣者可以不以资历高低为标准提拔自己的亲信。

乾隆帝把重要的用人权牢牢地掌握在自己手中，他曾说过："我登基以来，用人之权从不旁落。"即使是乾隆晚期，极其宠信放纵的权臣和珅也未曾左右过乾隆帝的用人决策。

所以，军机处与历史上的丞相在权力上根本无法相提并论。如果有什么重大决策，完全是由乾隆帝一个人拿主意出决策，而军机大臣只需要把乾隆帝每天说的话从口头上移录到纸上，保证无误、翔实即可。他们本身的种种建议仅供皇帝参考，根本就不能左右局势。

在乾隆时期的清朝官制中，军机大臣还都是兼职的，不是正式的职务。到了乾隆十年，为了能更牢固地牵制军机大臣的权力，乾隆帝出人意料地把他年仅25岁的内弟傅恒提拔为首席军机大臣，傅恒也就因此成为了中国历史上最年轻的"宰相"。

虽然乾隆帝称傅恒"筹画精详，思虑周到，识见高远"，但傅恒当时毕竟只是一个20多岁的毛头小伙，虽有远见卓识，但还欠成熟。得到乾隆如此抬举，傅恒自然拼命为皇帝分些劳苦，并且对乾隆帝言听计从，没有任何异议，做个最忠实的传达人。

在傅恒之前，乾隆帝在军机处提拔的还有讷亲，讷亲当时也是一个年纪轻轻的满人。为了更牢固地独揽大权，乾隆帝一改雍正时军机大臣不超过3人的惯例，而让6名军机大臣分割军机处的事务和权限，使他们互相监督、互相牵制，不敢越雷池一步。

乾隆帝用人的确是费尽心机。他还规定军机大臣不能同时觐见皇帝。当时傅恒不认识汉字，乾隆帝特许他可以和其他大臣一起觐见。对于象征军机处权力的大印，乾隆帝管理极严，印文钥匙分别由值事太监和军机章京保管，为了保密起见，还规定只能由15岁以下不识字的少年充任军机处听差，还派御史往来检查，不许任何人在外窥探。

在建立、健全军机处及其管理工作制度后，乾隆帝通过各种方式大肆削弱中央和地方其他机构的权力，把权力集中于军机处，由皇帝亲自领导。实质上，军机处权力的扩大，就是皇帝权力的扩大，它不仅将传统的议政王大臣会议的权力剥夺，使之名存实亡，而且也使内阁形同虚设。过去的公文处理要经过众多的环节，有了军机处之后，皇帝的谕旨可以直接从军机处发出，下面的奏折也可以直接从军机处递入，这样就大大提高了办事的效率。

乾隆时的军机处职责主要是：帮皇帝撰写上谕，处理奏折，审查内阁和翰林院所拟的诏旨；讨论施政方针；为皇帝准备政事参考资料；参与科举考试的工作；奉旨出京查办事件；陪皇帝出巡；记录和积累有关档案事务性工作；对从中央到地方各级官员的使用、任免提出参考意见等等。

其实，军机处已成为辅佐乾隆帝行使强权的常设中枢机构，成了全国的政务中心。乾隆帝实行的密折制度和军机处，为自己独揽朝纲、统领国家政务起到了极大的作用。在乾隆帝的督促下，密折制度和军机处制度得到了空前的完善，而乾隆帝的皇权也得到了空前的集中和巩固。

同时，为了在舆论上增强自己的地位，使自己在普通百姓中的威望更高，像汉代时的皇帝把自己比为"天子"一样，乾隆帝把自己神化为罗汉。乾隆帝宣传自己是金身罗汉转世，是佛祖派到凡间来管理人民的，直接接受佛祖的意志，从而使自己的命令成为佛祖的命令。通过这种神化，乾隆帝的统治更加牢固了。

佛教在中国的历史源远流长，清朝也不乏对佛教表示兴趣的君主。清世祖曾先后召憨璞性聪、玉林通琇、木陈道忞禅师入内廷说法，并分别赐号。康熙帝六下江南，凡到名山大寺，往往书赐匾额；他又将明末隐迹山林的高僧逐一引入京师，以便控制和吸引明代的士人。雍正帝对禅颇有研究，自号"圆明居士"。佛教认为，人修行后可达到不同的果位，有一、二、三、四果之分。其中四果成就最高，取名为罗汉，达到涅槃的最高境界，可以消除一切烦恼，不再生死轮回。

佛教最初传入中国时，只有四大罗汉。由于中国地域太大了，东南西北中，就是一个罗汉管一个地方恐怕也忙不过来，还需要加强力量，于是又出现"十六罗汉"之说。直至唐朝玄奘法师时，中国才知道这些罗汉的名字，从此十六罗汉在中国才有了"正式户口"。

后来，有的画家在画完十六罗汉画像之后，竟然把斯里兰卡高僧庆友和我国玄奘法师也给画上了，变成"十八罗汉"。但到了乾隆年间，乾隆帝和章嘉活佛均对此表示反对。

乾隆帝和章嘉活佛颇有渊源。乾隆帝在上书房读书时就与三世章嘉活佛若必多吉是同窗。章嘉活佛若必多吉于康熙五十六年生于甘肃凉州，雍正元年，清廷派兵前往青海平定罗卜藏丹津叛乱，确认若必多吉为二世章嘉活佛阿旺罗桑却丹的转世灵童，将其护送到京师。

雍正曾以阿旺罗桑却丹为恩师，因此他的转世灵童若必多吉到京后，备受雍正帝爱护，多次赐给金银绸缎珠宝，让他仔细诵读大藏经《甘珠尔》。乾隆帝看到自己父亲对活佛的态度后，主动请求父亲让自己与章嘉活佛一起学经，与这位活佛结下了法缘。弘历即位后，也给予了这位活佛较高的地位，他让章嘉活佛管理京师寺庙喇嘛，又授予他"振兴黄教大慈大国师"之印。

乾隆帝一生信奉佛教，他认为自己的修行已达到了罗汉的程度，"圣心与佛心无二无别"。他虽不敢与观音、普贤、文殊、地藏等菩萨相比，但认为自己的修行有了一定的成就，不为世间一切所惑。乾隆十年时，乾隆帝在《寄题独乐寺诗》中说："丈六金身应好在，春风过后偶相思。"

乾隆帝认为，罗汉金刚可以长久存在，把自己塑成金身罗汉，可以永远受人们的供养，令后世思念。于是在乾隆十三年兴建罗汉堂时，他下令把自己列入罗汉中。于是便有了碧云寺罗汉堂第四百四十四尊罗汉，名为"破邪见尊者"，其像脚不高架，双手置于腿上，胸前护心镜上有两条飞腾的龙。乾隆帝有意神化自己，让全国臣民对自己顶礼膜拜，从而稳固自己的权力。

乾隆初期，在官制上基本沿用原任官员。有的官员习惯了雍正时期的严苛政策，无法适应乾隆帝的宽仁政治。为了推行新政，乾隆帝严厉地处理了这些反对新政的官员。

在雍正、乾隆政权交替时，甘肃巡抚许容是以刻薄而闻名的封疆大吏。当乾隆帝下令赈恤灾民、树立自己仁君形象的时候，许容却按雍正时的旧规，仅借给贫民3个月口粮，大家庭每天3斗，小家庭每天两斗。

乾隆帝对此十分不满，下谕说："宽政首先就是要爱民，甘肃用兵以来，百姓为国家事业踊跃捐粮，现在遇到歉收，应当加恩赈恤。你做事太实在，而理财过于刻薄。国家救济贫民，不要什么时候都斤斤计较。"

但是，许容仍迟迟不予照办。乾隆帝对许容无视自己的谕旨大为恼火，他不能容忍这样的人继续担任封疆大吏，便找了一个借口将其解任，并给以严厉谴责。

不久，乾隆帝觉得不能就这样便宜了一个处处与自己作对的大臣，如果不严办他，以后还会有其他的大臣违抗自己的旨意。因此，乾隆帝暗示大学士查郎阿弹劾许容有隐匿灾情、祸害灾民、结党营私的过错，马上下令将许容押解来京，交刑部治罪，刑部审定后给予了杖责的惩罚。

后来，乾隆帝考虑到自己的一口恶气已经出过了，况且许容多年来还有一些功劳，同时也为了让其感激自己的恩德，便下旨同意免除他的皮肉之苦。此后，许容虽再次复出为官，但名声已经扫地，最后郁闷而死。在对其他较为严苛的官吏中，乾隆帝反复阐明宽仁的方针，让他们以休养百姓为己任。

广东布政使萨哈谅上奏办理征税情形，乾隆帝下谕说："征税骚扰百姓的弊端，我已经非常了解了，看你们办理的情形，仍然沿袭原来刻薄的陋习，但是我特意降旨宽大百姓，想让百姓实实在在地感受到朝廷的恩惠，如果你们稽查不得力，只知道中饱私囊，而百姓不能从我的特旨中得到好处，那么你们这些地方大员的罪过是不可饶恕的。"

除了此谕外，乾隆帝还分别给四川总督黄廷桂、广东巡抚杨文斌、福建布政使张廷枚等下谕，要他们减轻百姓负担，不要做那些急功近利、苛刻百姓的事。他说："对那些以苛求当成严明、以轻视作为德行、以重罚作为权威，这种违背人性、不通人情者，要严加查办。"

在清除严苛的官僚时，除王士俊、许容外，因"严苛"被处置的官员还有很多。山东文登知县王维斡用杖刑打死两个人，是个残忍刻薄、肆无忌惮、草菅民命的酷吏。

乾隆听说后，严厉斥责山东巡抚岳浚说："像这样酷劣的地方官，你作为巡抚，为什么不进行查参？这次根据我的旨意严审王维斡，审定后写出详细的上奏条文，不得回护他以前的罪行，如果有丝毫的包庇和隐瞒，一定对你从重处理。"

对一批推崇严苛政治的官僚加以惩处，表明了乾隆帝通过法纪来维护自己政治革新的决心。他决心杀一儆百，让其他对新政不满或存有疑虑的大臣官僚们明白不守新规、不行新政的人下场会和王士俊等人一样。

乾隆帝曾反复强调过："安良必先除暴，容恶却不养奸，这才是治理官吏的办法。"也正是在这种谋略之下，他对"奸"者毫不留情，对"恶"惩除务尽，从而促进了臣民的向心力、凝聚力的生成。乾隆帝通过一系列的严厉惩处，使得前朝大多数官僚对他敬畏有加，为他进一步实施新政准备了条件。

勇敢改革抑制宗室

乾隆帝名正言顺地登上了皇位宝座，他的继承权应该无可指摘。然而，围绕在皇帝宝座周围的阴谋与怨恨，就像那到了节气就会来临的风和雨，发生在皇宫大殿的内外，困扰着初登宝座的乾隆帝。那些与乾隆帝身上流淌着皇族血液的爱新觉罗的子孙们，上演着一幕幕皇室家族惯有的争权闹剧。

乾隆四年十月十六日，乾隆帝针对宗室子弟之间的结党，对宗室势力进行了严厉的打击。由于庄亲王允禄与弘晳、弘升、弘昌、弘晈等人结党，给乾隆帝的皇权带来威胁，乾隆帝先下手为强，对一拨人等削职免爵。

这一次议案涉及的人员全是宗室子弟。庄亲王允禄是康熙的第十六个儿子、乾隆帝的叔父，他是这群获罪宗室中唯一的长辈，也是他们当中爵位最高的一个。

其余几人，弘晳，是大名鼎鼎的康熙帝废太子允礽的嫡子；弘升是康熙帝第五子允祺的长子；弘昌是康熙帝第十三子怡亲王允祥的长子，弘晈是允祥的四子；弘普是允禄的长子；宁和是依附允禄的闲散宗室，并承袭了允禄的公爵。

其实，乾隆帝初登皇位的时候，这些人大多曾受到过乾隆帝的恩惠。弘升之父允祺在康熙年间被封为恒亲王后，他以长子被封为世子。但他生性好事，康熙末年卷入了父辈们的皇位争夺，于雍正初年获罪囚禁，从而丢掉了世子的身份。

乾隆帝即位后，见其仍然忠厚，就任命他为都统，让他掌管火器营，隶属八旗禁军的要职，颇有重用之意。弘昌在雍正年间不但没有借父亲是皇帝的宠弟而加官晋爵，反而因鲁莽狂妄，被怕事的父亲奏请圈禁在家，直到父亲死后才被放了出来。

弘历即位后将他加封为贝勒。允禄、弘普父子，更是多蒙"圣恩"，获宠于乾隆。然而，这些人都辜负了乾隆帝的皇恩，迫使乾隆帝不得不以严厉的态度对待他们。在乾隆帝授意下，先是宗人府议奏：庄亲王允禄与弘晳、弘升、弘昌、弘晈等人结党营私，往来诡秘，奏请将庄亲王允禄及弘晳俱革去王爵，同弘升一起，永远困禁；弘昌革去贝勒，弘普革去贝子，宁和革去公爵，弘晈革去王爵。

乾隆帝在上谕中，只是含含糊糊地列举了他们的罪行。庄亲王允禄罪有两条：一是没有一点为国家分忧解难的心思，只擅长取悦于人，遇到大事模棱两可，不肯承担责任，生怕事情与自己有关系；二是与弘晳、弘升、弘昌、弘蛟、弘普等几个侄子私下交结，往来诡秘。

弘晳之罪有3条：一是行止不端，浮躁乖张，于皇帝面前毫无敬谨之意，只会一味奉承庄亲王；二是心中自以为是旧日东宫嫡子，居心叵测，例如八月十三日遇乾隆帝诞辰，他派人制造了一个鹅黄肩舆进呈，好像等待着皇上不要，以便自己留用；三是事情败露之后，在宗人府听审时，不知畏惧，拒不交代。

弘升、弘昌、弘普、弘晈等人，则被指为结党营私，是一群擅作威福、不安本分的骄奢淫逸之徒。紧接着，乾隆帝比照宗人府的议案，量刑从轻发落：庄亲王允禄从宽被革亲王，仍管内务府事务，其亲王双俸、议政大臣、理藩院尚书职，都被革退；弘晳革去亲王，圈禁高墙，仍准在京郊郑家庄居住，但不准出城；其余如弘升、弘昌、弘普、宁和俱照宗人府所议，或圈或革；弘晈因雍正恩赐世袭王爵，免予革除。

虽然乾隆帝没有详细列出各人所犯罪行，但是此次皇室祸变并非一日而成，而是与清朝入关以来宗室干政的祖制有关。大清由马上得天下，宗室子弟都立下了汗马功劳，夺得权力后，便将宗室参与国政立为祖制家法。这种制度，必然导致宗室与皇权之间的矛盾。自从太祖努尔哈赤创业以来，清皇室以血缘关系分配权力所导致的矛盾争端已经酿成了几代皇子皇孙同室操戈的悲剧。

乾隆帝不愿这种历史悲剧重演，更不愿他手中的权力受到他人的威胁，所以一见有宗室联结的苗头，就加以重处。这是继雍正皇帝杀戮宗室以来最大的一次皇家祸变。

何以一向宽仁的乾隆帝也痛恨起他的同宗同族来？何以同室操戈的悲剧，又轮回般地在此时重演？何以曾经显赫一时、承先皇顾命、又任新帝总理事务大臣的庄亲王允禄成了祸首？

庄亲王允禄身受三代皇帝的宠爱，在乾隆帝登基后位高权重。他本是康熙帝诸子中颇得宠眷的一个。允禄的生母为密妃王氏，苏州人。康熙帝晚年，曾亲自教授儿子们功课，允禄得益最多，他的天文、算学、火器，都是康熙皇帝亲手教授的，因而幼年即精数学、通音律，以才气闻名。

雍正皇帝统治期间，在诸兄弟中，除了对怡亲王允祥特殊地恩宠外，就数允禄得皇恩最多。相传十三弟允祥曾为雍正争夺储位出过力，雍正帝看重允祥，当有一种感恩图报的心理。但他善待允禄，却不知道出自何种缘由。

允禄在康熙年间没有封爵，雍正帝特地将他过继给无子的庄亲王博果铎。博果铎，是皇太极第五子、承泽亲王硕塞的儿子，后改号庄亲王。庄亲王死后，允禄不但承袭了庄亲王的爵位，而且继承了巨额遗产。

雍正八年，允祥死去，允禄的地位开始逐渐提高，雍正帝于弥留之际，命他与果亲王允礼以宗室王爷的身份与大学士鄂尔泰、张廷玉同时奉遗命负责传位的大事。

而后乾隆帝登基，允禄又因拥戴之功，奉命担任总理事务大臣，位列诸人之首，并因总理事务有功，给予额外世袭公爵，隆宠至极。乾隆帝善待允禄，除了遵从父亲遗命外，似乎因为他与允禄之间还有着一层特殊的关系。

早在康熙末年，年幼的弘历就因天赋极高、聪明伶俐而被祖父康熙帝养育在宫中，由允禄的母亲密妃抚养照看。他除了与允禄同时受教于祖父外，更多的情况下，则是由允禄做"师傅"，将所学转授给他。两人之间的感情，自然不能与其他的叔侄相比。

然而，在人君面前，人世间所有的亲情都会变得无足轻重，血缘关系完全被政治关系所侵蚀。当允禄的地位达到了顶点即仅次于皇帝的时候，他的厄运也随之而来。因为，乾隆帝虽然年轻，却是个极端专制主义的身体力行者。

乾隆帝鉴于封建专制政体有它难以克服的弊端，一上台就着眼于对它的改进。他除了对母后、外戚、宦官、藩镇等严立章程、事先防范外，还着力解决困扰已久的大臣朋党和宗室干政。而宗室干政的苗头竟随着允禄权势煊赫而日益严重，引起了乾隆帝的重视。

因而，乾隆帝在父亲为他安排的亲贵政治氛围中，度过他居丧的27个月后，便毅然决然地将庄亲王允禄和果亲王允礼排除在国家权要之外。新成立的中枢机构军机处，虽然设了6位军机大臣，却不再有二人的位置，乾隆帝由此杜绝了宗室干政的弊端，加强了皇权，并形成了亲王宗室不入军机处的惯例。

对允禄、允礼来说，权力受到削夺，终归不是愉快之事。尽管他们与皇帝之间并不曾发生过直接的矛盾和冲突，却不能不担心这种剥夺会是祸患的先兆。因而他们变得格外地小心，并且消沉起来。允礼因为腿脚有病而出入不便，解职之后在家养病，乾隆三年二月就去世了。

于是，允禄与皇帝的隔阂变得更加显眼。允禄自知不为皇帝所信，处处瞻前顾后，生怕惹来祸患。以致乾隆帝说他只知道专心取悦于别人，遇事模棱两可，不肯承担责任。而允禄这种小心翼翼的处世、立身哲学，正是来自对君权的畏惧。

允禄的处境，在宗室中引来了同情，在那些满族大臣看来，允禄于皇帝有拥戴、辅佐之功，宗室参与国政，乃祖制家法，先皇雍正帝在创立军机处时，也是以宗室王公居其首席。

然而，这一切随着乾隆帝坐稳了皇位以后，全变了样。他们认为，乾隆帝在薄待宗室方面将超过他父亲。于是，一种物伤其类的情感困扰着这些皇家子弟，使他们很自然地远离了皇帝而向允禄靠拢，弘晳、弘升、弘昌、弘晈等人成了庄亲王府的常客。

专制政治，只有一个中心，那就是皇帝。允禄在宗室中威望的增高，使得乾隆帝大为不快。虽然他们并未掀起大的政治风波，但是他们走得太过于亲密，彼此攀附结交，已形成一种集团势力，这对需要巩固皇权的乾隆帝来说，不能不是一种隐患。

于是，为了防微杜渐，实现他所谓的"先机保全之道"，乾隆帝在观察了一年之后，决定对他们进行惩戒，除了允禄之外，几乎所有获罪的宗室都被贬被革或被圈禁高墙。

在这次宗室事件所涉及的人当中，乾隆帝最最忌恨的是弘晳。在乾隆帝的眼里，弘晳对自己所构成的威胁远远超过允禄。弘晳表现出的狂妄自大、傲慢无礼以及对他的冷漠，使乾隆帝感到这位旧日太子的嫡子对自己的敌视和不服。

自弘晳记事起，便知道自己的父亲是皇太子，并知道等父亲做了皇帝之后，他这个嫡子也会被封为皇太子，然后成为皇帝。幼年的弘晳聪慧过人，不仅为父亲所喜爱，且尤得祖父康熙皇帝钟爱，与乾隆帝一样，也被养育在宫中，而且时间更早、更长。如果没有什么意外，弘晳应该顺理成章地继承皇位。

然而，这顺理成章的事随着太子被废化为乌有。但当他的叔父雍正皇帝即位后，弘晳又很快恢复了宗室亲贵的身份。先是被封为理郡王，雍正六年又晋封为亲王。而且，雍正皇帝还给了他种种特权，甚至允许弘晳在王府内设立会计司、掌仪司等机构。故而，他的藩府规模和服饰都超过一般的王公，以至于在他获罪以后，这也成了他的罪状。

弘晳表面上对雍正皇帝竭诚拥戴，然而，在他的心里，却永远丢不掉那曾经属于他的嗣统，他对自己的命运感到不平。弘晳由"罪人"得赐王爵，本该心满意足了。无奈，他的欲望竟无法填平，他非但不感恩雍正父子，反而时时想着有朝一日能从他们手中夺过皇权。因为在他眼里，那金銮宝殿本来是属于他的。

对皇位的窥伺，使弘晳注意到庄亲王允禄，这位和他年纪相仿的小叔父，是长辈中唯一在朝廷任要职的宗室。而允禄待人宽厚，既使人容易接近，又便于驾驭。于是，弘晳开始了与允禄的频繁交往。

在弘晳看来，一旦遇有国家动荡、皇帝暴崩等意外，他少不了要依靠允禄等人的拥戴去夺回皇位，因为清代的祖制给予了宗室权贵议立新君的特权。

弘晳并不是这场"宗室结党案"的主犯，在获罪的这些宗室亲贵中，他排第二。但是，他所受的处罚却最重，不但被革去亲王的爵位，而且软禁在家，不得出城。

一个多月以后，这一案件又有发展。一个名叫福宁的宗室首先告发弘晳，说他利用安泰搞邪术，有大逆不道的行径。乾隆帝接到告发的密疏后，立即将安泰逮捕归案，并命平郡王福彭与军机大臣讷亲一同会审。

会审的结果，竟让乾隆帝大吃一惊。安泰供认：他曾经自称为祖师显灵，能预先得知将来之事。弘晳对安泰的占卜深信不疑，常常请他盘算，不久前曾问过："准噶尔能否到京？""天下太平与否？""皇上能活多久？""将来我还能否再向上升？"

这一连串的问题将弘晳窥伺皇位、图谋不轨的险恶用心暴露无遗。乾隆帝以往所有的怀疑和猜测都得到了证实。弘晳不仅性情浮躁乖张，对自己不恭不谨，而且在心里时时酝酿着篡夺皇位的阴谋。他竟然盼着准噶尔打到北京，希望天下大乱，好趁乱夺位；他还企望皇帝短命，待皇帝死后，好以旧日东宫嫡子的身份夺得皇位。

乾隆四年十二月初六日，乾隆帝对此案做出最后判决："弘晳听信邪说，应当被处以极刑。但我总是想到他是皇祖圣祖皇帝的孙子，如果给予他太重的惩罚，于心实有不忍。况且他也是误信巫师的逸言，因此对他从宽，免其死罪，但不便仍留住郑家庄，交内务府总管石景山东果园永远圈禁。"

弘晳的帝梦最终成为一枕黄粱，随着乾隆帝将他的"大逆"之罪昭示于天下，弘晳只能在高墙之内打发他的余生了。安泰是附和弘晳、传播邪说之人，着从宽改为斩监候，秋后处决。而后，乾隆帝将弘晳的子孙革去宗室，给予红带子。

大清入关之初就规定，努尔哈赤的父亲、努尔哈赤的兄弟及其子孙叫"宗室"，系黄带；努尔哈赤的祖父觉昌安以下的子孙叫"觉罗"，系着红带子。乾隆帝让弘晳系红带子，意味着弘晳一支便成了"觉罗"，就是皇家的远支。

为巩固和加强皇权，乾隆不遗余力，即使天子支派也须待以国法，而弘晳的谋逆，使他更加注意从各个方面加强对宗室的控制。乾隆七年六月，乾隆帝颁布调令禁止担任御前侍卫的宗室与大臣及闲散宗室交往。

乾隆十一年九月，禁止宗室命名使用内廷所拟之字；乾隆十八年六月，严厉禁止宗室诸王与臣下往来，并令各部院及八旗衙门各录此旨，写在各自的墙壁上。为了抑制宗室的势力，乾隆帝把宗室排斥在权要机构之外，哪怕是才德兼优的同窗好友，他也不予重用。

弘历即位以后，宗室中除了重用庄亲王允禄、果亲王允礼之外，第三位重要人物当属平郡王福彭。福彭是努尔哈赤的八世孙，代善、岳托父子之后。岳托最初被封克勤郡王，后改封平郡王，是清代世袭的八大铁帽王之一。福彭虽是宗室中的远支，却受到康雍乾三朝皇帝的赏识。

福彭年长乾隆3岁，早在乾隆帝为皇子时，两人就结为同窗挚友。福彭在康熙朝时就养育在皇宫中，雍正六年又奉旨读书内廷。弘历认为福彭器量宽宏，才德优长，把他视为自己的生死兄弟。弘历继承了皇位后，他没有忘记远在边疆的福彭，立即召他回京，命他协办总理政务。

于是，福彭成了宗室王公中仅次于庄亲王允禄、果亲王允礼的第三号人物，即使是总理事务大臣的鄂尔泰、张廷玉，也不得不对福彭礼遇有加。这不仅仅因为他是王爷，更主要的是福彭曾是皇帝旧日的同窗好友，摆在福彭面前的是无可限量的政治前程。

然而，福彭的政治生命注定了要从属于专制政治的需要。尽管福彭年轻有为，而乾隆帝又在用人之际，但乾隆帝鉴于皇家祸变的惨痛教训，已经决心把所有的亲王、郡王统统排斥在权要机构之外。福彭的才德和能力，只在乾隆帝初政时留下了昙花一现的影响，随后便成了乾隆帝废弃亲贵政治的牺牲品。

自乾隆二年十一月，福彭便随着总理事务处的裁撤，开始在政治舞台上销声匿迹。虽然此后他被授命管理过正黄旗、正白旗的旗务，却始终不曾大用，直到乾隆十三年十一月，年仅40岁的福彭病逝。

严密预防宫廷内部

深受皇室之祸震惊的乾隆帝在心有余悸的同时，不但限制宗室加入权要机构，而且对自己的弟弟也多加提防。乾隆帝排行第四，大哥二哥早亡，雍正五年，三哥弘时被削爵后，不久就去世了。乾隆帝便成了雍正帝最大的儿子，在他身下，本来还有3个弟弟，到他即位时，也只剩下五弟弘昼和幼弟弘曕。

弘昼小乾隆3个月，生母耿氏，封裕妃。在乾隆的诸兄弟中，只有这位同龄的五弟与他最为亲密，两人从小生活在一起，同吃同住，同师读书。长大以后，两人同尊同荣，所享受的政治和生活待遇也是相等的。

雍正九年，兄弟俩同时受封，弘历封和硕宝亲王，弘昼封和硕和亲王。雍正十三年，又一同担任苗疆事务大臣，参与政务。所以，两兄弟实际是皇位继承的潜在竞争对手。

历史上，皇帝的御座不知诱发了多少同室操戈的悲剧，使多少骨肉至亲反目成仇。乾隆与弘昼之间，不曾发生这种流血的冲突。从两人的交往过程中，甚至找不到在弘历即位前二人有过嫌隙的记载。

然而，这并不等于弘昼没有成为天子的愿望和野心，也不能说明他是心甘情愿地看着皇位为兄长所得，而没有一丝妒忌和怨恨，生长在深宫中的皇子们又有哪一个不是盯着御座、眼睛发红的野心家呢？

只是皇家子弟，历来只有服从的本分，没有抱怨的权利。从雍正帝的言语行动中，不但大臣们已猜测到皇位的继承人，身为皇子的弘昼也有所察觉。但他没有口出妄言，也没有自暴自弃，仍和以往一样，孝敬父皇，友爱兄长。直到雍正帝去世以前，他们始终是亲情颇深的好兄弟。

然而，一旦弘历成了皇帝，一切都变了样。昔日纯粹的兄弟之情，又多了一层君臣关系。既是兄弟，又是君臣，地位、身份、关系的骤然变化，已经预示着二人之间的矛盾冲突必不可免。

弘昼性格内向，为人孤傲，满朝文武均不放在眼中。一次，在议政时，他和军机大臣讷亲发生冲突，竟在众目睽睽之下举拳相向。乾隆帝虽然没有训斥他，但对弘昼当众殴辱大臣很是反感。

还有一次，朝廷举行八旗科目考试，弘昼奉命在乾清宫正大光明殿殿试八旗子弟。时至中午，弘昼请乾隆帝退朝歇息用膳，由他继续监考。乾隆帝是个事必躬亲的人，他担心旗人士子挟私作弊，迟迟没有退朝。

谁知弘昼竟因此十分不快，对乾隆帝说："你难道连我也不相信，怕我被士子买通了吗？"

乾隆帝大为不满，二话没说就退了朝。第二天，当弘昼如梦初醒，诚惶诚恐地向乾隆帝请罪时，乾隆帝也毫不客气地告诫他："昨天，如果我答复一句，双方顶撞起来，你该粉身碎骨。你的话虽然不好听，但我知道你内心友爱，故而原谅了你。今后要谨慎，不要再说这种话了。"

自此，弘昼开始收敛。他谨言慎行，时时检点，不再有从前那种盛气凌人的样子；但是，仍然不时受到皇帝借题发挥的敲打。一次，弘昼与幼弟弘瞻一起到皇太后宫中请安，跪坐在皇太后座旁的藤席上，此座正是乾隆帝跪坐的地方。乾隆帝立时责备两个弟弟于皇太后前跪坐没有样子，弘昼因此被罚俸3年。

乾隆十七年，弘昼与庄亲王允禄、履亲王允祹、慎郡王允禧等人奉命一起清点仓储。这些饱食终日的王爷平日懒懒散散，无所用心，因而做事草率马虎，敷衍了事。想不到，这微不足道的小错在皇帝眼里却成了无视皇命、未能尽心的大过，要议他们的罪。

宗人府岂敢得罪这些王爷，便以或革诸王所兼都统，或罚所兼都统俸禄，两议上奏。乾隆帝最反感臣僚顾及情面，宗人府的模棱两可使他怒从心起，下令将宗人府王公严加惩处，将原案交与都察院审理。都察院战战兢兢地接过了这个案子，却不知比照哪条律例议罚，揣摩之下，只好从严处置，统统革去王爵。

不料，此举又惹恼了乾隆帝，他大发脾气，声称："王公等没有什么大的过错，从来没有革去王爵、降为庶人的道理！"他又责备都察院，"为了保住自己，却不以实心为国家办事。"

乾隆帝下令将都察院官员革职留任，诸王罚俸一年。皇帝威慑四海，权秉生杀。乾隆帝一会儿怪宗人府顾及情面，罚罪过轻；一会儿又怪都察院不遵守朝廷体制，议处太重。天威莫测，无非是警告这些傲慢的王公大臣们要在皇权面前俯首帖耳。

强权之下，弘昼不得不低头，然而，内心却痛苦不堪。为了排解心中的郁闷，打发无所事事的生活，他整日出入戏院，醉心于戏曲，尤其偏爱卞阳腔，并在家中养起戏班子，排练由他自己改写的戏文。或许由于改写的水平太低，来客不得不掩起耳朵，借故逃走。

弘昼以另一种方式无言地发泄着心中的不满，那就是自己装成死人，由家人演习丧礼。弘昼经常高坐院中假死，由王府的护卫侍从陈设好各种乐器，供上祭品哭奠，而他自己则吃着供用，以此作为娱乐。这种变态的举止，给人一种在长期压抑下精神失常的感觉。弘昼死于乾隆三十五年，终年60岁。

在乾隆帝仁慈的另一面，是对威胁到自己地位的对手进行无情的打击。这些对手中有威胁自己权力的臣子，有威胁到他地位的其他阿哥。无论是谁，只要对乾隆帝手中的权力造成一小点威胁，乾隆帝都穷追烂打，不把对手彻底击溃不罢休。

弘瞻是乾隆帝的弟弟，自小就受到乾隆帝的宠爱。但这种宠爱并没有为他带来幸运和更加美好的生活。相反，在乾隆的宠爱下，他变得游手好闲，无所事事，成为真正的纨绔子弟，干的坏事也越来越多、越来越大，结果把自己推进了火坑。

弘瞻生于雍正十一年，比乾隆和弘昼小23岁。雍正帝死时，弘瞻只有2岁。因而，在弘瞻的记忆中，他的一切都是由乾隆帝这位皇兄安排的。乾隆帝对弘瞻这个小弟弟颇多关照。弘瞻长大以后，善作诗词，又富藏书，这同乾隆帝令当时颇负盛名的诗人沈德潜做他师傅有直接的关系，而且乾隆帝还将弘瞻过继给果亲王允礼，允礼在诸王中较为殷富，弘瞻即得嗣封为果亲王，租税所入，给用以外，每年的盈余可以累积达到数万。

皇家子弟，多纨绔成风。弘瞻倚仗御弟的身份，有恃无恐，放荡不羁。一次，皇帝令他前往盛京，恭送玉牒。他却上奏要求先去打猎，然后再去盛京。又有一次，圆明园"九州清宴"失火，诸王都赶到园中救火，住处最近的弘瞻不但来得最晚，且和皇子们嘻嘻哈哈，好似此事与他无关。还有一次，弘瞻的母亲做寿，乾隆帝没有称祝加赐。弘瞻以皇帝薄待自己的生母为由，就当众说了一些抱怨的话。

弘瞻如此放纵失检，乾隆帝对他十分不满，多次申饬。但弘瞻却不知收敛，胆子越来越大。他贵为亲王，巨富无比，却生性吝啬，敛财聚物无所顾忌。不但开设煤窑，强行霸占百姓的产业，而且还常向母亲索要财物。这种贪得无厌的劣性，终于使他惹下了大祸。

乾隆二十八年五月，两淮盐政高恒代京师王公大臣贩卖人参牟取暴利一事被告发，弘曕是被指控的王公之一。在乾隆帝的眼里，弘曕"一向不安分守己，往往向人请托，习气最陋"，干出这等事来不足为怪，他下旨将弘曕收捕，交军机大臣审讯。弘曕没有见过这种"阵势"，他被哥哥的皇威镇服了。在审讯的过程中，弘曕供出，他因欠了商人江起滔的钱，派王府护卫带江起滔到高恒处托售人参，牟利以偿还欠债。

身为亲王，弘曕干出如此有伤体面的事情，乾隆帝大为恼火。他对弘曕的任性放纵，一直采取宽容的态度，但弘曕却始终不知检点，屡蹈愆尤，反把事情闹大，乾隆帝决意借此对弘曕加以惩治。接着，乾隆帝又查出弘曕以低价令各处织造、关差购买朝衣、刺绣、古玩、歌女等，并有私自请托军机大臣阿里衮选任王府门下私人为朝廷官吏之事。

乾隆帝为改变清朝前期宗室王公干预朝政的恶习，对皇亲国戚，包括自己的弟弟在内，虽给予很高的名位、优隆的待遇，却绝对禁止他们干政。弘曕不但以聚敛好财尽失御弟身份，且又违犯朝规，干预朝廷选拔官员，乾隆帝不能再容忍了。乾隆帝厉声责备说："弘曕想要干预朝政，毫无顾忌，已经到了很厉害的程度。此风一长，内务府旗员也将会效法，这样的话，外面的满汉职官，京城的部院司寺，都将纷纷步其后尘，无法阻挡了。想到这里，我实在是寒心啊。"

于是，乾隆帝将其旧过新犯一总清算，诸罪俱发后，弘曕被革去亲王的一切差事，永远停俸。这是乾隆帝第一次以如此严厉的态度对待他的幼弟，弘曕大出意外。平时，他以洒脱自居，此时只有大势已去的伤感。从此，他居家不出。郁郁之下，竟然一病不起。

弘曕病危时，乾隆帝亲自到弘曕府上探视，弘曕在被褥间叩首谢罪。乾隆帝似乎被弘曕的软弱和屈从所感动，唤起了他的手足之情。他呜咽失声，泪流满面，拉着弘曕的手说："我因你年少，故而稍加处分，以改变你的脾气，想不到你会因此得这样重的病。"

乾隆帝立即恢复了弘曕的爵位。两年之后，弘曕仍然死去了，年仅32岁。乾隆帝失去了幼弟，却使皇权更加独尊。作为一名封建君王，乾隆帝深深懂得"欲治天下，先治宗室、内宫"的道理。

尽管出于政治安定的考虑，乾隆帝继位后在政治方针上采取了宽仁的一面，昭雪、平反、安顿了不少皇亲国戚、亲王宗室，但皇权斗争毕竟是残酷的，乾隆帝断然采取了"整顿机制，施政有纲"这一策略，防止宗室、宦官、外戚干政专权。

为了不使母亲干预政务,即位后的第三天,乾隆帝就发出一道谕旨,告诫宫内太监、女子:

> 凡国家政事,关系重大,不许听风就是雨地传播。恐怕太后听了之后担心,宫禁之中,凡有关外面的言论,不过是太监人等在市井中听说的,多是错误的谣言,如果不幸传到皇太后耳朵里,她向我说知其事,如果合她老人家之心,自然遵行。
>
> 如果不合她心思,就会让她为此担心,尔等严行传谕,以后凡外间闲话无故向内廷传说者,即为违法之人,总会被我知道,或查出,或犯出,定行正法。陈福、张保是我派出侍奉皇太后之人,这些都是他们的责任,应该首先了解这些。

这个命令看似是乾隆帝爱护母亲,感情笃深,其实是为了使皇权独尊,不受母后干扰,避免历史上母后乱政之嫌。皇太后既然彻底与外世隔绝,当然也就不可能有什么作为了。

弘历继位不久遇到一件事,太后让乾隆帝把顺天府东一座废弃的庙宇修葺一下。事虽不大,乾隆帝却意识到了问题:太后在深宫之内怎么会想起来修庙宇呢?乾隆帝鉴于母命难违,派人修了庙宇,却对在太后身边的太监们提出了严重的警告。

后来,好事的太监将悟真庵的尼姑引入大内,又带领太后的弟弟进宫,这些都是违反后宫规章的。乾隆帝碍于情面不好训诫母后,但毫不留情地训斥了太监们的多事非礼。

乾隆帝对母后的亲戚非常优待,常常赏赐他们,但是不允许他们以权欺人、以权干政。头等承恩公、散秩大臣伊江阿是太后的亲侄子、乾隆帝的表兄弟,长年患病,不能供职,本应该罢任,乾隆帝念他是太后的亲戚,所以特加优公爵,免其革退,但是他的俸禄却减少了一半。

在此严厉的监督和规章制度之下,外戚根本没有参政的机会。乾隆帝对整个后宫的管束也比较严格,规定皇后只能管理六宫之事,不得干预外廷政事。他还用历史上著名的有德行的后妃为例,作了12幅"宫训图",每到年节就在后宫张挂,作为嫔妃们的榜样。

其中有"徐妃直谏""曹后重农""樊姬谏猎""马后练衣""西陵教蚕"等等。在宫中举行宴会时,乾隆帝还让后妃们以"宫训图"中的人物为内容,联句赋诗。后妃的娘家人虽不时蒙得赏赉,也不乏高官显宦，但都不敢过于弄权。

对于宫内宦官，乾隆帝更是防微杜渐，极力防范。乾隆帝鉴于宦官之祸，改除旧制，将原来教习宦官读书习字的内书堂废掉。他说："内监的职责就是听命行事，只要略识几个字就行了，何必派词臣给他们讲文义呢？明代宦官弄权，原因就在这里。"

自乾隆三十四年以后，内宫便不再有词臣教习宦官了。乾隆帝还有禁止宦官纵权的措施，就是让当差的奏事宦官一律都要改姓为王。这样一来，外廷官员就难以分辨仔细，避免他们之间相互勾结乱政。如果发现太监们有所非为，乾隆帝也定处不饶。有个太监是乾隆帝贴身之人，因对乾隆帝说了几句有关外廷官员是非的话，乾隆帝马上命令将其处死。乾隆帝发谕旨说："凡内监在外边滋扰生事者，外廷官员可以随时处置行罚。"

宫中有个叫郑爱桂的太监，经常在乾隆帝耳边赞扬刑部尚书张照，贬斥户部尚书梁诗正，说他"太冷"。乾隆帝讨厌太监干政，并观察其中的真相。事实终于弄清，原来张照舍得花银两破费钱财结交太监，而梁诗正却廉洁自持，不善于笼络太监，所以郑爱桂"喜张而恶梁"。

乾隆帝得知了真相，写诗称赞梁诗正说："持身恪且勤，居家俭而省。内廷行走久，交接一以屏。不似张挥霍，故率称其冷。翻以是嘉之，吾岂蔽近幸。"

为此，乾隆帝毫不客气地惩治了郑爱桂，并降旨要宦官们引以为戒。还有一个在御前听差的太监，被乾隆帝直呼为"秦赵高"。其实这个太监也并没有做下什么大逆不道、弄权使坏的事，乾隆帝之所以这样称呼他，只是为了向他示警，不要向秦朝的赵高学习，要安守本分。

作为一位年轻的皇帝，乾隆帝在变幻莫测的官僚政治漩涡中，改革和完善了各种制度，使母后、太后、兄弟、叔父、外戚、太监等均受到约束和牵制，把皇权巩固到无以复加的地步。

发现朋比结党隐患

弘历继位之初,意识到前朝大臣大权在握,于是以潜移默化的方式,逐步削弱前朝老臣的权势,组建起自己的势力,实行"宽严相济"的新政。

雍正帝弥留之际,遗诏庄亲王允禄、果亲王允礼和大学士鄂尔泰、张廷玉4人辅佐弘历。这既为乾隆帝在继位之初留下了可用之臣,也为乾隆帝开创大业留下了束手束脚的隐患。

乾隆初年,在他所任用的雍正旧臣中,以鄂尔泰、张廷玉的地位最高。自恢复军机处、宗室王公被排斥在权要机构之外后,鄂尔泰为首席军机大臣,张廷玉居其次,都是位居宰相的重臣。二人虽然各树门户、朋比结党、相互倾轧,但却不曾威胁到皇权的稳定。

鄂尔泰和张廷玉在乾隆帝推行新政的过程中,起了举足轻重的作用。因而,乾隆帝在初政的过程中,虽不时给以告诫,却仍很是倚重,十分宽待。所以,鄂尔泰和张廷玉均权势显赫,并在朝廷内外负有盛名。

乾隆二年,朝鲜使臣在回国后的奏报中,称誉说:"新皇帝政令没有大的失误。阁老张廷玉负天下众望,要求告老回乡,乾隆帝不答应,人们都认为只要有张阁老在,天下就不会发生大事。"

乾隆帝孤身置于先朝的老臣中,从那一张张陌生的面孔中,观察到了变幻莫测的官场,感受到了盘根错节的党派关系。他意识到:"虽然我从父亲手里接过了皇位,却没有属于自己的心腹之人。"

党争是官僚政治的痼疾。明末以来,官场相互援引,攀附成风。而各个林立的党派之间,你攻我伐,相互倾轧,搞得乌烟瘴气。在清朝的统治者眼里,明朝的灭亡,在很大程度上来自于这种自相残杀的"窝里斗",因而清朝的皇帝都最忌党争,顺治帝、康熙帝、雍正帝屡屡颁诏戒谕，并对官僚士子结党立派的行径进行了不折不扣的打击。

然而，这种分门植党、官官相护的恶习，却有相当广泛的社会基础，由师生、同年、同僚官员所形成的特殊关系，竟是那样的牢不可破，往往是旧的朋党铲除了，又结成新的朋党。

尽管乾隆帝屡次表示党争是他所深恶痛绝的，朝廷还是出现了鄂尔泰与张廷玉两个渐渐对立的党争。弘历即位时，朝廷上已形成鄂、张两党。鄂尔泰与张廷玉二人相国秉政，嗜好不齐，门下士子互相推奉，渐渐导致分朋引类，私下攻击。

鄂尔泰、张廷玉皆为前朝遗老，又均有拥戴之功，两人分门立户，相互攻讦，因此，影响了朝政的统一，也为初政的乾隆帝尽快地熟悉政务、巩固和加强他的皇权，制造了无形的障碍。

乾隆帝周旋于两党之间，既要打击鄂尔泰、张廷玉的势力，又要在自己没有培植起亲信大臣之前，倚靠二人帮助自己处理国政，使国家机器能够正常地运转。这使乾隆帝煞费苦心，几乎成了他的一块心病。鄂尔泰最先形成势力，是在他发迹于云贵总督这个重任的时候。

鄂尔泰对待属下颇有长者、前辈的风度，对周围的臣僚部将，凡有一技之长，他均过目不忘，及时给予奖励提拔，所谓"知人善任，赏罚明肃"。因而，在他节制西南的7年中，文武官员张广泗、张允禄、元展成、哈元生、韩勋、董芳等人均甘愿为其所用，并皆在平定贵州苗民的叛乱中立功。他们被鄂尔泰的才干所折服，也为他的赏识而感恩。这种特殊的上下级关系，使他们固结一体。

雍正帝的宠眷和重用，使鄂尔泰的威望在朝野大增。雍正皇帝为了嘉奖鄂尔泰的忠诚，曾颁旨天下说："我有时自信不如鄂尔泰专一。"而且，事无大小多委托鄂尔泰督办，所以，鄂尔泰所到之处，巡抚以下官员出城很远来拜见他。久而久之，在鄂尔泰周围便聚集起一帮趋炎附势之人。

到了弘历即位前后，鄂尔泰在朝廷内外已结成以他为首的党派。依附他的著名人物有史贻直、尹继善、仲永檀等人。同时，鄂尔泰的家族也越来越有势力。

鄂尔泰的家族是一个显赫的家族，自从入关，多人得到封侯拜将。鄂尔泰的发迹，使这个家族更为显赫，鄂尔泰的弟弟鄂尔奇，官居户部尚书、步军统领。

鄂尔泰的长子鄂容安开始担任军机章京一职，后任河南巡抚、两江总督，在西征时任参赞大臣。次子鄂实也是参赞大臣。二人均死于西征准噶尔的战场。三子鄂泥为山西巡抚，出任西安将军。四子鄂宁也是巡抚一级的大官。五子鄂忻是庄亲王允禄的女婿。鄂尔泰的女儿嫁给了宁郡王弘皎。侄儿鄂昌担任过湖北、甘肃巡抚。

如此一个满门贵胄的家族，本身就有一种咄咄逼人之势，何况还有位居首臣的鄂尔泰。相比之下，张廷玉似有在鄂尔泰下风之势，但张廷玉的发迹和所获雍正帝的宠爱，却比鄂尔泰早得多。

张廷玉，安徽桐城人，字衡臣，康熙年间进士，任内阁学士、吏部侍郎。至雍正朝屡次升迁至保和殿大学士、军机大臣，兼管吏、户二部，并任翰林院掌院学士。

与鄂尔泰不同，张廷玉出生于书香门第、官宦之家。张廷玉的父亲张英以文学之才获宠于康熙皇帝，最早入值南书房，成为康熙帝身边的宠臣，官至大学士，死后赐谥"文端"。

张廷玉是张英的次子，他的长兄张廷瑑官拜詹事府少詹事，弟弟张廷璐官拜礼部侍郎。张廷玉的 7 个儿子也都拜官。长子张若霭、次子张若澄均值南书房，为内阁学士。小儿子张若渟也自内阁学士起家，历任军机章京、侍郎、尚书等职，堪称满门贵胄。

张廷玉历康熙、雍正、乾隆三朝，蒙恩得以荫袭、议叙的子侄姻戚，更是不乏其人。因此，乾隆六年，左都御史刘统勋上书指责说："官场舆论都掌握在桐城张、姚二姓手上，朝廷官僚半数出自他们的门下。现在张氏做高官者有张廷璐等 19 人，姚氏与张氏一直都是亲家，姚家做官的人也有 10 人。"

足见张廷玉势力之大，党羽之众。张廷玉和鄂尔泰各自形成了势力强大的朋党集团，双方势同水火，而两家子弟宾客更是勾心斗角，起了推波助澜的作用。鄂、张两党在一定程度上反映了满汉官僚之间的矛盾。当时的情况，就像乾隆帝指出的那样："满族人都想着依附鄂尔泰，汉人则都想着依附张廷玉。"

为了争权夺势，两派每天都在暗中较劲。据传，鄂尔泰与张廷玉同朝 10 余年，往往一天都不说一句话。张廷玉向以谦虚自居，但对鄂尔泰却是寸步不让。

本来鄂尔泰一直外任封疆，而张廷玉官居京城，两人互不相扰。但自雍正十年，鄂尔泰内召还京，成为首席军机大臣，班次在张廷玉之前，张廷玉大为不快。而后，鄂尔泰偶有过失，张廷玉必冷嘲热讽，使其下不了台。

实际上，张廷玉虽然在咬文嚼字上比鄂尔泰高出一筹，常常以口角获胜，但由于清政府的大权操纵在满族上层的手中，乾隆帝的重满轻汉、袒护满族官员的倾向较为明显，所以更多的情况下，还是鄂党占上风。鄂尔泰与张廷玉两派早在雍正朝就多有较量。在朝廷处理苗民反叛的过程中，鄂、张两派的势力是此消彼长。

雍正四年至雍正九年，朝廷收复了黔省苗族4万户。在云贵总督鄂尔泰的多次奏请后，实行"改土归流"政策，取消土司世袭制度，设立府、厅、州、县，派遣有一定任期的流官进行管理。苗族地区由"无君上，不相统属"到设官建治，显然是一种社会进步。

但是，官军驻扎该地后开始修城、建署、筑碉、开驿等，大量无偿役使苗民，加之繁重的赋税和各种名目的摊派，苗民不堪忍受，反抗情绪日益高涨。

雍正十二年七月，黎平人包利到苗疆腹地古州，以"苗王出世"作为口号，大造反清舆论。三月二十一日，包利率众包围台拱番招墱汛城。五月初至六月中旬，苗众先后攻占凯里、重安堡、黄平等府。雍正谕令允礼、鄂尔泰、张廷玉等筹划用兵事宜，并调兵围剿。苗众见清军云集，弃城回寨。

雍正十三年五月，苗民再次反叛，爆发了大规模的反清斗争。雍正帝怒形于色，颇有怪罪鄂尔泰"改土归流"不当之意。实际上，苗民反叛的原因是多方面的。这一带改土归流最晚，而且由于鄂尔泰、张广泗等得力大员相继调离，归流的工作很是草率，除了添设流官派驻军队之外，未对原有土司势力做应有的触动。

而后，随着新派流官横征暴敛、作威作福，原有的土司势力便利用苗民的不满，鼓动反清。雍正帝以果亲王允礼、宝亲王弘历、和亲王弘昼、大学士鄂尔泰、张廷玉等人为办理苗疆事务大臣，专门负责平叛。

鄂尔泰曾向雍正帝夸下海口，声称西南改土归流后，可保百年无事。然而，不过几年工夫，苗事再起。

鄂尔泰自觉心亏理短，便以从前管理苗疆筹划布置不周向皇上请罪，并请罢免官职，回家养病。雍正帝正在气头上，再加上朝廷中反对鄂尔泰的呼声颇高，便以鄂尔泰有病需要调养为由，解去他大学士之职，并削去伯爵爵位。

鄂尔泰被革职夺爵，意味着鄂党的势力受到严重的打击，而张党正在得势。这时，雍正帝又偏偏用了属于张党的刑部尚书张照为抚定苗疆大臣，前往贵州主持平叛。张照见鄂尔泰失宠于皇帝，以为时机已到，可趁机报复，于是自荐前往贵州督理苗事。

鄂、张两派在苗疆事件上的第一次较量便从张派的张照督苗开始了。张照一心想给鄂尔泰以致命的一击，他甚至没有为自己留退路，因为他既不知兵，又无帅才，手里唯一的一张王牌便是他得知雍正帝有放弃苗疆的想法，一旦战败，他可以上奏请求调回。

在张照看来，只要能将鄂尔泰的"改土归流"方针否定，不仅可以使雍正帝下定放弃苗疆的决心，免去这场战争，而且他还可以一泄私愤，在鄂尔泰站起来的地方扳倒他。

所以，张照一到贵州，便为鄂尔泰罗织罪状，每次上奏都说"改土归流"不是可行之策。张照的用心在于推翻改土归流，敦促皇帝赶快废弃这项政策。

张照把心思都用在整治鄂尔泰身上了，在军事上却一筹莫展。他毫无用兵经验，一到贵州便提出了错误的"分地分兵进剿"之策。张照命将军哈元生率云南、贵州兵马，副将军董芳领湖北、广东兵马，分两头进剿。这一大调兵几乎用了半月的时间，几万大军调动，先已消耗了自己，将士苦于奔波，怨声四起。

在用兵上，张照又犯了分兵太重、有守无攻的兵家大忌。哈元生为了保护营地不致失守，沿路分兵把守，以致数万军队用以攻剿之师不过一两千人。董芳完全听命于张照，所以，张照对董芳极力称善，反指责哈元生的错误，导致哈元生与董芳之间相互攻击。

另外，张照野蛮地对待苗人，激起苗人的强烈反抗。张照出于对苗民屡抚屡叛的憎恨，抓住苗民，不论降拒，一律剿杀。这种野蛮的屠戮，把苗民逼到了绝路上，他们反抗的决心越来越坚定，甚至杀掉自己的妻女从军抗清。

由于以上种种原因，自张照出任苗疆大臣后，整个苗疆地区局势极其糟糕。雍正帝死后，这一切改变了。弘历即位的第二天，便下令召张照还京，命湖广总督张广泗为经略，代替张照督理苗疆。这表明了乾隆帝对苗疆一事的态度与雍正完全不同。

乾隆帝早在身为皇子时就开始参与机务，对国事有自己的看法。而且他曾以宝亲王的身份奉命督理苗疆，对苗疆之事的始末也是一清二楚。他并不赞成父亲对苗疆一事的处理，反而从心里肯定鄂尔泰改土归流的做法。因而，当他在批阅张照奏折时，立即感到了问题的严重。

雍正十三年九月，乾隆帝颁旨指责张照的奏折说："你对目前用兵情形，收复与未收复之地的状况，以及日后的用兵方略等均未能一一分析陈奏，连篇累牍的奏折，竟然以巧词猜度，有意迎合。你说新开辟的苗疆地区因为叛乱不断而要求我下旨放弃，实在是错误之极。从前，管理苗疆的事物都是由鄂尔泰单独完成的，后来苗人叛乱，你在京时，看到了父皇训斥鄂尔泰，那是因为他总是没有将这件事情处理完备，接着你又见到父皇发出解除鄂尔泰职务的圣旨，因而你以此私下里揣测父皇的意思，落井下石，言辞过于激烈了吧。鄂尔泰解任的理由，主要在疾病而不在有过错。况且是鄂尔泰自请解职，并不是被革职的，鄂尔泰的功过，待将来事情完成之后，自有定论，你们就不要再妄自议论了。"

十一月，乾隆帝便借口"挟诈怀私，扰乱军机，罪过多端"的罪名，下令将张照革职下狱。于是，鄂、张两派的第一回合因为乾隆帝洞悉张照的私心，以张党的失势而告终。与此同时，鄂派的势力有所抬头。雍正临终前原谅了鄂尔泰在苗疆的失误，使他仍以大学士身份辅佐新皇帝。

乾隆帝在惩治张照的同时，将鄂尔泰的得力心腹张广泗派往贵州。一时之间，鄂党的势力甚嚣尘上。鄂党摆开了全面反攻之势，并以牙还牙，借机罗织罪名，制造大狱，想将张照置于死地，以达到彻底铲除张党的目的。

鄂、张两党较量的第二个回合主要是鄂派的张广泗趁机打击张照。张广泗，汉军旗人，隶属镶红旗。他没有科举正途的名分，康熙末年由监生捐得了知府的官衔，便一直任职西南，先是在贵州思州府，雍正四年又调任云南楚雄，正碰上鄂尔泰在云贵地区的改土归流刚刚开始。

于是熟知苗情的张广泗为鄂尔泰所赏识，成为左右手。从此，张广泗以平苗之功，升迁贵州按察使、贵州巡抚、湖广总督，并以有能力、处事干练闻名朝野。

张广泗是鄂尔泰部下，与鄂尔泰共事长达7年。后来，鄂尔泰内召还京，张广泗也调任湖广。改土归流虽出自鄂尔泰的运筹和设计，但在执行上，却有张广泗不少的思索和规划。所以，张照攻击鄂尔泰经略苗疆不善，否定改土归流，实际上也是在打击张广泗。因而，张广泗这次奉命到贵州接替张照，他是绝不肯轻易放过对方的。

张广泗于十一月到贵州，对战事做了重新的部署。张广泗以他对苗疆军务的熟谙和干练，仅用半年时间，便将各地起义镇压下去。繁忙的军务并没有使张广泗忘记对张照的还击，而乾隆帝的称许和嘉奖更使他得意忘形。

乾隆元年正月，张广泗借乾隆帝的倚重，开始落井下石，奏称"贵州省的军需银两，张照任意浪费，现在马上就要用完了"。张照督理苗疆时，户部拨解军费 100 万两。张照将这笔军费收藏在贵东道库，一直不让贵州藩司经手，这使地方官十分不满。

当巡抚因军需请张照协助接济时，张照却说："此事与你毫不相干。"这种妄自尊大、傲慢无礼，又不负责任的态度，成了张广泗攻击他的把柄。张广泗上奏，乾隆帝下令让张照赔偿十分之八，并命户部查明严追。

在乾隆帝看来，张照作为国家经略大臣，非但没有军功，反而挟私败事，即使处以死刑也不为过。然而，乾隆帝清楚地知道，在这场事端的背后，是鄂尔泰与张廷玉两大党派之间的较量。所以，当廷议判处张照死刑时，乾隆帝却下令将张照宽免释放。

而且，在乾隆帝的关照下，张照出狱未久，便奉命在武英殿修书。乾隆二年二月授内阁学士，入值南书房；乾隆五年又授刑部侍郎；次年，官复原职，仍居刑部尚书之位。在这一过程中，乾隆帝为张照洗清了冤情。

原来，张广泗弹劾张照的百万两军费用完了。张照上奏辩解说："由我经手的钱粮只有 13 万，都派拨各府，其余与我无关。"乾隆帝立即令张广泗前去核查落实。

张广泗想诬陷张照，给张照重罚，所以，他借故拖延，直到乾隆四年正月，在朝廷的屡屡催促下，才不得不以"张照经手银两为 25 万两"汇报给户部。乾隆帝看到张广泗的汇报十分气愤："此奏折与原折完全不相符，且推迟了二年才得到回复，显然有回护原参、阻碍处理的地方。"

一语道破了张广泗的动机。乾隆帝随即马上颁旨："张照经手的 25 万两，都分发给各路为军需之用，本无应赔之项。"

在鄂、张两派的第二次较量中，鄂派的张广泗诬陷张照失败，以鄂派失势而告终。通过苗疆反叛事件，鄂、张两派在较量中各有胜负，而调节两派势力的则是乾隆帝的平衡措施。

在处理前朝遗留的两派势力时，乾隆帝采取势力均衡的措施，对鄂、张两派平衡驾驭，让两派势力互相牵制，为己所用。他在张照得势时给张派以适当的压制，提高鄂派的势力；在张广泗打击张照时，又为张照平冤，提升张派的势力。

在这一个左右权衡的过程中，乾隆帝始终把握着平衡协调的利剑，不让任何一派独占鳌头，让皇权在两派之间起着决定性的权威作用。

平衡削弱两派实力

乾隆帝在平衡周旋于张廷玉、鄂尔泰两派势力之间时，也下定决心：绝不能像明朝那样盛行门户党援，必须肃清纲纪。因此，乾隆帝一方面采用平衡手段，另一方面又适时削弱两派的实力。

乾隆帝不时对大小臣僚发出警告，禁止朋比结党。他说："如果一定想要依附逢迎鄂尔泰、张廷玉，日积月累，实在是一种危害啊！"又警告鄂尔泰、张廷玉二人说，"你们两人应该体谅我的心思，更加小心谨慎。"

然而，鄂、张两党长期对立，积怨太深，决不是皇帝的几道谕旨就能使数年的嫌隙烟消云散的，而官僚政治为了个人的利害得失，相互倾轧，往往是无孔不入，从而使官场上的尔虞我诈愈演愈烈。

乾隆六年，鄂、张两党的矛盾日益尖锐化。这年三月，陕西道监察御史仲永檀上奏说："步军统领鄂善接受京城富民俞氏贿银一万两。俞氏丧葬出钱请九卿吊丧。礼部侍郎吴家驹因参加俞氏葬礼，受吊丧谢仪银五百两，又侵吞分送给九卿炭金两千两。詹事陈浩在俞家陪吊，奔走许多天，而且，前往俞家吊丧的不止九卿，大学士张廷玉差人送帖，徐本、赵国麟都亲自前往那里。"

仲永檀所说的俞氏，名君弼，曾为工部凿匠，善于钻营而积攒大笔家资至巨富。然而，却没有儿子，只好过继了一个孙子。不料没过数年，俞君弼竟一病不起，没过多久便死了，身后留下大量家产便成了导火索。

俞君弼还有一个义女，女婿许秉义贪财好利，欺负俞家嗣孙年纪小，图谋争夺家产。他利用为俞家办丧事的时机，行贿于与他同宗的内阁学士许王猷，让他遍邀九卿到俞家致吊，凡参加吊丧之人都给以重金酬谢。许秉义以为这样就可以凭借朝官的势力，达到独霸产业的目的。

许秉义意图重金收买的事很快被朝廷知道了，乾隆帝大怒，下令将行贿者许秉义逮捕下狱，严加审讯，镇以国法。并将许秉义的同宗、内阁学士许王猷革职查办，然后申饬九卿各官，严禁到俞家吊丧。

但是，重金之下，必有勇夫。虽然皇帝申饬戒谕，仍有礼部侍郎吴家驹等人前往。就连鄂善也被俞家收买，接受了俞家托人送来的银两。

鄂善是满族人，雍正年间的老臣，弘历即位后，仍予重用，授予号称九门提督的步军统领之职，居禁军头领的地位，又先后任兵部尚书、吏部尚书等官，得宠于一时。他并非张廷玉的党徒，但此次却受了张党的牵连。

仲永檀是山东济南人，乾隆元年进士，曾以敢言闻名。仲永檀虽为汉人，却投到了鄂党的门下，在鄂、张两党的斗争中不遗余力。此次，他终于看准了时机，状告张党受贿。

这一丑闻的揭露，矛头直接指向了张廷玉及其党羽。因事关贪赃，张党狼狈不堪。仲永檀为鄂党立了一功。

仲永檀给了张党重重的一击，但他认为这还不够，又接着弹劾张党泄密。他说："向来密奏留中的事件，外面很快就能够知道。这一定有人串通自己左右，暗地里泄漏出去了。要是权要有自己的耳目，朝廷就将不再有耳目了。"

仲永檀所说的"权要"直指张廷玉，他暗喻张廷玉的党羽将密奏留中之事私下透露给张廷玉。而所谓的密奏留中，是大臣们以奏折的形式向皇帝陈奏的机密。按照规制，皇帝阅后，封缄留存，除了皇帝本人之外，任何人不能知道。

仲永檀密折参了两案，两案皆事关重大，涉及权要。乾隆帝阅后为之一惊。但仲永檀气势逼人，倒使他提高了警觉，他意识到这是党争的信号，必须妥善处理。

然而，乾隆帝一时找不到合适的人选去处理这件事。因为，张党中的主要大臣几乎都被牵扯到此案中，在这种情况下，如果再派某个人单独承办此案，不论他是鄂党，还是张党，都无法摆脱将个人恩怨搞乱是非的嫌疑。

乾隆帝思前想后，命怡亲王、和亲王、大学士鄂尔泰、张廷玉、徐本、尚书讷亲、来保成立一个"七人办案组"，共同查审此案。这样，既可避免有人做手脚，又可令人信服。

乾隆帝布置停当，想要彻查到底，但他仍怀疑有诬陷之嫌。他说："如果这件事情属实，那么鄂善罪不容辞；如果纯属捏造，那么仲永檀自有应得之罪。此事关系重大，如果不明晰辨理，判其黑白，那我还有什么资格任用大臣？大臣又怎么敢大胆办理国家之事呢？"

至于仲永檀指称有人泄密，在皇帝身边弄权，乾隆帝视为妄词。他批复说："所谓权要串通左右的言词，我看此时并没有可串通的左右，也没有可串通左右的权要。"

他下令让仲永檀明白问奏，并指示办案大臣秉公查清。数日以后，在王公大臣们的严厉质讯下，鄂善及其家人供认了曾接受俞氏嗣孙俞长庚贿银1000两，鄂善被革职送交刑部。

鄂善是乾隆帝重用之人，他如此欺君枉法，令乾隆帝震惊之下大失所望。新做皇帝，当然更看重自己的声誉，在他看来：鄂善一人违法所涉及的问题很小，但皇帝用人不当的过失则关系重大；如果再不明彰国法，则人心将会散失殆尽？于是，乾隆帝赐令鄂善自尽。

这是乾隆帝登基以来，第一次如此严厉地处置大臣。他自己也痛心疾首，整整一个多月，食不甘味，寝不安席。但比起法办鄂善来，张廷玉等大学士更难处置。

内心中，乾隆帝不愿自己所任用的大臣一个个都是欺君罔上的奸臣。如果不是有干国法，乾隆帝决不允许他们在这场涉嫌党争的案狱中受到倾轧。

因而，在处理了鄂善之后，乾隆帝只将礼部侍郎吴家驹和詹事陈浩革职，其余均从宽开脱，并颁旨："仲永檀奏折里面提到的大学士等到俞家送帖吊奠一事，今查询明白，全属子虚乌有。"

乾隆帝明明知道所谓大学士送帖吊奠一案，根本无法查实。因为仲永檀早就声称："大学士等人已于皇上申斥九卿时，毁掉原帖，送帖吊奠的证据不复存在。"

乾隆帝是何等的精明，他怎会不知呢？而且，在他挑选办理此案的7名大臣中，就有张廷玉、徐本二人，他们是仲永檀点名参劾之人。以当事人办理自己的案件，其结果更是可想而知了。

乾隆帝不予追究，又有谁还敢再查呢？实际上，仲永檀所说密奏留中泄密于权要之事，并不是无的放矢，他举出御史吴士功弹劾尚书史贻直密奏曾被宣扬于外。

吴士功是张廷玉的门生，河南光州人，字唯亮。雍正十一年中进士，颇具才气。由于吴士功与张廷玉的特殊关系，仲永檀所参吴士功泄密，并串通权臣，矛头直指张廷玉。而史贻直又与鄂尔泰交好。因而，这件案子所表现出的门户党派之争实在是太明显了。

虽然乾隆帝清楚地记得吴士功去年确有密奏，而且确实被宣扬于外，但他决定放下此事。本来，乾隆帝一直最痛恨臣僚泄露机密，常说："大臣们报告事情，应当谨慎严密，如果有弹劾的奏折，都应当采取密折这种形式，不能泄漏给外人，以擅自做主。"

凡是臣下泄密，乾隆帝往往严惩不贷。但这一次，乾隆帝的态度却完全不同。他颁旨说："御史吴士功奏参尚书史贻直一折，我现在姑且不究。让他们二人阅看后，封入内阁。如果你们将来不知改过，再有过错，特此取出，一并从重处置。"

如此重大的泄密事件，就这样被乾隆帝压了下来，史贻直没有因为被人弹劾受到审查，吴士功、张廷玉也没有因为相互串通、泄露机密，受到惩处。

乾隆帝置身于两党之间，竭力保持公允，不使双方失之于均衡。他并非不愿消灭党争，而是实在不愿在朝廷中形成一派独占鳌头之势，从而构成对皇权的威胁。所以，他小心谨慎，在铲除朋党时机尚未成熟的情况下，仍使双方维持势均力敌的状态，以收到相互牵制的效果。

在张党受贿和泄密案件中，乾隆帝庇护了张廷玉集团，只为了起到牵制鄂党的效果。但是，张党无视朝廷的做法也更坚定了乾隆帝的打击两党、收归大权的决心。

在鄂、张两党的争斗中，鄂党一直处于上风。乾隆帝针对这种状况，不断地对鄂派势力进行警告、控制，防止鄂派势力的极度膨胀。乾隆帝认为，鄂尔泰生来喜欢虚名而近乎骄横，张廷玉则善于自我批评而近乎懦弱。所以，乾隆帝尤其注意对鄂尔泰的压制。

清代满族贵族一直在政治上享有特权。鄂尔泰在雍正所留下的一班大臣中位居魁首、权势倾朝，而他的倨傲骄慢更给人以权臣震主的感觉，因此乾隆帝不断地打击鄂尔泰的锋芒。

雍正帝生前，曾有意要将他为雍亲王时居住的藩邸旧居改建为庙宇。雍正帝死后，搬出皇宫另辟新居的和亲王弘昼向乾隆帝索要原雍亲王府旧邸时，鄂尔泰为博得皇帝之弟的欢心，主张将王府赐给弘昼。

在乾隆帝眼中，赏罚只有皇帝能决定，他绝不允许大臣自作主张，何况乾隆帝本来就认为此府为龙腾所在，不宜再做王府。因而，他断然拒绝了鄂尔泰的建议，将原雍亲王府改为礼佛的喇嘛庙，称"雍和宫"。

乾隆三年，朝廷议"三老五更"，这是复行古帝王敬礼老者之意。在古代，以年过80以上的老者称"三老"。"五更"主要指乡官的名称。相传，古代设"三老五更"，以尊养年老的官员，而能被选入"三老五更"的人，皆是德高望重之辈。后来，历朝历代皆沿袭这种礼制，但年龄则放宽在60岁左右。

其时，鄂尔泰、张廷玉俱可当三老之位，但张廷玉遇事谦退，不愿招摇。他以"典礼隆重，名难实副"为由，坚决反对举行此礼，所谓"断以为不可"，并作《三老五更议》陈说己见，这个礼制于是因为张廷玉的奏疏而宣告作废。

但鄂尔泰的态度却不一样。他依然我行我素，以耆老自命，并希望由此博取美名。乾隆帝对鄂尔泰的态度极为反感，甚至在阅读张廷玉的《三老五更议》时，感触颇深之余撰文题记，指责鄂尔泰"因好虚荣，近于骄者"。

有一次，永州总兵崔起潜所参有损皇帝的尊严，乾隆帝本想严加惩处，但后来又降旨从宽发落。诏旨下达后，朝廷内外立时纷传这是鄂尔泰上疏所奏，而鄂尔泰在拟罪具题时，确实有疏陈将崔起潜宽释的密折。乾隆帝说："如果不是鄂尔泰把这件事情泄露给外人，其他的人怎么能知道这件事呢？"

乾隆帝虽然对鄂尔泰这种邀买人心的做法十分不满，但在尚需倚用这些前朝遗老的情况下，未加追究。然而，5年以后，因为鄂尔泰在朝廷内外勾结过甚，已经超出了皇帝所能包容的限度。

乾隆帝旧事重提，当众抖出鄂尔泰泄密买好，有丢颜面的事情，并且公开说："喜欢揣摩人情，而反省自身需要缜密……鄂尔泰缜密之处，不如张廷玉。"

乾隆帝直接拿鄂尔泰与张廷玉作比较，对鄂尔泰不能不是一个极大的刺激。而在一抑一扬之间，失势与得势已有分晓。

乾隆帝这是第一次以如此严厉的态度对待鄂尔泰，也是第一次历数他的过错，并点名指责他。由此，作为宰相的鄂尔泰即使谨小慎微，但面对着乾隆帝这个一心想大权独揽的皇帝，君权和相权的矛盾迟早爆发。

乾隆六年夏，乾隆帝到塞外打猎来到古北口，按照惯例检阅当地的军队。当乾隆帝看到古北口镇的官兵"队伍整齐、技艺拥熟"的演习后，十分满意，称赞不已。乾隆帝认为，这一切都是由于统率有方、将弁兵丁勤于练习所致，当即赐赏黄廷桂战马两匹。

两个月后，乾隆帝返回京城，便授黄廷桂为甘肃巡抚。黄廷桂是汉军旗人，出身世宦之家，康熙末年，由监生承袭曾祖云骑尉世职，任侍卫。雍正年间，迁总兵、提督、四川总督。乾隆元年，西部边疆军务基本结束，朝廷裁撤四川总督，黄廷桂降为提督。

但是，就在乾隆帝于北部边境对黄廷桂倍加称道、大有识拔太晚的时候，奉命留京办事的鄂尔泰却以黄廷桂滥举匪人的罪名按例议处，降二级调用。

原来，古北口守备和尔敦钻营行贿部院被人告发，而黄廷桂又曾经推荐和尔敦为守备，故而黄廷桂也被怀疑接受了和尔敦的贿赂，有贪赃的行为。

鄂尔泰一向讨厌黄廷桂，正好抓住把柄。鄂尔泰是主管兵部的大学士，于是他下令兵部对和尔敦进行严审，兵部审后又交刑部，欲借机整治黄廷桂。可是，虽经两部反复审讯，和尔敦却始终供称，不曾有钻营恳请黄廷桂之事。

鄂尔泰抓不到黄廷桂有贪污赃私的证据，只好给他安了一个"滥举匪人""将劣等官员特殊保留"的罪名，议罚降调。而且，鄂尔泰为了不使皇帝出面干预，勾结刑部官员，以最快的速度赶在乾隆帝出巡返京之前审理结案。

在鄂尔泰看来，乾隆帝远在古北口外，批阅本章决不会比在京城仔细，定能蒙混过关。乾隆帝岂是能被人欺瞒之主？于是，君权与相权之间发生冲突。

奏本送到乾隆帝手中，他就发现了问题。乾隆帝意识到这是鄂尔泰利用他出巡未归私下报复，先发制人。

他气愤地说："黄廷桂不过因我出口行围，路经古北，防备守御事务需人料理，是以将和尔敦请调，并非荐举升迁，也不是保举和尔敦久留此任。办理此事的大臣与黄廷桂有不睦之处，说不是挟嫌报复，谁会相信呢？"

乾隆帝早已对鄂尔泰不满，此事尤其让乾隆帝反感，认为鄂尔泰非但不识抬举，且欺君揽权，所以不点名地数落他说："那人如此办理已经辜负了我以诚待大臣的本意，况且这些事情本来我早就知道其中的详情，而那人却仍要一意孤行，是不把我放在眼里啊。这样擅自行事的人，竟然都出自我以前十分信任的大臣，你们这样做是把我当成一个什么皇帝呢？"

乾隆帝越说越气，先时一直没有提到鄂尔泰的名字，这时干脆点名道姓，下令说："将办理此案的大学士鄂尔泰等人严行申饬。对黄廷桂免除处分。"

鄂尔泰从权臣到被皇帝申饬，他的骄纵之气受到了严重的打击。鄂尔泰像被人猛击了一掌，开始清醒起来。自雍正末年以来，鄂尔泰位至极品，新皇帝在他眼里也不过是个涉世未深的雏儿，虽说天资聪颖超绝，但终归在深宫里长大，阅历有限，在官场政界的风云迷雾中，绝非他这个久经历练的老臣能比。

鄂尔泰没有想到，就在他自以老臣自居的时候，他的一举一动都没有逃过乾隆帝的眼睛，以权泄愤之事被乾隆帝全盘抖了出来。鄂尔泰为之震慑，从心里佩服乾隆帝的精明。从此，他开始收敛，暗自修身，做起太平宰相来。

不管鄂尔泰糊涂还是不糊涂、真糊涂还是假糊涂，太平宰相都不是那么容易当的。正所谓"树欲静而风不止"，宦海中从没有平静的港湾。虽然，鄂尔泰畏于皇帝的天威，甘于淡泊，不再兜揽事权。但是，依附在他周围的党徒却不甘寂寞。

仲永檀因在乾隆六年弹劾步军统领鄂善贪赃、御史吴士功泄密两案皆实，加官晋爵，由御史授至左副都御史，成为三品大臣，和鄂尔泰的关系也更加密切。

乾隆七年二月，仲永檀担任会试副考官，由贵州赶赴京师，一路仗势欺人，令家人鞭打平民，被河南巡抚雅尔图参劾，处以罚俸。但这小小的惩罚，并没有使仲永檀引以为戒，他仍然毫无顾忌地为所欲为，在京期间，与鄂尔泰的长子鄂容安商量谋陷他人之事。仲永檀的所为很快被人告发。事发后，两人都被革职拿问，交大臣会审。

十二月，在审理的过程中，仲永檀像泄了气的皮球，与鄂容安一一供出他们相互串通在参奏别人之前先行商谋、参奏之后又相互照会的事实。这种无视法网、朝纲及明知故犯的结党营私行为，令乾隆帝感到发指。

乾隆帝一针见血地指责说："仲永檀受我的深恩，由御史被提升到副都御史。可他却依附师门，将密奏密参之事无不预先商量，暗结党援，排挤与自己不和的人，罪恶实在是重大。鄂容安在内廷行走，且是大学士的儿子，理应小心供职，他却向言官商量密奏之事，罪恶也是不小啊！"

仲永檀与鄂容安，一个是鄂尔泰的门生，另一个则是他的儿子，两人皆与鄂尔泰关系密切。且鄂尔泰不止一次地在乾隆帝面前奏称仲永檀端正直率、可为大用。

因而，乾隆帝对鄂尔泰的不满，也形于辞色，他批评鄂尔泰："既不能择门生之贤否，也不能训子以谨慎，有营私党庇之过。"

见乾隆帝对鄂党一派动了怒，张党图谋报复，要求刑讯仲永檀和鄂容安，并逮问鄂尔泰。乾隆帝深知一国的政治都在于皇帝的贤明，此事于鄂尔泰罪名重大，如果查个水落石出，鄂尔泰承受不起，所以乾隆帝故意不予深究，从宽了结此案。

除仲永檀下狱，后病死狱中外，鄂容安退出南书房，鄂尔泰交部察议，只稍稍给以惩罚。乾隆帝不愿造成一党得势的局面，因而竭力维持两党的均势。而已知收敛的鄂尔泰，在雍正帝的一班旧臣中是一个熟悉政务的能臣。这一点，更为乾隆帝所看中，他说："如果将鄂尔泰革职拿问，国家少了一个能办事的大臣。"

虽然鄂尔泰被乾隆帝宽释了，但乾隆帝并没有忘记告诫他："我也不能多次赦免。"

言外之意，鄂尔泰如若再有过犯，定会严惩不贷。只是，鄂尔泰没有等到那一天。自乾隆九年（1744年）入冬以后，他便卧病在床，手脚不能动弹，好像患了中风偏瘫之症。乾隆十年（1745年）四月就病故了。遗书上达后，乾隆帝颁旨说：

> 大学士鄂尔泰公忠体国，直谅持躬，久任边疆，突出的政绩很多。处理大事简练有效……才格经纶，学有根柢。不愧国家之柱石，允为文武之仪型。

这是乾隆帝对鄂尔泰一生的盖棺之论。乾隆帝还亲至鄂尔泰府第奠酒，准予配享太庙，入贤良祠堂，并赐谥"文端"，恩礼都很隆盛。鄂尔泰的去世给鄂派势力以严重的打击，鄂党群龙无首，在朝廷中的势力大不如从前。

鄂尔泰一死，张派想趁机致鄂派余党于死地。但在乾隆帝的平衡策略下，鄂派势力并未受到彻底的打击，而且还出现了以史贻直为首的另外一些鄂派头领。

乾隆十一年九月，有人弹劾鄂尔泰的弟弟、户部尚书、步军统领鄂尔奇有"提拿越控、滥用部牌、庇护私人、坏法扰民"等罪名，鄂尔奇被革职罢官。但经过诸王大臣会审核实后，张党提出应加倍治罪。

乾隆帝不容张党趁机落井下石，他虽然认为鄂尔奇理应从重治罪，但仍然声称："我念及鄂尔泰于国家政事益处很多，以此可以抵消他弟弟的罪过。"

因此，乾隆帝免去了鄂尔奇加倍治罪。两年之后，鄂尔奇也死了。

鄂尔泰兄弟虽相继死去，但鄂党的势力却固结不散，大有"百足之虫死而不僵"之势。朝廷内有大学士史贻直固持门户之私，朝廷外又有鄂尔泰的子侄和门生故吏相邀相聚，他们朋比徇私、倾轧异己、继续党争。

于是，大学士史贻直又引起了乾隆帝的注意。史贻直，字儆弦，江苏溧阳人，康熙三十九年进士，历任吏部、工部、户部侍郎，署理福建、两江、湖广、直隶等省总督，乾隆年间累迁至尚书、协办大学士、文渊阁大学士，可谓出将入相的老臣。史贻直善于辞令，曾有许多传闻。

雍正初年时，年羹尧获罪被诛以后。雍正帝诛戮年党不遗余力，史贻直与年羹尧同年进士，又为年羹尧所荐，所以雍正帝问他："你也是由年羹尧所推荐的吗？"

这本来带有问罪之意，史贻直却不慌不忙，十分平静地答道："推荐我的是年羹尧，使用我的却是皇上您啊。"

一句话，为自己摆脱了干系。当然，雍正帝不加以治罪，反而重用他，并非因为他的巧辩，主要还是因为他有可用之处。弘历即位以后，史贻直仍以老臣身份得到重用。

在汉人大学士中，除了朱轼、福敏之外，就数张廷玉和史贻直的资历最老。而朱轼死于乾隆元年，福敏于乾隆十年因病离任。徐本、赵国麟、陈世倌等人虽比史贻直早晋大学士，但徐本在乾隆九年退休，赵国麟早在乾隆六年解职。

所以，自乾隆十年以后，汉人大学士除张廷玉而外，便以史贻直、陈世倌居于望位，汪由敦、梁诗正等皆其晚辈，陈世倌虽位在史贻直之先，但科举功名却在史贻直之后，且其属于不好生事的一类。于是，史贻直的所为便突出起来。

官场上，汉人历来重视科举功名，将其视为为官的本钱和论资排辈的依据。史贻直以"器量宏大，风度端凝"而为文人所称道，但这或许是文人的溢美之言，事实上这并非他的一贯作风。

史贻直19岁考中进士，可谓功名早就。他比张廷玉小了10岁，却与他为同科进士，随后一同考选庶吉士，一同被钦点为翰林，雍正元年又一同入直南书房。只是自此以后，两人的官运便有了明显的不同，距离拉大了。

张廷玉是平步青云、扶摇直上，官至翰林院掌院学士，户部、吏部尚书，以大学士出任军机大臣，综理枢要，出纳王命，成了皇帝的心腹大臣。而史贻直只是官居侍郎，外放署理总督，直到乾隆七年才晋为协办大学士，且始终没有入直军机处。

这或许是史贻直与张廷玉结怨的潜在原因，而史贻直出于嫉妒，不甘居于张廷玉之后，转而投到与张廷玉对立的鄂尔泰门下。

自乾隆五年被隶属张党的御史吴士功弹劾后，史贻直便耿耿于怀，伺机报复。只是由于鄂尔泰在，诸事轮不到史贻直出头露面，他才未能如愿。

乾隆十年，鄂尔泰一死，朝廷中便俨然形成了史贻直与张廷玉对峙的局面。

自乾隆十三年，张廷玉上疏请求退休归田，史贻直便开始就张廷玉配享太庙一事大做文章。他四处宣扬张廷玉对清王朝无有大功，不当配享太庙之荣，并多次在乾隆帝面前陈说其词，欲达到使乾隆帝改变雍正遗命、罢张廷玉配享太庙的目的。

乾隆帝深知史贻直的用心，虽然他对张廷玉配享太庙素有成见，而张廷玉不亲自到朝廷谢恩，这种对皇帝不尊不信又带要挟的态度令乾隆帝不能忍受，但乾隆帝还是奉行不为大臣左右的原则，仅削去了张廷玉的伯爵爵位，没有听从史贻直罢配享之请。

不仅如此，乾隆帝反而在申斥张廷玉的同时，还点了史贻直的名，说："张廷玉与史贻直一直不相合，史贻直多次在我面前奏张廷玉将来不应配享太庙，史贻直本不应如此陈奏，而那个时候我就不听他的话。史贻直既然与张廷玉不和，又怎么能够在我的面前得逞呢？"

在乾隆帝明察秋毫、恩威并施的政治气氛中，史贻直虽有行私之心，却始终无法得逞。在鄂派势力日渐削弱的时候，乾隆帝加强了对以张廷玉为首的张派集团的抑制。

张廷玉之所以能与那些满族的"英贤"相提并论，不过是因为他具有超乎常人的好手笔。张廷玉正是凭着自己的好手笔，参与了雍正一朝的最高机密，划策决疑，为雍正皇帝定天下立下大功。

因此，雍正帝对张廷玉倍加称道，非常依赖他，赏赐也甚厚。在雍正临朝的13年中曾六次赐金带给张廷玉，每次赏赐都以万计。张廷玉为感激皇帝的恩宠，也为了炫耀自己的体面，将自家花园命名为"赐金园"。

然而，在乾隆帝的眼里，张廷玉在雍正朝时仅以撰写谕旨为职责，这是靠文墨为生的文人的资本。所以，张廷玉虽为雍正帝所宠信，却不为乾隆帝所依赖。

对此，乾隆帝有着他自己的理解，他说："我之所以能够容忍张廷玉，不过是因为他担任朝廷重臣有一定的年数了，就好比放在柜子里的古董那样,仅仅是一种陈设罢了。"

乾隆帝满汉之见极深。张廷玉虽以汉人久居高位,却得不到乾隆帝的信任。再加上乾隆帝深恶朋党,在对鄂尔泰集团势力多方裁制的同时,为了保持派系之间的力量均衡,收相互牵制之效,不得不庇护张廷玉,但也不时给予裁抑。

乾隆帝即位之初,张廷玉与鄂尔泰同封伯爵,加号"勤宣"。张廷玉以此为荣,乾隆七年,他请求将伯爵由其长子张若霭承袭,乾隆帝没有答应。为抑制张氏家族势力过分膨胀,也为了裁抑张廷玉本人,乾隆帝令伯爵衔只封张廷玉本人,到他死为止。

其时,张廷玉已是接近70岁的老人。乾隆帝准其在紫禁城内骑马,又允许他不上早朝。这一方面是出自对老臣的关照,但另一方面,却不无排斥之意,从而形成了由讷亲独自面承圣旨的局面。

乾隆十一年,张廷玉的长子、内阁学士张若霭病故,这对张廷玉实在是个意外的打击,白发人为黑发人送终,不能不使他倍觉伤心,更引起了他的思乡之情。

这年他已是75岁的老翁了,虽不时上朝奏事,但内廷行走,已是步履蹒跚,需要人来扶持了。乾隆帝特意命令其次子庶吉士张若澄在南书房行走,以便照料。但皇帝的关照却无法阻止他的归隐之心,退休归家的念头越来越强烈。

乾隆十三年正月,张廷玉上疏乞求退休,理由是:马上就要80岁,请求能够荣归故里。这本是人之常情,但乾隆帝认为,作为大臣,只应鞠躬尽瘁,死而后已。他对张廷玉说:"你受两朝厚恩,而且奉我父皇的遗命,将来配享太庙,岂有回归故乡终老的道理?"

乾隆帝不批准他的请求,而张廷玉极力陈奏,以至于说到动情之处不觉泪流满面。尽管乾隆帝反复讲明他不应该引退的道理,张廷玉还是不断争辩、不甘罢休。

双方争执的结果:张廷玉被迫留下了,乾隆帝心里对其愈加不悦。在张廷玉再三表达请辞的决心后,乾隆帝终于答应了他的请求。而张廷玉此时却一心考虑自己死后配享太庙的问题,反而惹恼了乾隆帝。

乾隆十三年十一月,乾隆帝见张廷玉仍然归心热切,且老态日增、精神大减,故而动了恻隐之心。乾隆帝觉得强留不近人情,经过长时间的斟酌,派人到张廷玉的府邸,将自己对他依依不舍但又不愿强人所难的意思告诉了他,让他自行抉择。

张廷玉见乾隆帝恩准还乡,喜出望外。当即表示:"仰蒙体恤垂询,请得暂辞朝廷,臣一定于后年江宁迎驾南巡。"

如果张廷玉就此与乾隆帝一别,便可以荣归故里,以享晚福了。谁知他自取其辱,反落得蓬头垢面的下场。原来,张廷玉在得到允许退休之后,又顾虑起身后能否得到配享太庙的问题了。

太庙,是封建帝王祭奠列祖列宗的庙宇。而帝王至尊,不仅生前要有文武百官俯首听命,即使死后,也要有佐命功臣陪伴。因而,得以身后配享太庙,便成了大臣们无与伦比的殊荣。

雍正十三年八月,雍正皇帝临终留下了令鄂尔泰、张廷玉配享太庙的遗诏。

嗜爵如命的张廷玉尤其看重这配享的格外恩遇,将其视为光宗耀祖的殊荣,因为在整个清朝配享太庙的12名异姓大臣中,他是唯一的汉人。张廷玉担心自己回乡后配享太庙可能会落空,于是犹豫不决。他唯恐身后不得蒙荣,于是进宫面见皇帝,请乾隆帝赐给自己一个文书凭据。

乾隆帝因配享出自雍正帝的遗诏,久成定命,并无收回之意。见张廷玉对自己如此防备,提出这近似要挟的请求,心中十分不快。但乾隆帝还是勉从所请,答应了张廷玉并写诗一首:

造膝陈情乞一辞,动予矜恻动予悲;
先皇遗诏唯钦此,去国余思或过之。
可例青田原侑庙,漫愁郑国竟摧碑;
吾非尧舜谁皋契,汗简评论且听伊。

这是一首寓意颇深的诗句,它一方面重申了雍正帝的遗命,同意张廷玉配享太庙,并以唐朝开国功臣的身后之荣作比,声称对他的恩典会超过那些唐朝的功臣。

但另一方面,更浸透了乾隆帝对张廷玉的不满和警告。所谓"漫愁郑国竟摧碑",是说他可以像唐太宗那样给郑国公魏徵树碑立传,也可同样效法太宗倒碑毁文。而"吾非尧舜谁皋契,汗简评论且听伊",更是直截了当,说张廷玉的功德不比皋契,实不应配享,将来历史自有评论。

这首诗对张廷玉来说不是好兆头。张廷玉身为三朝元老重臣,久经政治风雨,应该完全知道为官当如临深渊、如履薄冰的道理。可是他聪明一世糊涂一时,在得到恩准配享的谕旨后,他只是具折谢恩,并以年老天寒为由不亲赴殿廷,让儿子张若澄代往。

乾隆帝动怒了，他认为这是张廷玉对自己的不敬。恰逢这年由于内忧外困，乾隆帝心态大变。先是皇后富察氏病逝，乾隆帝失掉爱妻。继之，又是金川战事不利，清军吃了败仗。

乾隆帝受到张廷玉这一刺激，不由得大发雷霆。他让军机大臣传旨，令张廷玉第二天回奏。

承旨的军机大臣是傅恒和汪由敦。汪由敦出自张廷玉的门下，浙江钱塘人，雍正二年进士。弘历即位以后，汪由敦又被新皇帝赏识，入直南书房，为内阁学士。而后，累迁至侍郎、尚书。乾隆十一年署左都御史，擢升为军机大臣。

汪由敦顾及到师生之情分，看到乾隆帝对张廷玉的事情发怒，当即摘下顶戴，叩头为张廷玉求情。但乾隆帝怒气正盛，对汪由敦的请求毫不理睬。汪由敦无奈，又不忍负师生之谊，便不顾军机处的规矩，将乾隆帝发怒的消息透露给了张廷玉。

乾隆帝龙颜大怒，张廷玉已知此事非同小可。第二天一大早，他便赶到宫廷跪叩请罪。不料，这亡羊补牢之举，非但没有任何用处，反而授人以柄。乾隆帝明知张廷玉的"请罪"并非出自真情，而是汪由敦泄露了消息，因而更加恼怒，对张廷玉大加责罚，历数他的罪状。

第一，配享太庙，乃非常恩典。

张廷玉不亲自至宫廷谢恩，是视配享为应得之分。乾隆帝指出张廷玉这样做是认为皇帝配享之言既出，自无反悔之理，而自己以后再无可视之恩、也无复加之罪了，因而无需顾及君臣之情了。

乾隆帝质问张廷玉说："你就住在京郊，即使衰病不堪，也应该亲自来表示一下谢意呀。只是写个奏折，竟然不到朝廷中来，你将我给你的如此大的恩惠，看作是你应该得到的，这个道理在哪里呢？"

第二，张廷玉要求兑现雍正帝的遗言，请乾隆帝重申配享太庙的恩典，是信不过新君。

所以乾隆帝说："张廷玉的罪过，本来不在于他不亲至朝廷向我谢恩，而在于他屡次请求按照先皇的遗诏给自己配享。他这样做，是完全不信任我这个新皇帝。"

第三，张廷玉归心似箭，多次上奏皇帝。

乾隆帝认为，张廷玉在尚未龙钟衰老之时就图谋思退，这是因为自己的门生亲戚不能由于自己的推荐而获得官位或者提拔而采取的一种以退为进的手段，是对新皇帝的要挟。张廷玉这样一而再、再而三地请求回归故里的举动显然是对新君不予重用的不满。

第四，张廷玉不能亲至朝廷谢恩，却于次日黎明赴朝请罪。

汪由敦以师生之情，先是舍身向皇帝请命，后又不顾朝规泄密露情，更加深了乾隆帝的成见。

乾隆帝痛斥说："张廷玉，你的得意门生在朝廷替你当耳目，虽然你退出朝廷但却跟自己在朝廷时一样消息灵通，这样的伎俩能瞒得过我吗？你试着想想大学士是什么官，怎么可以徇私引荐自己的门生做官呢？你再想想我是什么样的皇帝，又怎么能容忍我的大臣们植党树私呢？"

专制帝王最容不得大臣"震主"和"欺主"，张廷玉对乾隆帝已经犯有不信、不敬及外加欺蒙之罪，乾隆帝忿忿地说："我大清朝乾纲独断，我即位至今14年了，事无大小，哪一件事情不是由我来独断。即便是选拔一个县令这样的小事情，都由我来仔细斟酌选择。哪有大学士这样高的官职我不慎重详审，却听凭你张廷玉去安排自己的门生呢？你这个做大臣的，难道就不能不做些收敛吗？"

乾隆帝于盛怒之下，出言威厉，大有倾覆张廷玉之势。但是，为示宽容，乾隆帝下令让张廷玉仍以大学士衔休致，身后仍准配享太庙，只是削去了伯爵。而被牵连的汪由敦却被革去协办大学士和尚书衔，令其在尚书任上赎罪。

乾隆十五年三月，张廷玉在遭到乾隆帝的训斥后，便遵照乾隆帝的"明春回乡"的旨意，奏请启程。但是，这时正碰上乾隆帝的长子定亲王永璜去世。作为永璜老师的张廷玉在永璜刚过初祭就急请辞官回乡，令乾隆帝非常不快。

乾隆帝不喜爱永璜，对永璜不予重用。乾隆十三年（1748年）孝贤皇后大丧时，永璜又因礼节疏简被乾隆帝痛斥，声称绝不立永璜为太子。但父子感情多少还是有的，永璜在遭到冷遇后两年即病死，乾隆帝深感内疚。

因而在永璜死后，乾隆帝一反往日的态度，丧礼仪典甚优，礼部奏请辍朝3天，乾隆帝下令改为五天，而且乾隆帝也在永璜初奠时亲临现场。在初祭完成之后，丧服未完，张廷玉便匆匆告归。

本来乾隆帝对张廷玉加恩，宽留原职，准其配享，而张廷玉却是刚过永璜的初祭就奏请南还。这使乾隆帝非常不满，他觉得张廷玉不近人情："想想你曾经教过我读书，又作为定亲王的师傅，却对他的死如此漠然无情，你的人情味都到哪里去了呢？"

或许也是张廷玉的官运到了劫数。这时，恰好蒙古额附、超勇亲王策棱病故。策棱能征惯战，为清王朝拓疆开土，守护边陲立有大功，临终时又留下"自己死后，请求陪葬到公主园寝"的遗言。

乾隆帝听后，大加赞赏，称赞说："死后还不忘自己的职责，他一生实心为国由此可知。"

乾隆帝于是下令侍卫德山与策棱之子成衮扎布护送其遗体进京，赏银万两办理丧事，照宗室亲王典礼进行。随后，又下令让策棱配享太庙，开蒙古亲藩配享太庙之先。

对于乾隆帝来说，令一个屡立战功的蒙古亲王配享太庙，不足为怪。只是他如此慷慨地把配享的殊荣赐给一个并不为他平日称道的大臣，是对张廷玉邀恩的一种嘲讽和鄙视。

乾隆十五年四月颁布上谕，乾隆帝列举张廷玉不得配享太庙的理由。他毫不掩饰地指出，凡得配享太庙的均为立有汗马之功的佐命元勋，鄂尔泰尚有开辟苗疆经略边陲之功，配享已属过优。张廷玉仅以缮写谕旨为职，为文墨者所为，于经国安邦毫无建树，配享实在过分。

乾隆帝不客气地对张廷玉说："明朝的刘基，原来是辅佐朱元璋的助手，有重大的贡献，而当时给他配享还曾引起许多人的非议。现在张廷玉你扪心自问，你的贡献能比得上刘基吗？"

接着，乾隆帝下令将此旨并清朝配享诸臣名单一同交给张廷玉看，让他自己思考一下，看能否与配享诸臣比肩并列。张廷玉一心想着配享太庙，却遭到了乾隆帝的否决。到此时，他才如梦方醒，知道如若再行坚持，则不仅自身受辱，还会祸及家门。于是，张廷玉战战兢兢地具折请罪。

乾隆帝以大学士九卿议奏的名义，修改了雍正皇帝的遗诏，宣布罢免张廷玉的身后配享。解决了配享问题之后，张廷玉终于告老回乡，回到了桐城老家。但是，刚刚还乡的张廷玉，又由于他的儿女亲家朱荃获罪，受到了牵连。

朱荃官至四川学政，被御史参劾匿丧赴任，贿卖生童，罢官回籍。乾隆十五年三月，行至巴东，于船上投水而死。这种畏罪自杀的行为，自然瞒不过耳目众多、明察秋毫的乾隆帝，他认为这其中定有情弊，于是下令对朱荃的亲戚严加审讯，并让四川总督策楞、湖广总督永兴、巡抚唐绥祖协助审理此案。

在乾隆帝的督责下，督抚闻风而动。七月，湖广总督永兴具折上奏，声称朱荃家人供出，御史所劾朱荃之罪件件属实。原来，朱荃有家人过世，他接到讣告时，正值地方科举考试临近。按照规定，朱荃该丁忧守制，以尽孝道。但他为了不失掉监考官的肥缺，当即将讣告焚毁，匿丧不报，一直到嘉定等三郡一府考完。

当时，地方"童试"两考，本县为初试，学政"按临"为院试，以府为单位，分两场，一场正试，一场复试，取中者都是生员，俗称秀才。朱荃从中贿卖生童9名，贪得银两、貂衣等物。

朱荃的弟弟朱英等人也供出，朱荃勒索新进门生规礼约有四五千两。随后，又查出朱荃原为吕留良、严鸿逵文字狱大案中获罪之人。诸罪齐发，朱荃劣迹累累，赃私狼藉，乾隆帝气愤至极。

因为，这不仅关系到他用人的脸面，更主要的是在朱荃一事上他确有被人欺骗之处，张廷玉、梁诗正、汪由敦等人都先后举荐、包庇过朱荃。

张廷玉在京察大典时，曾把朱荃列为一等，直到引见时，才被乾隆帝降为二等。他的党羽门徒也处处关照朱荃。汪由敦曾在试差人员中力保朱荃。梁诗正在朱荃交部审议时，声称"功令森严，无人更敢作弊"，言外之意是朱荃被人诬陷。

这种明目张胆的党庇行径，令乾隆帝震怒。他本对张廷玉余怒未息，于是怒责张廷玉说："你竟然肆无忌惮到如此地步，难道你忘记了先皇给予你的恩赐了吗？你这样藐视我又是为了什么呢？张廷玉你如果还在任上的话，我一定将你革去大学士交刑部严审治罪。现在既然批准你回籍，就由两江总督黄廷桂与司道大员内派员前往传旨询问你吧。"

随后，乾隆帝又下旨，将张廷玉罚款15000两，追缴从前赐给的御笔、书籍及一切官物，查抄其在京官邸。兴师动众，严追严查，大有穷治张党之势，张党的重要人物梁诗正交部察议，汪由敦贬为侍郎，均为包庇朱荃获罪。

经过这场问罪，张党完全被击垮。张廷玉以垂老之躯几遭乾隆帝的严厉谴责，已经是奄奄一息，门生故吏各寻出路，树倒猢狲散。至此，乾隆帝打击前朝勋臣、严禁朋党之患的斗争以皇权的独尊进入尾声。

乾隆二十年三月，张廷玉病逝，乾隆帝宽恕了张廷玉的过失，仍让其配享太庙，声称："张廷玉所请求对他宽恕的罪过虽然是他咎由自取，但是父皇的遗诏我是不忍心违背的。况且张廷玉于先皇在位时，勤慎赞理，小心书谕，原属旧臣，应该给予优厚的抚恤，所以我仍然谨遵遗诏，将他配享太庙，以彰示我国酬奖勤劳之盛典。"

乾隆帝下旨要求对张廷玉的祭葬按照旧例办理，给他的谥号是"文和"。直到死后，张廷玉才为自己挽回了一点面子。

铲除朋党残余势力

乾隆十年、二十年，随着鄂尔泰、张廷玉的先后死去，鄂、张两党的纷争已经不能再掀起朝廷的大波澜了，但是，十几年的统治经验使乾隆帝意识到，只要朋党的势力还在，便有滋生的可能，他必须严刑峻法，达到朝野震怖的目的。尤其是鄂党，他们蠢蠢欲动，大有复起之势。

于是，乾隆帝选中了胡中藻，从他的集子《坚磨生诗钞》下手，开始罗织罪名。胡中藻，江西新建人，乾隆元年的进士，官任内阁学士，兼侍郎衔，是鄂尔泰的得意门生。因鄂尔泰姓西林觉罗氏，胡中藻自夸为"西林第一门生"。他与鄂尔泰的侄子、官居地方大员的鄂昌关系密切，勾结往来。

早在乾隆十八年，乾隆帝接到下臣秘密进呈的《坚磨生诗钞》，便命令户部尚书协办大学士蒋溥暗中查办胡中藻诗集一事。乾隆二十年初，又密谕广西巡抚卫哲治："将胡中藻任广西学政时所出试题、与人唱和诗文……并一切恶迹查出速奏。"

乾隆帝首先在《坚磨生诗钞》的书名上找岔子，他说："'坚磨'出自《鲁论》，胡中藻以此自号，是何居心！"

"坚磨"语出《论语·阳货》中的"不曰坚乎，磨而不磷；不曰白乎，涅而不缁"。这句话是有其背景的，晋国赵简子攻打范中行，范的家臣佛肸在中牟反叛，孔子打算到佛肸那里去，子路坚决反对，孔子对他解释说自己虽然到佛肸那里去，但是自己是坚而磨不破的、白而染不黑的，是不会与叛乱者同流合污的。

在此，乾隆帝强加意思，把"坚磨"解释为出自《论语》，套进了一段历史典故，认为胡中藻把自己比作孔子、把乾隆帝比作佛肸，居心险恶之极。乾隆帝向以乾纲独断自命，最忌臣下对朝政有权臣当道、欺君弄权的评论。

而在胡中藻的《坚磨生诗钞》中，有"谗舌狠张箕""青蝇投昊肯容辞"之句，这是指责张廷玉及党羽在乾隆帝面前搬弄是非。因而，胡中藻诗中的"谗舌青蝇"之语，不仅是他攻击张党的罪证，也有指责皇权旁落之嫌。

于是，乾隆帝质问说："试问此时在我跟前进谗言的人是谁？你在鄂尔泰门下依草附木、攀援门户、恬不知耻。"

不仅点出了鄂尔泰的名字，而且抓住胡中藻诗中有"记出西林第一门"之句，对胡中藻以西林觉罗氏鄂尔泰第一弟子自封的行径大加痛责。见到胡中藻诗中还有"一把心肠论浊清"之句，乾隆帝批道："加'浊'字于国号之前，是何肺腑！"

其实，这个"浊清"是来比喻人品的卑污与高尚的，而乾隆帝把它歪曲为诬骂大清国，实在是故意冤枉胡中藻。所谓"欲加之罪，何患无辞"，在胡中藻诗文中有些歌颂清朝盛世的诗歌也被乾隆帝认为是反诗，比如"天所照临皆日月，地无道理计西东。诸公五岳诸侯渎，一百年来俯首同"之句，形象描绘了清朝一统天下，四海威服的政治局势，分明是赞扬国力的强盛。可是乾隆帝却说此诗是对清朝统治汉人不满。

在《坚磨生诗钞》中还有"那是偏灾今降雨，况如平日燃佛灯"这句诗词，以甘霖、佛灯比喻皇帝普免苛税、拯救生灵的善政。而乾隆帝却认为它"谤及朕躬"，说："朕一闻灾歉，立加赈恤，何乃谓如'佛灯'之难见耶？"

意思即是说，我乾隆帝一听说有灾情就马上赈恤百姓，怎么能说赈恤百姓像"佛灯"一样罕见呢？在胡中藻所出的试题中有"乾三爻不像龙说"一题。乾隆帝说："乾隆是我的年号，'龙'与'隆'同音，其诋毁之意可知！"此外，还在其诗集中找出"又降一世""亦天之子""与一吐争在丑夷"等数十句。

虽然臣子朋党比起攻击大清王朝的悖逆之罪来，实在微不足道。但是乾隆帝似乎更想借此打击群臣的朋党恶习，在面谕群臣的最后，他声色俱厉地申饬说："我见其诗，已经很多年了，而在大臣及言官中并无一人参奏，足见相习成风、牢不可破。我更不得不正我国法，正尔嚣风，仿效父皇诛杀查嗣庭的办法。"

四月，胡中藻被处以斩决。但案情并未由此终结，涉案范围反而越牵越广。在审理胡中藻一案中，乾隆帝发现胡中藻与鄂尔泰之侄、甘肃巡抚鄂昌来往密切，命令协办陕甘总督刘统勋："亲往甘肃巡抚鄂昌署中，将其与胡中藻往来应酬之诗文书信严行搜查。并将他与别人往来文字中有涉及讥讽和结交同党之类书信等搜查和查封，然后进送到京都。"

鄂昌被革职罢官，锁解京师。因为鄂昌平日里与胡中藻叙门谊、论杯酒、诗词唱和、引为同调。而陕甘总督刘统勋又从他的书籍和信札中查出所作诗篇《塞上吟》有悖逆之词，诗中称蒙古为"胡儿"，并对其从弟鄂容安被差往西北前线不满，发出"奈何，奈何"的感叹。

在乾隆帝看来，鄂昌身为满族人，世受国恩，任广西巡抚时就看到了胡中藻的《坚磨生诗钞》，本应对其"大逆"之词愤恨谴责，但鄂昌反而与之往复唱和。这是沾染了汉人分朋引类、以浮夸相向的恶习，丢掉了满族的尊君亲上、朴诚忠敬为根本的古朴风俗，说穿了就是鄂昌丢掉了皇权至上的思想。

因而，乾隆帝斥责鄂昌是"丧心已极""悖谬之甚者"，而且胆敢把与满族一体的蒙古称为"胡儿"，自加诋毁，不是忘本又是什么？再加上不愿其弟从军，破坏了满族尚武的精神，乾隆帝痛骂鄂昌："满洲旧俗，遇有行师，必踊跃争先，以不预为耻，而鄂昌不愿其弟从军西征，实为破坏满族勇敢尚武风气之'败类'，理当治罪。"

最后，乾隆帝赐令鄂昌自尽。鄂昌以身为封疆重臣与逆犯胡中藻勾结的罪名，成了乾隆帝整饬满族士风、以树君主之威的牺牲品。在处理鄂昌的两个月中，乾隆帝两次传谕八旗官兵，令其务必保持满族古朴风俗，尊君亲上，杜绝玩物丧志的汉人陋习，并警告说："今后如果有与汉人互相唱和，较论同年行辈往来之人，一律依照处理鄂昌的办法严惩不贷！"

鄂昌被处以重典，受到株连的鄂党也逐个被人指参。大学士史贻直首先难脱干系。史贻直是继鄂尔泰之后鄂党中的核心人物，他与鄂昌的伯父鄂尔泰为同年举人，鄂昌便效汉人之习，也称史贻直为"伯父"，交往极厚。

史贻直见原任甘肃布政使出任河道官职，便向任甘肃巡抚的"侄儿"鄂昌去书请托，替自己的儿子史奕昂谋个布政使之职，书中有"鼎力玉成"之语。而颇重门谊的鄂昌也果真鼎力玉成，为他这位伯父了却了望子成龙的心愿。

在刑讯的过程中，鄂昌供出了他与史贻直之间的徇私之情，但史贻直却被乾隆帝杀气腾腾的阵势吓昏了头，在鄂昌供认不讳的情况下，死不认账。乾隆帝早已知晓一切，于是史贻直以"为子请托于前，又不据实陈奏以图掩饰"的罪名，被勒令以大学士原品退休回家了。

两年之后，乾隆帝南巡，史贻直至沂州迎驾，乾隆帝赐诗给他，仍然旧事重提，颇带讥讽。在诗中乾隆帝已经原谅了史贻直当年的护犊之私，而前提是因为史贻直知错能改。

　　乾隆帝杀人立威，以儆臣僚的手段取得了成功，致使老于官场、以临事不改常态闻名的史贻直也成了战战兢兢、服服帖帖的"安静之人"了。乾隆帝的目的达到了，是年三月，他颁布谕旨宣称：

　　　　史贻直两年以来，家居安静，业已改悔，著仍补授大学士。

　　除了史贻直外，乾隆帝对鄂党的打击不遗余力，大有不达目的绝不罢休之势。乾隆帝为了从根上杜绝，甚至连去世已达10年之久的鄂尔泰也没有放过。他指责鄂尔泰过去曾对胡中藻大加赞赏，以致胡中藻肆无忌惮，鄂尔泰对酿成此等大逆之案负有无可推卸之责，下令将鄂尔泰撤出贤良祠。

　　乾隆帝声称："假使鄂尔泰此时还活着，必将他革职重治其罪，作为意图结党营私的大臣的借鉴。"

　　而任西征军参赞大臣的鄂尔泰长子鄂容安，在清军平定伊犁、朝廷恩赏官兵时，却不受分毫之赐。不久，鄂容安与其弟鄂实相继在平定准噶尔的战事中阵亡，才算保住了晚节。乾隆帝赐谥"刚烈"，亲临奠祭，命入昭忠祠。

　　乾隆帝利用胡中藻一案给了鄂党致命的一击，他那五雷轰顶之势，不仅使鄂党为之倾覆，即使是张党的内外臣工也无不为之震惊敛绝。经过胡中藻一案，党争之祸至此宣告结束，正如礼亲王昭梿所说："时局为之一变。"

　　乾隆帝终于收拾了前朝遗留的两派势力，把权力集于一身了。

培植自己心腹大臣

乾隆十三年，乾隆帝破格起用傅恒，这是乾隆帝摆脱前朝老臣的牵绊之后，培植御用大臣的开始。俗话说："铁打的衙门，流水的官。"历史上，伴随着封建王朝的鼎革交替和帝王的父死子继，必是文武百官政治命运的大起大落。有的人一朝显贵，通达王侯；而有的人则一落千丈，粪土不如。这就是沉浮的宦海，也是人们常说的"一朝天子一朝臣"。

乾隆帝上台之际，为年尚轻，也许对继位准备不足，还没有属于自己的心腹之臣，他承袭的是父亲的统治格局，任用父亲留下的人马，在一群老臣的包围中开始自己的帝王生涯。然而，当他在初政的甘苦中迈出艰辛的第一步、当他以过人的圣明英断树立起慑服群臣的皇权独尊时，他同时也培养起一代新的臣僚。

弘历登上帝位以后，要做的最重要的事就是安排好自己的人，把他们放在重要的职位上。这些人可以不是文武全才、可以不是进士出身、可以不是皇亲贵戚，但必须听从乾隆帝的号令。

自鄂尔泰、张廷玉两党的势力物故星移，朝廷年富力强的大臣将帅相继而起，满族中有傅恒、舒赫德、兆惠、策楞、富德、阿里衮等，汉人中有刘统勋、刘纶、蒋溥、于敏中等，连原来张党中的汪由敦、梁诗正也因洗心革面，再为乾隆帝重用。

在清除了鄂、张朋党势力之后，最能得到乾隆帝信任的是傅恒。傅恒，字春和，满族镶黄旗人，出身于显赫世族富察氏家族，是孝贤纯皇后的弟弟，比乾隆小10多岁。

傅恒的发迹似乎全凭皇帝的一言九鼎。同满族大多数官员一样，傅恒没有科甲的头衔，以侍卫登上仕途，于乾隆五年被任为蓝翎侍卫，是六品以下的官员，两年之后为内务府大臣，乾隆十年在军机处行走。

乾隆十三年讷亲被杀，傅恒代替他为首席军机大臣，这时他不过二十五六岁，可称之为历史上最年轻的宰辅。当时，满朝文武，都年长于皇帝，已有主少国疑的危机，作为一个对朝政尚未熟练的皇帝，理应选拔一个年辈较高、威望较重的大臣执掌相权。

但是，乾隆帝却异乎寻常地起用了资历尚浅、一名不闻的傅恒。因为傅恒确实太年轻，他那短浅的为官资历确实不足以服众望。这种越格的提拔和任用，引来一些非议：忠君之士为此而忧虑，奸猾之人也在人前人后搬弄口舌。

然而，乾隆帝看中傅恒的恰恰就是年轻、无资历。他认为：傅恒以青年当上宰相，他不会有那些老臣的奸猾和世故，皇帝无需从那些堆满皱纹的脸上去察看他们的心理，无须从那些废话连篇的奏词中辨别利害，也无须再迁就倚老卖老的陈请和要挟。

乾隆十三年对于傅恒来说，这是个时来运转、飞黄腾达的一年，是他一生命运转折的契机，而他的幸运与成功，是因为他紧紧抓住了这个千载难逢的机会。

在傅恒之前，最得乾隆帝宠信的是讷亲。乾隆帝曾不止一次地说："我自从登基以来，最亲近的人莫过于讷亲了。讷亲受到我特殊的恩宠，朝廷中的大臣没有谁能够超过他，这是大家都知道的事情。"

但是，出身于钮钴禄氏的讷亲，为开国元勋之后，先天优越，而讷亲本人又少壮显赫，仕途得意。因而，他养成了孤傲的性情，遇事傲慢倔强，待人严苛无情。傲慢，为皇帝所忌；苛严，又被同僚嫉恨。久而久之，讷亲在朝廷中的地位开始动摇。

乾隆十二年开始，乾隆帝开始平定大小金川。由于大将张广泗指挥不当，清军屡屡失利。金川战争失利以后，讷亲作为亲信大臣被派往前线，负有力挽狂澜的重任，乾隆帝寄希望于有栋梁之才的讷亲，希望他扭转败局，早奏平定金川的凯歌。

然而，讷亲办事不力，致使金川之役一败再败。这固然有他不熟悉带兵的原因，但也有宠久而骄和贪生怕死等方面的因素。无论如何，讷亲都是彻底地"栽"到金川之役上了，他的种种弱点暴露无遗。骄横、专横的个性加上用兵的无能，使他在乾隆帝面前不仅尽失往日的风采，且成了一个毫无用处的酒囊饭袋。

在乾隆帝看来，大臣与君主休戚与共，君主对大臣的衡量标准也是"唯于重大紧要之关键，方足以见报国之实心"。讷亲恰恰在关键时刻表现出自己的无用和不忠，他的政治生命的完结是注定的。

乾隆帝可以不测之威，使跟从多年的大臣毙命致死，自然也可用逾格之恩令亲信平步青云。当讷亲以一人之身兼理数职、操柄军政大权之时，傅恒只不过是个蓝翎侍卫，在讷亲成了军机首辅之后，傅恒才刚进入军机处。

然而，在傅恒进入军机处之后的3年中，讷亲与乾隆帝的关系发生了微妙的变化，傅恒以他敏锐的政治嗅觉和皇亲国戚的特殊身份，或者得到了乾隆帝的某些暗示，总之，他已经预感到仕官生涯将发生巨大的变化。

乾隆十三年，当金川失利的消息令乾隆帝辗转反侧、忧心如焚之际，傅恒首先请命前往疆场。这份为国分忧、为君解难的"挚情"，令乾隆帝龙心大悦、感动万分。只是乾隆帝权衡再三，还是以讷亲久任枢要、位高望重，授以金川经略。

讷亲刚刚离京，傅恒便加官晋爵，由领侍卫内大臣升至协办大学士，加太子太保，开始王命大臣。对于傅恒的青云直上，举朝上下是有目共睹的。讷亲作为皇帝身边的近臣，尤其清楚乾隆帝的用意，他已经想到在自己之后奉命督师的必是傅恒。

乾隆十三年九月，傅恒前往金川。在乾隆帝的大力扶助和将士的辅助下，傅恒捷报频传。乾隆十四年一月，金川土司莎罗奔等因久战乏力，畏死乞降。傅恒既为乾隆帝解除了金川战争两年来的沉重压力，又为乾隆帝争回了张广泗和讷亲战败失去的面子，成为功臣。

傅恒于乾隆十四年二月胜利班师，此时终于功成名就。捷报奏至，乾隆帝喜出望外，连连称赞傅恒，下令按照开国元勋超勇公的待遇加赐他豹尾枪二杆、亲军二名，以显示对他的恩宠。并公开宣称："我这次奖赏，实在是出于公心，而且具有深意。"

乾隆十四年三月，傅恒凯旋，乾隆帝又举行了最隆重的迎接典礼，命皇长子率诸王大臣等郊劳将士于黄新庄，还朝后使傅恒上御殿受贺。不久，又下旨按照勋臣额亦都、佟国维的先例，建立傅家宗祠，春秋两季用官礼祭祀，并赐傅恒一栋新宅于东安门内。

从此，傅恒便以乾隆朝第一功臣的地位，在朝廷中树立起权威形象。他不仅完全取代了讷亲的地位，以保和殿大学士、太保、一等忠勇公的头衔，担任军机处领班大臣，而且备受宠眷，是一个名副其实的乾隆朝宰辅大臣。

傅恒秉性宽厚谨慎，为人雍容谦和，他不仅临事有道，而且尤其能揣摩皇帝的意旨，很得皇帝的欢心。因而，乾隆帝对他的关注也非比寻常。傅恒作为皇亲贵戚，早年入侍禁庭，论阅历比不得那些起自微官末秩的达官贵人。

如果说他的能力和识见高人一等的话，那只能说他有着卓绝的天资。傅恒非科举出身，却能在那些出自文宗士子之手的文翰中找出漏洞，以至于连以文学才子自负的赵翼也心服，足见傅恒的精明和干练。傅恒从不谈诗论文，却能修改文豪笔下的诗文。

一次，傅恒为两江总督尹继善在乾隆帝南巡时奉迎粉饰之事，命司属代作诗文来加以嘲讽，其属员诗中有"名胜前番已绝伦，闻公搜访更争新"之句，傅恒闻后，将"公"字改作"今"字，使人更觉严谨。对于傅恒的天分之高，乾隆帝也不讳言。在清代帝王中，乾隆帝对大臣是颇为挑剔的一个，但他对博恒却也是极尽称道。

乾隆十三年十二月，傅恒自金川奏报前线军情，乾隆帝览后，竟抑制不住内心的激动，赞不绝口地夸起傅恒来。他说："今日接到经略大学士傅恒所奏料敌情形一折，筹划详细，思虑周到，识见高远。经略大学士随朕办事数年，平日深知其明敏练达，初不意竟能至此。即朕自为筹划，亦恐尚有未周，朕心深为喜悦，经略大学士为有福之大臣。"

最后这一句，乾隆帝尤其没有说错。傅恒的确是个有福的宰相。乾隆十三年，当别人在皇帝剪除朋党势力下战战兢兢、时时担心横祸飞来之际，唯独他开始飞黄腾达，不时承受冠世的殊宠。

傅恒不仅轻而易举地成了紫光阁群英图的第一功臣，而且成了名副其实的太平宰相。一直到乾隆三十五年七月，傅恒病死，他在朝中执掌权柄达20余年。

或许由于傅恒是乾隆帝继讷亲之后所倚重的第二个名相，因而时人总好自觉与不自觉地将两人作以比较。两人同为能臣，均练达有为。但比起讷亲的骄横来，傅恒却以谦和有礼深得人心。

乾隆十九年，兵部尚书舒赫德因准噶尔之战办理军务不当，被革职查办，黑龙江家产亦被籍没。这是舒赫德最为晦气、众人亦皆远避的时候，傅恒却暗中为他赎回了府第，待他官复原职返京之日，回赠于他。

乾隆二十三年，吏部尚书汪由敦病故，傅恒眷念故人，为其子代请恩荫，赵翼以知情人的身份，十分细致地记下了当时的情景。先是汪由敦之子汪承儒给赵翼寄书告讣。赵翼出自汪由敦之门，与汪师生相称，情谊甚厚。

所以，当讣告寄来后，赵翼于悲痛中竟然想到以大臣身份邀赐恤典，为老师争些余宠。因为赵翼清楚地知道汪由敦共有3子，唯长子蒙恩荫官职，却是早早病死，其余二子均为监生，没有功名。所以，汪由敦一死，其子嗣中便再也没有登仕籍之人。

赵翼为老师后人考虑，给汪承儒回信，让他以皇帝有御赐祭葬的恩典赴京谢恩，希望此举能感动皇帝，皇帝万一眷念老臣，或可再得一恩荫之职，当个内阁中书的京官等。于是，汪承儒欣然听从赵翼之言，贸贸然奔赴京师，来朝谢恩。

官场上，向来只讲交易，不论友情，最是世态炎凉之地。汪由敦已死，权势不复存在，其子突然来京，非但无人周济，反而成为势利之人纳凉闲谈时的笑柄。事实上，这种赖以老臣故吏的情分到皇帝门下乞讨残恩的行径也实在有失体面。

傅恒从赵翼处听说汪家二子来京的实情后，与众人的冷嘲热讽相反，傅恒先是对赵翼所出的主意拍手叫绝，随后便于第二天上朝时，为汪家二子请荫。

遗憾的是，乾隆帝却没有傅恒那么热心。他在召见了汪由敦的二子后，感到他们的学问平常，无意赐官，告诉他们于明年参加地方会考，若没有考中再来。

傅恒知道这是乾隆帝的托词，便赶紧尾随奏称，明年为省级会试，而二人皆为监生，没资格考试。乾隆帝见被说破，不便拒绝，只好对汪由敦二子各赏一个举人。但傅恒却犹以为不足。他心中的目标是想给汪由敦之子争个内阁中书。于是他又奏称，汪家二子中，大儿子书法似其父。

乾隆帝嗜好诗词字画，亦珍爱书法。傅恒终于以汪承儒的这一特技打动了乾隆帝，乾隆帝命将从前赏给汪由敦长子的荫官赐给汪承儒，于是汪家二子，一个得了户部主事的头衔，一个捐了举人的功名。一时之间，满朝大小臣工无不将傅恒垂悯故人子弟传为佳话。

对于傅恒来说，类似的事例不胜枚举。赵翼在军机司员中是最贫寒的一个，但却以才学出众、办事敏捷为傅恒所赏识。赵翼头上戴的一顶貂帽已经3年有余，帽不成其为貂帽，像是刺猬毛。傅恒看在眼里，记在心上，并不计宰相之尊，解囊相助。

一天黎明，于隆宗门外小值房当班的傅恒将赵翼召到近前，从怀中掏出50两银子给他："这是给你买新帽子过年的。"

其时正值残腊岁末之际，赵翼一家正缺钱过年，50两银子正好派上用场。所以第二天入直，赵翼仍旧破帽照戴，而傅恒只付以一笑而已。傅恒的谦和个性，使乾隆时期的政治风格为之一新。

乾隆初年，只有讷亲一人承旨。讷亲记忆力强，但对于奏疏的文字意思不太了解，每次传旨，就令汪由敦撰拟。讷亲唯恐不得当，勒令再撰，有时经过多次修改后转而还用初稿。

一稿敲定，又传一旨，改动又跟上次一样。汪由敦十分苦恼，又不敢跟他争辩，当时傅恒在一边暗自鸣不平。恰逢他扫平金川回来，按功居于首位，就说要记的东西太多了，担心会有遗忘，要求各位军机大臣一同觐见，于是作为常例。

当时，汪由敦以左都御史命在军机处行走，但实际做的却是军机章京的撰拟工作，在讷亲的独断之下，心中十分不满但又无可奈何。傅恒与汪由敦先后入直军机处，他虽贵为皇亲国戚，却能为汪由敦暗抱不平，这使有口难言的汪由敦心感慰藉。

傅恒为首辅之后，立即改弦更张，使军机诸大臣一同面承圣旨，无形之中提高了群臣的地位。这在专讲等级利禄、人人都巴望获宠晋级的官场上也是一绝。

而且，傅恒还以军机首辅的身份，改革一些旧的规章制度，命令军机章京具稿以进，既减轻了一些老臣的手笔之劳，又使微末之员因参与机密而担任了重要的角色。这些举措无疑成了傅恒得到同僚及下属另眼相看的原因。

傅恒礼贤下士、恭敬皇上的作风，不仅使同朝的大臣们有亲切感，即使是高高在上的皇帝也信任有加。傅恒非但没有骄横之态，不揽权生事，难能可贵的是他在皇帝面前诸事谦退、唯命是从，真正以帝心为心、以帝意为意。

在傅恒建议军机大臣共同觐见皇帝以后，乾隆帝仍然最信任傅恒。乾隆帝每天晚上进完晚膳后单独召见傅恒，就批阅过程中发现的问题进行商榷，称作"晚面"。晚面独对也使得傅恒独承皇恩宠。

傅恒虽居权要之位，却非专权之人。如果说他能给皇帝以一定的影响，并非靠他手中的权力，而是以他对皇帝的耿耿忠心。傅恒为国尽忠，求贤若渴，由他荐举的官员不计其数。尤其是起用了"废员"孙嘉淦和岳钟琪，最能说明傅恒的为人。

孙嘉淦是当时有名的骨鲠之士，连对清王朝不满的人也用他的名字对朝政进行攻击，制造了轰动一时的伪奏稿。傅恒因钦佩孙嘉淦的直率和耿介，对这位前辈颇多关照。

乾隆八年，孙嘉淦奉命审理湖南巡抚许容参奏粮道谢济世一案失实，照例革职，回了老家。在朝廷上，接到革职的谕旨，便是皇帝对大臣的严厉苛责。何况乾隆帝在谕旨中，又口口声声指责孙嘉淦"瞻徇""唯事虚文"。这使孙嘉淦心灰意冷，求仕之意索然。

所以，乾隆十年虽经皇帝开恩宽释前罪，给孙嘉淦补了个左副都御史的官衔，但两年之后孙嘉淦仍以年老为由致仕还家，而乾隆帝也没有挽留。可见乾隆帝并不喜欢这位耿直的老臣。

但在乾隆十四年，孙嘉淦又突然被召来京，而后官职累进，由侍郎、尚书、翰林院学士，直到进入内阁为协办大学士。乾隆帝也开始对孙嘉淦满口称道，说他"老成端庄，学问渊博"。这一明显的变化，就是傅恒为之周旋的结果。

岳钟琪是傅恒重用的又一个被废弃的能臣。岳钟琪是四川成都人。康熙年间由捐纳同知改武职，官至四川提督，雍正初年以平定青海之功，授三等公，赐黄带，擢官川陕总督，成为朝臣中颇负盛名的封疆大吏。他以沉毅多谋和忠诚被雍正帝赏识，是清代唯一以汉臣拜大将军专征、满族将士受其节制的朝臣。

雍正九年，清廷发兵准噶尔，岳钟琪为大将军奉命督师。次年兵败丧师。宦海中骤起的暴风雨，随时都能吞噬任何一个达官贵胄，无论他曾经有过怎样的高功显绩。

大学士鄂尔泰、总督张广泗先后弹劾，将岳钟琪交兵部拘禁，两年之后定罪斩监候，被打入了死牢，直至乾隆二年，新皇帝大赦天下，岳钟琪才回到家中。

逃过了这场劫难，岳钟琪并没有立即被起用，在度过了几乎没有指望的10年乡里田园生活后，却又因金川之役的失利，被召回朝来，以总兵衔随师西征。至前线又授四川提督，赐孔雀翎。

但是，乾隆帝的起用没有改变岳钟琪的处境。当时，金川前线的两员主帅均不把他放在眼里，讷亲刚愎自用，张广泗专横，岳钟琪的用兵之策均不为采纳。

直到傅恒出任经略，岳钟琪才得以一展军事才能。这位久经沙场的老臣，不仅以赫赫战功迫使金川土司俯首就范，且为自己赢得了晚年的前程，还找回了曾经失去的高官厚禄。乾隆帝为嘉奖他，加衔太子太保，复封三等公，赐号"威信"，并恩赏了他的儿子。乾隆帝在御制诗中，将岳钟琪列入了五功臣中，称他为"三朝武臣之臣"。

如果没有傅恒的鼎力拔擢，岳钟琪也无法以其残烛之年成就辉煌大业。傅恒在相位20余年，为他赏识和重用的将士不计其数，如毕沅、孙士毅、阿尔泰、阿桂等位至封疆、官拜宰辅的大吏皆其一手提拔。因而，随着他久执枢垣、拜相年久，在他身边也聚集起奔赴往来的势力，阿附之人比比皆是。

在傅恒跟从皇帝避暑于热河期间，其兄傅成去世。傅恒乞假返京治丧。这期间，傅成家的讣告已遍及京城故旧之家。但在傅家受吊的3天中，前两天竟无一人来吊。第三天，傅恒到京，大小官员无不争先恐后趋势赴吊，以至于傅家周围方圆数里之内挤得水泄不通。

傅恒虽以忠谨传家，并能够得到皇帝的宠幸，但却无法抵御官僚政治中惯有的个人势力膨胀，而傅恒的豪门出身也使他摆脱不了性喜奢侈的恶习。大树底下好乘凉，不仅登仕途者俯首于傅恒的权势，就连傅恒的家婢奴仆也倚势横行，干起狐假虎威的事来。

有一次，以严直闻名的孙嘉淦应邀入傅恒宰府，未等入座，就马上要告辞离府。傅恒大惑不解，追问："您这是什么原因？"孙嘉淦直言不讳说："早年与您相交，是看您正直朴素，而现在看这排场，你竟然也喜好起奢侈来，所以我看您不宜居此，而且，我话说在前，虽然因你举荐使我被重新起用，但我还是要上疏弹劾你。"

傅恒听了十分惭愧，主动向孙嘉淦请罪，立即改掉那些排场。孙嘉淦这才入席，欢饮而归。傅恒以奢侈违制超过常格，这在等级森严的专制政治中，已有僭越之嫌。但他却能20余年如一日，始终得到乾隆帝的宠信，其中的奥秘除了他能以平和待人、不树政敌之外，更主要的是傅恒牢牢把握了皇权独尊的信条和原则。

继傅恒之后，乾隆帝又培植了阿桂。阿桂，字广庭，姓章佳氏，初为满洲正蓝旗人，因驻伊犁期间治事有功，改隶正白旗。作为满族人，阿桂不仅出身满洲世族之家，又以武功出众为乾隆帝所知，而且通文学，仕出科举功名，为乾隆三年举人。

阿桂性情沉稳、端重，却不失为机敏。先是以荫生授职为大理寺丞，累迁至吏部员外郎。乾隆八年升任郎中，命在军机处行走。这一年，阿桂25岁，可谓早年得志。

但阿桂很快仕途受挫，先是因失察库项银物被降调，接着又牵涉乾隆十三年的政治风暴，阿桂被投入了大牢。第二年，这场突发的风暴到了烟消云散的时候，阿桂才因父亲年老且只有自己这一个独生儿子，而罪过又与贻误军机不同，获释回家。

在阿桂的一生中，作为战争统帅的业绩似乎比他任宰辅还要辉煌。阿桂作为大学士之子获释后，很快官复原职，仍在军机处行走；乾隆十七年继任江西按察使，次年，召补内阁侍读学士，乾隆二十年为内阁学士。

当时正在进行的准噶尔战争，将阿桂卷入了戎伍的行列。阿桂先是奉命赴乌里雅苏台督理台站。遇父阿克敦之丧，回京丁忧，旋即又返回前线，以参赞大臣、镶黄旗蒙古副都统驻守科布多。乌里雅苏台和科布多皆为清朝的重要驻防之地，足见阿桂此时已开始为皇帝所重视。但这次战役，阿桂虽然得到花翎之赏，却也因"观望"受到责备。

乾隆二十五年，阿桂因镇守回疆、屯田有功得到了乾隆帝的称许，在平定回部的功劳中排名第十七位。此后，阿桂似乎与战争结下了缘分。自乾隆二十九年，阿桂奉命署伊犁将军，到乾隆三十二年实授，中间又一度署理四川总督，阿桂皆以封疆大吏的身份镇守边疆、弹压叛乱。

在缅甸之役开始后，阿桂很快又作为扭转败局的能将，与阿里衮同为副将军随大学士傅恒征缅。然而，这是一场得不偿失的战争，清廷虽然是最终的胜利者，但却付出了沉重的代价。在那小小的弹丸之地不仅丢下了数以万计的官兵尸骨，而且，阿里衮战死沙场，傅恒也染病身亡。

阿桂成了3名主将中的唯一幸存者，俗话说："大难不死，必有后福。"这句话用在阿桂身上也极为合适。缅甸之役之后，阿桂作为云贵总督留驻云南。

乾隆三十六年，阿桂却又因不合机宜地上疏恳请大举征缅，被夺官留军效力。就在这年，金川再起战事，阿桂奉命随副将军温福进讨。但金川之役也是一场蹩脚的战争，清军连连失利，乾隆三十八年，援军在木果木大败。

危难之中，乾隆帝和在朝的大臣们几乎同时想到了阿桂。于是，于军中屡立战功的阿桂，官阶由提督、副将军、尚书，升到指挥这场战争的前线统帅定西将军。

乾隆四十一年，金川之役告捷，清廷第二次于紫光阁图功臣像，在50人中阿桂居首。阿桂的地位由此一跃而上。是年，阿桂因功记封一等诚谋英勇公，晋封协办大学士；次年五月，又官拜武英殿大学士，管理吏部，行走班次居为首位。

而后，阿桂又3次在紫光阁中图像，但不再以军功，而是以协助筹划之劳。第二次是乾隆五十三年，于清朝平定台湾林爽文起义后。第三次图像功臣领兵大臣虽为福康安，但阿桂仍以指示方略，位居功臣之首。第四次是平定廓尔喀入侵西藏后。

阿桂作为朝中的老臣,有协助谋划大功,本应居于首功,但"阿桂自以此次未临行阵,奏让福康安为首功",自己甘居第二。因此,乾隆帝称赞他"从不言功"。而实际上,在乾隆帝的十大武功之役中,阿桂几乎是唯一的一个每役都参与的功臣。

阿桂为相不失国体,对属下亦宽仁大度。阿桂得势之后,最不安的是岳钟琪。岳钟琪在第一次金川之役时,以一张奏疏,使阿桂身陷囹圄,丢官解职。

数年后,当阿桂出任云贵总督时,岳钟琪降补云南提督,恰好受阿桂节制。因担心阿挂挟嫌报复,岳钟琪整日提心吊胆,惴惴不安。但阿桂却心无芥蒂,解除了岳钟琪心中的疑惧。

有关阿桂用兵的传奇,在史书上不乏记载,而尤以金川之役为多,其中的每一个传奇故事,皆展现阿桂的勇敢形象,也可反证乾隆帝的知人善任。据说,征金川时,一日大军安营已定,但阿桂却突然莫明其妙地传令迁营。

官兵人困马乏,诸将皆以天晚力阻。阿桂见众人不从,使出令箭为示,声称"违者立斩"。诸将虽被迫从命,却不免怨声不绝。等到入夜以后,大雨滂沱,从前所居的营地已被雨水淹没,水深达一丈多。众人皆为阿桂的神机妙算感到惊诧,而阿桂却谦和而率直地告诉众人,他只不过看到群蚁搬家,知道天势将雨,因营地低洼才强令众人移营,并非有何异术。

由此可见,阿桂虽然赋性机敏,却不讲权术,又胸无城府。或许阿桂的这种个性也是他日后对奸猾的和珅无可奈何的原因之一吧。阿桂虽然对人不善于心计,但在用兵上,却常常有出奇之举。木果木失利后,阿桂奉命为大将军,代为统帅。其时,战局尚未扭转,清军仍处敌优我劣之势。

一天,太阳西下,阿桂率 10 余骑登高处侦察敌营,被敌军发现。敌骑数百从四周呈环形之势包围上来。阿佳急命随从官兵下马,脱掉身上的衣服。

当众人大惑不解地于匆忙之中脱掉身上所有的衣裤,并将衣裤撕裂挂到高坡的树上后,阿桂再率众人上马朝另一个方向悄声驰去。这时夜幕降临,当赶到近前的敌兵见到那些破碎的衣裤随风抖动时,误以为援兵已到,勒马返回。阿桂能在 10 倍于己的敌人眼皮底下得以逃脱,足见其智勇均非常人所及。

阿桂不仅善于用兵,是个帅才,而且遇事善于筹划,深谋远虑。在清军平定回疆之后，朝廷中就其如何治理的问题产生了分歧，有人主张照内地之制设立郡县，但阿桂却主张因俗而治，认为"回部性顽，难治以汉法，宜择邑建国，而驻大将军于乌鲁木齐责其贡赋"；否则，遇有清朝派驻的官员贪族横行，便会激起变乱，并预计"不过六十年后，终当有变"。后来的张格尔之乱，证明了阿桂的远见卓识。出将入相，对阿桂来说，可谓当之无愧。作为宰相，阿桂凛然一身正气，令人敬畏。有一件事颇能说明阿桂气度不凡。

缅甸之役以后，西南诸属国安于称臣纳贡。唯安南时有蠢动，双方见以兵戎。两国停战后，安南国王阮光平于乾隆五十五年至京，为乾隆帝祝寿，遣其陪臣拜见阿桂，并赠以土产礼物，阿桂只礼节性地收下其中一两件，其余全部退回，然后正色对陪臣说："你们的国王既诚心朝觐我大清，其优资厚宠皆出自皇上体恤远人之意，不要认为我大清朝的王公将相不知道顺正与邪逆。"

阿桂言语中的警告和震慑力，令陪臣汗流浃背，归告其主说："这都是阿桂宰相的话。"

古人云："举贤任能，是政治的根本。"政治是一种极其复杂的事业，绝非一个人所能独任。乾隆帝通过人事变革，培养了自己的亲信，他以独特的用人眼光和得力的驭下之术物色了一批忠臣干将，巩固了自己的统治。

实行宽严并用政策

乾隆九年,一向自称"敬天法祖""以皇祖之心为心"的乾隆帝竟然宣布了一个会令他的列祖列宗们吃惊的谕旨,这就是变更祖制,释放皇庄壮丁为平民。说起皇庄壮丁,还得从历代清帝崇尚节俭来说起。

康熙皇帝曾多次告诫群臣和皇族人等:"从历史教训上说,明朝末年的奢侈浪费是很惊人的。明朝宫廷一天的费用可以够我们一个月所用,明朝宫内每年花费金银90多万两。我们决不学他。"

因此,在康熙时户部拨银仅有3万两,其他的薪炭所用的费用也比明朝少得多。而且没有明朝宫中脂粉钱40万两,供应银数百万两。康熙、雍正、乾隆三朝执政期间,的确很注重节俭,宫中费用也大为减少,但这与清帝拥有的大量皇庄有直接的关系。

这些皇庄数量,远比明朝皇庄多上几倍。皇庄能够提供皇帝大部分的消费用品,减少了向户部要银和向民间征派。在乾隆时,口内、盛京、锦州、热河等处的许多庄园归内务府管辖,为清帝所私有,这些庄园即称为皇庄。

清朝的皇庄起源于进关之前清太祖努尔哈赤之时,清朝入关之后,顺治帝和康熙帝又采取圈占民田、调拨官地、逼民带地投充、垦拓官荒等方式占据了大量土地,设立了名目繁多的庄园,如银庄、粮庄、果园、瓜菜园、牧场、盐庄等有近两千座,在里面供劳役的人就称为壮丁,多是一些获罪之人或关外旧奴等。

乾隆初期皇庄壮丁共有7万多名,加上一家老小总人数达二三十万以上。清帝靠这数百万亩自留田地、大量牧场及壮丁,收入颇丰,每年都有米、豆、谷、蔬菜、麦、芝麻、棉花、瓜、果、鸡、鱼、鹿、油、草、炭等100多个品种的进贡,这些都为清帝"躬行俭约"提供了雄厚的物质条件。因此,宫廷节约是官样文章,而不是实质。

在前清的几代中，皇庄采取了农奴制的经营方式，即壮丁在庄头的指挥下，耕种官地，缴纳皇粮，并遭受皇室子弟的残酷压迫。这种落后的生产关系和剥削方式，随着时代的发展已不适合当时生产力的发展，壮丁们开始有组织、有力量地进行了反抗。

到了乾隆时期，不少壮丁闹事，并且受汉族地租制的影响，庄头们不得不大量出租庄地和典卖庄地，向封建地主方向演变。乾隆初年，皇庄采取庄头招民佃种的租佃制已非常盛行，但是皇庄里成千上万的壮丁却成了庄头无法解脱的累赘，他们无地可种、无力可下，还需要庄头养活，很多庄头因不堪重负，便不再赡养壮丁。

在这种情况下，壮丁们又不愿意坐受饥寒，由此引起的争端已迫使皇庄农奴制进入了穷途末路。这种情形日益突出，乾隆帝便果断地做出了变更祖制的决定，对旧有的皇庄制度进行大胆改革。乾隆帝规定：

> 内务府所属的庄园，除庄头亲生子弟及有罪在身的壮丁、鳏寡老幼、残疾壮丁、长期在庄内务农的壮丁必须"留养"外，其他的壮丁可以由庄头移交给地方官载入民籍，听任其各谋生计。

乾隆帝批准释放大量壮丁为平民以后，很多皇庄普遍实行了封建租佃制的经营方式，佃农成为皇庄的主要劳动力，大大地提高了劳动生产力。那些被释放改籍为民的壮丁摆脱农奴制的枷锁，成为自耕农或佃农，人身有了很大的自由，生活境况也有较大改善。至此，自太祖努尔哈赤时始的清朝皇庄壮丁制度宣告结束。

乾隆帝这一明智之举，虽然破坏了祖制，但这种改革对满族的内部矛盾有积极的缓和作用，并且也促进了满族的进步和发展。弘历即位后，就制定了自己的施政准则：改变雍正在位时的苛严政治，采用"宽严相济"的新政。乾隆帝指出：

> "宽大"就是要爱民，与民休息、去民之累、去民之忧……宽大与废弛，相似而实不同。不顾民生，事物变化，乐于赈济，外表看似振作，而实际上是废弛。勤于了解百姓情况、与民休息，这不是废弛的举措，而是真正能够振作的实际行动。

乾隆帝一再强调，自己倡导的"宽仁"是有原则性、有针对性的。他说：

> 宽厚二字，不可以一概而论。厚民生，舒民力，加惠于兵，施恩于百姓，这才是宽厚。我所以仰承先祖遗志而日夜孜孜于这个，并不是为了姑息以养奸、优柔以纵恶，听任那些书吏损害百姓利益和危害国家政治，而是为了给予百姓安居乐业的生活环境和清明的国家政治。

雍正时，清政府查禁私盐很严格，小民往往触犯法令。乾隆帝初政后即大发慈悲，允许老百姓携带和贩运少量食盐，他下命令说："贫穷老少的人，如果挑的重量在40斤以下，一概不许逮捕。"

不料命令颁布不久，天津就有许多人以奉旨为名，肩挑背负，贩运私盐。镇江、广州等地很多人借口自己是贫民，公然贩卖私盐，成群结党，目无法纪。这使盐商的经营和政府的收入大受影响。幸亏总督李卫采取措施，及时纠偏，才避免这些人给地方造成危害。

乾隆帝由此认为："像私盐这样的问题，我本来想放宽国家的禁令，以帮助老百姓，然而奸民乘机钻空子，成群结党，以前一直不敢违反法律的人，现在则肆无忌惮。看到这样的情形，他们都是奸顽的刁民，不容许我实行宽大的政治。"

乾隆帝警告说："朕岂能姑息养奸，影响社会风气。远近百姓，你们都好好反省自己的行为，洗心革面，一定要做奉公守法的良好公民。"

此外，乾隆帝还训斥了地方大臣的过错，对总理事务王公大臣们说："天下的大道理，只是一个中庸，中庸强调做事不要过头，这是宽严并用的基本原则。臣子侍奉君主，一味地迎合揣摩，便是具有私心。然而现在失去中庸准则的事情还是很多啊。"

乾隆帝列举自己即位以来，为了消除雍正时期的繁苛，与民休息，而诸臣误以为他的意思就在一个"宽"字，于是便相互纵弛，使得有些地方又出现了盗贼赌博之类的端倪。有鉴于此，他恳切告诫各位大臣说："从现在开始，必须抛弃以往心存私心的陋习，都以中庸的处事原则辅佐我来办理天下的事务，让平安富足的政治局面永远存在。"

乾隆帝还严厉警告臣子说："管理朝廷事物，贵在君臣上下孜孜不倦、互相勉励。我以宽政为主时，而诸王、大臣应该严明振作，以辅佐我的宽政，然后政和事理，这样才能使我可以常用这样的宽政，而收到宽政带来的效益,这也是诸臣子帮忙的功劳。如果不能这样,恐怕互相推诿,必至人心玩忽,事务废弛,促使我不得不采取严酷的政治措施,这就不仅是你们这些臣子的不幸,也是天下百姓的不幸,更是我的不幸了。"

乾隆帝为了防止这些弊端重新出现,他希望能和大臣们相互勉励、相互促进。在这里,乾隆帝并不排除随时用严酷政治的可能性,乾隆帝知道:天下的事情,有一利必有一害;凡人之情,有所矫必有所偏,是以中道最难。

所以,他反复宣称:"办理事务,宽严适当,那种严酷到苛刻的程度、宽大到废弛的程度,都不是宽严相济之道。宽大不是宽纵的意思,严厉不是严酷的意思,只要不张不弛,无怠无荒,大中至正,要不了多久就可以使国家走向富强。"

乾隆帝公开强调:"为政必须像古代圣帝明王,随时随事以义理为权衡,而得其中,才可以类万物之情,成天下之务,所以宽大不是宽纵的意思,严厉不是严酷的意思,我害怕刻薄对民生有害处,也害怕纵弛对国事有妨碍,因此各位大臣要戒之、慎之。"

乾隆帝常常说:"对于贪官污吏、恶棍奸民是不能宽大的,如果对这样的人行使宽大,必然会造成社会和政治上的混乱,使人民陷于不幸。为政者如果对贪官污吏一律包容,恶棍奸民一概从宽处理,以示宽大,就好像促使稻田里的空壳谷子滋生而妨碍好谷子快速生长一样,这是放纵虎狼以残害善良的行为,残忍酷虐没有达到这样的,这哪里还谈得上宽大啊!"

乾隆帝进一步补充说:"抚恤百姓与惩处奸恶之人,二者本来就是相辅相成的,想要抚恤百姓就不可不惩罚奸恶,而不惩罚奸恶就不可抚恤百姓。一定要宽严并济、惩劝兼施,抛弃因循的积弊,去除平庸的浮风。如果各级臣僚不当宽而宽,我一定给予他们以废弛的罪名;不当严而严,我又一定给予他们以严酷的罪名。"

后来,某些坏现象时有发生,乾隆帝果然以内外臣民"不明白我的意思,于是称法令已经宽大了,可以任意疏纵,将数年前不敢行为的事情逐渐干起来"而屡屡训诫各位大臣说:"如果因为宽大而趋于废弛,以使我不得已;再存了听言观行之心,这种形势迫使我不得不用术来驾驭,这真不是诸臣厚于自待之意,亦非所以仰体朕厚待诸臣之心也……如果因为禁令稍微松弛,进而导致废弛,逐渐地使这些禁令流于形式,是各位大臣的罪过,国法都还在,难道你们的这些行为就能歪曲我宽大的本意吗？"

另外，乾隆帝反复强调宽而有制、宽不可恃，对待在宽仁政策下胡作非为的官吏，严加惩处。山西主政官员喀尔钦与萨哈谅互相揭发，引发了山西官吏大案。萨哈谅怂恿手下揭发喀尔钦考场舞弊，喀尔钦不甘坐以待毙，唆使门生到巡抚喀尔吉善那里密告了萨哈谅贪贿情形。

事情的结果是，喀尔钦与萨哈谅两败俱伤，都被乾隆帝派去的大臣查处，乾隆帝下令将他们押解到北京来处理。到达北京后，喀尔钦与萨哈谅被关在一个养蜂夹道的狱神庙里。他们在山西倒台后，便没有人来搭理了，两人一天三顿荞麦面糊糊，棒子面窝窝头每顿一个，又不许家属送饭，使他们倍感凄凉。

乾隆帝考虑到这两人已经受了不少苦，便下令让刑部官员好好招待两人，给予他们伙食每月24两白银的标准，还经常有细米白面、好菜吃，比起在山西时真是天上地下。这让两人感激涕零。

乾隆帝先对他们采取了宽仁的政策，认为这两人罪行已经败露，不必让像孙嘉淦那样铁石心肠的人去办理了，于是，格外开恩，决定由刑部史贻直接处理这个案子。然而，刑部的事其实是刘统勋实管，刘统勋是喀尔钦在山东取中的秀才。萨哈谅的靠山是允禄，喀尔钦的靠山是翰林院。

由于乾隆帝事先照顾喀尔钦与萨哈谅这两个罪臣的尊严，刘统勋以为皇帝也没有深究的意图，便对他们放松了看管。于是，两个人都有朋友前来探监、看望，今日一群、明日一伙轮流做东，比现任朝官还要吃得好。

乾隆帝得知此事后，极为不悦，下令刘统勋和钱度一起严惩这种待罪期间还放肆作乐的行为。当宽仁的政策不能取得效果的时候，乾隆帝便毫不犹豫地采用苛严的惩罚措施了。

这一天，喀尔钦与萨哈谅又在一起喝酒消寒，刘统勋进来了。喀尔钦与萨哈谅一看刑部大人到了，心里一颤。继而又见刘统勋没带随从，料是私人相访，于是恢复了平静。

喀尔钦仗着刘统勋是自己选中的秀才，还在摆老师谱儿，说道："是延清啊！进来坐。若不介意，一处吃几杯。"

席间，喀尔钦与萨哈谅转弯抹角地想打听案子的处理情况，刘统勋却环顾左右而言他，连连劝酒，以尽师生之谊。用完酒菜，钱度进来向刘统勋一躬，说道："时辰到了。"于是，刘统勋展开诏书宣读圣旨：

喀尔钦与萨哈谅均身为朝廷三品大员，乃敢知法犯法，欺心蔑理，贪墨受脏累累积万，实猪狗不如，无耻之徒，官场败类，断不可一日留于人间。即着萨哈谅绑赴刑场斩立决。喀尔钦着赐自尽，午后复命，勿待后诏。钦此！

萨哈谅和喀尔钦这时才明白，皇帝以前对自己的宽容并不意味着可以胡作非为，事到如今已经大事不妙，吓得面如土色。萨哈谅和喀尔钦二人伏法，正是乾隆帝宽严相济的政策的结果。

乾隆帝对待臣下既可以松，也可以紧，关键要看臣下的态度，喀尔钦和萨哈谅显然不明白乾隆帝的真实意图，竟然把乾隆帝的放松当成放纵，结果反倒送了自己的性命。

乾隆帝达到了杀一儆百的目的，在不经意间震慑了其他大臣，让他们都明白一个道理：不要擅自揣摩皇帝的心思！"宽严相济"是乾隆帝总结康熙、雍正前两代皇帝的施政得失而总结出来的具有自己鲜明特色的政治理论，凭借这一理论，他开辟了一条自己的路，体现了宽严相济、刚柔兼施的智慧，形成了自己的统治作风、特色和格局。

这种政治方针给乾隆帝提供了比较大的回旋余地，有时，可以把政策放宽，听其自然而不加干涉，以便缓和社会矛盾；有时，他又可以严厉整饬，雷厉风行，及时查处一些倒行逆施的行为。乾隆帝将这样的中庸之道运用到了可谓炉火纯青、出神入化的境界。

在处理完贩运私盐和喀尔钦与萨哈谅这两件令乾隆帝感到伤心头痛的事件之后，乾隆帝对初期施政进行了反思："我即位之初，因为人命关天，实在是不忍心让这些人死，宁愿一味采取宽大的政策。现在经过这么多的事情，逐渐了解了一些处理事情的根本所在，如果一味姑息纵容，就会失之懦弱，必要时必须放弃这些过宽的政策。"

有鉴于此，乾隆帝反复告诫上下刑罚衙门："管理百姓的道理是，不重在刑治而重在德化教育。我们君臣不能采取德化教育手段是应该感到羞愧的，然而德不能化的，不用刑罚又怎么能治理好啊。

如果只是为了博取宽厚的美名，而因此采取姑息态度，以至于奸匪毫无惩儆，案件日益繁多，难道这是我们对于刑罚的理解吗？不苛求其情罪是否适合这样的刑罚，只要不过分仁慈就可以了。"

从乾隆年间每年秋审由皇帝勾决的人数来看，乾隆帝在继位之初到六年这段时间，停勾的就有4年；而从六年开始到十二年之间，勾决的人竟比前6年多出了近1000人。乾隆帝在孝贤皇后生前就已打算行严政，只是没找到合适的机会和借口。

乾隆十三年，孝贤皇后去世。在皇后死后一个月，乾隆帝发现皇后的满文册封文书，误将"皇妣"译为"先太后"，便为此勃然大怒，指斥翰林院大不敬，尤其是对管理翰林院的刑部尚书阿克敦心怀怨望，下令将其交刑部治罪。

刑部官员见皇帝盛怒，就对阿克敦加重处分，初步定为绞监候。然而，乾隆帝对此重处仍不满意，责备刑部有意庇护、故意宽纵，将刑部官员全都问罪，其中有尚书盛安、汪由敦，侍郎勒尔森、兆惠、魏定国、钱陈群，全都革职留任，对阿克敦以"大不敬"议罪，斩监候，秋后处决。最后，乾隆帝还是赦免了他。

为了严格吏治，乾隆帝借孝贤皇后丧事一事严厉处理了一批不畏皇权的官员，从此，乾隆帝的执政实现了从宽到严的转变。伴君如伴虎，这些严厉的处分使当时的官员胆战心惊。此后，又有大批官员遭到谴责。工部因办理皇后册宝"制造甚属粗糙"而全部问罪，侍郎索柱官降三级，涂逢霞官降四级，其他尚书侍郎以宽留任。

光禄寺因置备皇后祭礼所用的饽饽、桌张，都不洁鲜净明，光禄寺卿增寿保、沈起元，少卿德尔弼、窦启俱降级调用。礼部因册谥皇后，仪礼有误，尚书海望、王安国降二级留任，其他堂官也均因此而受到处分。

因皇后丧葬一事，在短短的时间内，就有刑部、工部、光禄寺、礼部的大小官员被降级处分，阿克敦闹了个死缓。此举已显然表明乾隆帝是有意而为的。然而，事情至此并不算完，杀戒也由此开始了。

接着，乾隆帝又发现朝廷大员江南河务总督周学健和他所属的文武官员竟全部在皇后去世百日内违制剃头，他大骂周学健："丧心悖逆，不只是你一个人犯法，你的属下官员同时效仿，违法乱纪，上下竟然形成了风气，实在是让我震惊。"

由此又继续追查出周学健有贪污行为，乾隆帝深感痛心，说："我登基以来，事事推心置腹，以至诚对待臣工，但是还有不能感动的，如周学健这些人，那么10多年来，被你们所欺骗的事情还不知道有多少。"

最后，乾隆帝赐令周学健自尽。因皇后丧葬而引起的大规模贬革之风不只是在京城闹得沸沸扬扬，连外省的官员也不能逃掉罪责。一般来说，皇后死后，有很多官员都要奏请来京叩拜梓棺，这虽是做做表面文章，然而，乾隆帝对于那些没有奏请来京叩谒的官员分外不满。

乾隆帝将各省没有来京的满族籍的督抚、将军、都统、提督、总兵全部官降二级。他对这些人说："本想旗人相对亲近些，得到国家的恩惠也特别深重。一旦遇到皇后的大事，理应号痛奔赴，以尽其哀慕难已的关怀。即使是因为碍于外廷不干预宫内事务的规定，而每当想到皇上遇到如此大的变故，也应该奏请来京城请安，这也是君臣之间应该有的道义吧！"

因为这件事被乾隆帝贬斥的总督有4名，巡抚有好多位，共有50余名满族大员。在这次丧葬中，江西巡抚安宁因为"对孝贤皇后这样的大事上，仅仅以几篇文章来充数，全无哀敬实意"而被解任。

大学士张廷玉、阿克敦、德通、文保、程景伊等也因"全不留心检点，草率塞责，殊失敬理之义"各被罚俸一年。湖北巡抚彭树葵、湖南巡抚杨锡绂因违制剃发被革职，湖广总督塞楞额因阻止彭、杨自首而被骂为"丧心病狂"，赐令自尽。

在这一次事件中，大量满汉要员都因失礼而降级、免职、赐死、处死，用官位和生命换得了服从、勤政、守敬、知礼的大教训。对清廷大员来说，之所以会有这样的大教训，原因在于缺乏自律意识，以至于在无意之中激化了皇权与官僚机器的矛盾，做了孝贤皇后的陪葬品。

孝贤皇后丧葬引起的风波涉及官员极广，乾隆帝似乎有意地让涉及面不断扩大，能扩多大就扩多大，于是，乾隆帝采用了"训惩众官，不容愚蠢"这一才智，以对每个官员都有不同的惩戒，借机整顿官员队伍。

自乾隆十四年的秋审和朝审中，乾隆帝一改从前作风，大批勾决死犯，并将许多"死缓"也列入处死范围之内，连乾隆帝继位初期已被审决、缓决10多次的罪犯也不能免于一死。

在看到湖北、江苏、山东、四川、河南等7省，由缓决改为情实的而被处死的罪犯时，乾隆帝认为改判恰当，声称"此等凶犯断不应拟以缓决"，并对原判这些罪犯的督抚大员进行申饬。

从乾隆十二年至乾隆二十四年时，被乾隆帝勾决的人数已达到了4000多人，并且一些并没有彻底达到勾决的人也被皇帝一笔勾去。这些都体现了乾隆帝从严施政的决心。

着意审定考察官员

乾隆帝在改革祖制、宽严并用的一系列改革中，朝廷上下面目一新。乾隆帝严格对官吏的管理，主要表现在对高级官吏的严加审定和对低等官吏的留心考察。

乾隆帝深知掌握任免大权的皇帝对吏治的好坏起着关键作用，责任之重大让他自己都感觉头疼。他说："获得人才是十分艰难的，例如州县等通过科举出身的那些人才，都是读书苦攻数十年才获得这么一个官职，因此要量才录用。"

这一段话也道出了乾隆帝在任免官吏上的苦衷实在不少，使他只能尽力而为，任免之中也难免有不妥之处。乾隆帝十分清楚自己的权力是否能够巩固，取决于高级官员的素质和对他们的控制上。同时他也明白，如果没有对高层官吏的深入了解，就根本谈不上控制。

于是，乾隆帝采取了"先知后制，方法得当"这一举措。乾隆帝想方设法通过种种渠道了解高级官员的性格、才能、学识、政绩，还把各省督抚、藩臬道府、将军、参赞、提督、总兵的姓名写在宫殿的墙壁上，经常注意他们的言行动态。最终，乾隆帝对朝中所有高级官员的性格、优点、弱点都有所了解。

乾隆帝认为，国家的治乱兴衰全在于所用重臣是否合适称职上：人存则政举，人亡则政息。乾隆帝对各省督抚的申饬极为频繁，他认为："督抚有表率封疆之任，不在多设科举，纷扰百姓，惟在督察属员，令其就现在举行之事，因地制宜，务以实心行实政。"

当乾隆帝看到有些官员竟然以做官为机遇，梦想着能够因此享一辈子福时，十分恼怒，发出了谕旨：

整吏治以戒因循，正人心以除积习，凡有恍民之责者，皆当审时务之急先，思致治之根本，而加之意焉……

乾隆帝认为，要想国家安泰、万民乐业，必须得有一批为老百姓真心实意办事的好官才行；可是，因循守旧、苟且偷安却是官僚们的通病，这是必须解决的一个问题。

乾隆帝发现有些督抚竟然还派属员常驻北京，刺探主管他们的六部及军机处，甚至是皇帝本人的动向和动作。有时候他们还串通军机处抄写档案的人，将不公开的事情抄寄各自督抚；督抚也热衷于相互间私自传递消息，以便知道京师的消息。

更让乾隆帝震惊的是这样做的督抚并非只是一两个，因此他有一次公开点名，严词警告了直隶总督那苏图、安徽巡抚魏定国、福建巡抚陈大受、浙江巡抚常安、两江总督尹继善。

不少州县官员打着"赠送土特产"的旗号向上级督抚公开送礼讨好。而这些州县官员所用之资便是额外增加的赋税，除此之外别无他途。

这自然逃不过乾隆帝的留心监视，他不断下令严禁督抚擅调地方官上门拜访宴会，训斥他们借送礼的机会大摆酒宴是在浪费时间，把物力耗费于无用的地方。

清朝时，往往每两省或三省设一总督位，每一省设一巡抚，除山东、山西、河南专设巡抚而不设总督，直隶、四川专设总督而不设巡抚外，其他的省份都有总督和巡抚同在一城中的现象。

乾隆帝发现，同在一城的总督和巡抚之间，往往各立门户、互相倾轧、排除异己、引用私属，而对地方的政务却互相踢皮球，让下级官员无法认真施治。

新督抚一旦上任，便开始极力宣扬前一任在此任时政务如何废弛、民生多么凋敝，甚至胡编乱造、信口雌黄。如果前一任是因升迁而调走，则必大肆称颂其成绩，即使有钱粮亏空之事，也甘愿为他赔垫。

督抚等诸多积习，乾隆帝早已经了解详细，他决定要不断地给督抚们敲敲警钟，勒紧其颈项，让一些违纪的大员们悬崖勒马。批评这些较高级的官员，乾隆帝总是因人而异，有针对性地严厉指出其缺点，令其汗颜失愧，从而不得不谨小慎微，唯恐大祸临头。

乾隆四年，乾隆帝告诫四川巡抚方显说："我看你为人质朴诚实，因此提拔为地方大员，但抚臣必须有抚臣的样子。如果任性偏激，不识大体，就不可以。你马上就要去上任了，我只提醒你这么多，担心你会很快忘记，你好自为之吧！"

同年，乾隆帝又训诫河南巡抚尹会一说："因循苟且四字，实在是你的毛病，既然你自己知道，就应该努力改正，我将看你以后的行动。"

乾隆帝还指出方苞的弱点："我即位的初期，想到你在文坛稍微有些名气，下令让你入直南书房，而且提升你为礼部侍郎；然而你位在九卿班内，却假公济私、党同伐异，其不安静之旧习，到老不改，众所共知。"

乾隆帝比较讨厌只会耍嘴皮的贵州巡抚宫兆麟，曾训诫他说："看来宫兆麟之为人，应对是其所长，而在办事方面不注重实际，是以外间竟然有铁嘴的称号。"

乾隆帝还批评江西巡抚陈宏谋说："你不怕不能办事，而思虑有坏的习惯，如果不下决心改正，下次再被我教训，那有什么好处呢？"

乾隆帝对后来的河南巡抚图尔炳阿说："你慎守有余，创新不足，以后应该着实奋勉，不要重蹈前车之鉴了！"

乾隆帝也曾警告安徽巡抚徐垣说："你原来就是特别能干的人，不要滥用你的聪明，一切应该力求务实，那么就可以胜任这个职位而永远得到我的恩惠。"

除了训诫之外，乾隆帝还时时要求这些地方官员们："经划有方，征捐有法，使地有遗利，家有余藏，视百姓如赤子，察其饥寒，恤其困苦，治其田里，安其家室。只有这样细致地发展地方经济，关心百姓疾苦，才可称得上大清朝的好官。要做到这些，地方官就应当经常深入乡村，体察民情，了解各地生产状况。"

对这些高级官员的训诫和责备，在乾隆帝的谕旨中有很多，每一次斥责都要给被训诫的官员极大的震慑力，增加了他们对皇帝的敬畏。就像赶车人用鞭子抽打拉车的马匹那样，使他们因疼痛而更加用力地向前奔跑，来推动庞大的统治机构的车辆迅速前进。

乾隆帝不但对高级官吏严加审定，对于一些低等官吏也留心考察。乾隆帝知道，考核人才，仅凭其人之容貌形象与临时之神情应对，只能获一粗浅印象。要想得到真正的人才，必须按照一定的考核程序，长期检验。

有一次，吏部引见新任武昌同知王文裕时，乾隆帝见王文裕长得相貌堂堂，回答提问声音洪亮，觉得这是个可以造就的人才，就在其名字下面写了个"府"字，意思是此人可任知府。

正巧几天后，吏部请求任命安陆府知府，乾隆帝想起此事，就任命了王文裕。可后来乾隆帝发现王文裕的同知官是花钱捐的，并没历过实任，他根本就无为官经验。

乾隆帝虽然心中十分后悔，但君无戏言，已不能改变了。只好急忙传谕湖广总督塞楞额和湖北巡抚彭树葵对王文裕留心察看，把情况及时上报，如果不行，还是仍授同知官为好。

虽然如此，乾隆帝还是认为通过引见考核人才不失为一个好方法，他自信地说："人才一般都相差不大，自从我登基到现在，看过的人才非常多，也可以说选用人才10次有八九次是正确的。"

按清代官制，每三年要对官吏考核一次，京城官员的考核称为"京察"，外地官员的考核称为"大计"。考核分称职、勤职和供职三等，政绩特别卓异者可引见候旨升擢。

考核不及三等的官员，要纠以"八法"，即贪、酷、疲软无为、不谨、年老、有疾、浮躁和才力不及者。贪、酷者革职拿问，疲软无为和不谨者革职，年老和有疾者勒令休致，浮躁和才力不及者酌量降调。

乾隆帝重视对年老官吏的考察，担心他们倚老卖老，或者昏老无为。他要求官员要选择体力精壮、心地明白的人做官，并且还对那些因年老而故意隐瞒自己年龄的大臣给予重处。

乾隆帝规定：部员属官50岁以上的人都要详细考察；二品、三品京官年龄在65岁以上的要亲自考核，决定是否任用。对于文官中的知县和武官中的总兵年龄限制也较严格，乾隆帝认为知县是地方的父母官，"一切刑名、钱役经手事件，均关紧要"，所以不能让年老力衰的人充塞其中。

乾隆十年，据统计，奉天、湖北、河南、山东、山西、陕西、甘肃、四川、贵州等11个省中"年老"官员有30名，"有疾"官员22名，"不谨"官员29名，"疲软"官员11名，"才力不支"官员24名，"浮躁"官员9名，均被列入淘汰的名单。

用"京察"和"大计"来考察官员，日久已成为一种表面形式。乾隆帝对此很不放心，便沿用了雍正时期的办法，轮流引见文职知县以上、武职守备以上的官员。往往在一天之内不厌其烦地召见百余名地方官员，召见时还用朱笔记载自己的想法、意见，写出评语，以便随时任用、升迁和降级。

乾隆帝说："每次在引见的时候，必须详细记录询问内容，仔细观察参考人员的品行素质。对任免官员一定要高度谨慎。"

这种记载引见官吏的做法，一直是乾隆帝识别官员的最直接途径。

为此，他还说道："记名道府，用朱笔记载，这是我的父亲雍正帝留意人才，以便随时录用，实属好方法，应该永远遵守。"

乾隆帝引见官员之后的评语很多，如评马腾蛟"结实有力，将来有出息"，评额鲁札"忠厚本分，人似结实"，评屠用中"人亦可有出色，道员似可"。

乾隆十七年，新任直隶景州知府侯珏被引见，乾隆帝评他为："观其人，似小有才而无实际，无法保证其胜任无误。"乾隆帝认为知府一职承上启下，是州县官学习的榜样。

于是，乾隆帝不断强调：要选娴于政务的人担任知府，并且对在任用知府一事上要非常谨慎小心，恐怕失察，而贻害地方。清朝知府属于四品官，是管理一个省的主要官员，掌领数县，兴利除害、决讼检奸。

乾隆帝认为，如果知府精明能干、熟谙政事，即使州县官平庸无能，也可以被激发起奋力向上之心。若是知府懦弱无能、驭下无方，州县官也会苟且偷安，荒废政事。同时，州县官由于职位卑下，无权被皇上引见，其到底如何还得靠知府去检查监督。

乾隆帝也知道，以引见的方式来考核官员，仅凭他们的容貌形象和临时的神情应对，只能获得粗浅印象。但作为一种差强人意的方法，他仍认为通过引见，可以为自己选拔既有才能又忠心耿耿的臣子。

为了弥补引见时临时考核的缺点，乾隆帝还经常辅以进一步的调查。乾隆三十一年，新任江西袁州知府唐灿引见，被乾隆帝评为："看这个人恐怕对地方政务不太熟悉！"

由于对此人实在是不放心，他便命令江西巡抚吴绍诗留心考察唐灿的政绩并指示："如果唐灿实在难以胜任，就要马上具折奏闻，不得稍存姑息。"

乾隆帝通过宽严相济的方法管理、考核官吏，培养了一批能干的文臣武将。依靠着他们，乾隆帝朝达到了统治前期、中期的繁荣昌盛。

第一次平定大小金川

自从弘历登上皇位以后,面临着朝廷内外的诸多政事。他一方面要稳固自己在朝中的地位,控制与大臣的关系,实行自己的新政;另一方面,却还要分出精力对付边疆的少数民族,捍卫国家领土。

清兵入关以后,康熙、雍正两朝多次兴兵安定边疆。乾隆帝则重在巩固前朝疆土,他说:"动用武力去开拓疆土,我不想那么做,而祖宗所有疆宇,不敢让它有尺寸的减少。"

乾隆帝首先面对的是西南边陲的大、小金川之乱。大、小金川地处四川西北部,山高水险,约有3万户藏民聚居其间。金川地区在隋朝时开始设置金川县,唐朝时设置羁縻金川州。

清初时,皇帝沿袭明朝旧制,照例颁授印信。顺治七年,以金川卜尔吉细内附,授土司职。康熙五年,以嘉勒巴诚心归顺,授"演化禅师"印。

雍正元年,以嘉勒巴庶孙莎罗奔曾从清军平定西藏羊峒有功,授金川安抚司。莎罗奔以属地自号大金川,以旧土司泽旺为小金川。大、小金川接受清朝政府的册封后,经常打着朝廷的名号恃强凌弱,势力日益强大,使边境不得安宁。为了保护边境太平,乾隆帝决定出兵平定大、小金川。

乾隆十二年,莎罗奔起兵攻掠革布什札和明正两土司地区。乾隆帝下令四川巡抚纪山派兵弹压,纪山用兵不力,反而被莎罗奔打败。于是,乾隆帝调任云贵总督张广泗为四川总督,统兵3万进攻大金川。

张广泗曾在平叛苗疆时立有大功,所以,乾隆帝谕令他:"以治苗之法治蛮……务令金川土司这种叛逆酋长授首,铲绝根株,永靖边境。"

十二年四月下旬,张广泗率军进入金川地区。进剿初期,张广泗大有进展,收复了大金川所占的毛牛、马桑等地,小金川的土司泽旺也闻风投降。张广泗自以为稳操胜券,于是向乾隆帝报告:"征剿大金川,现已悉心筹划,分路进兵,捣其巢穴,附近诸酋都投诚纳款,则诸业就绪,酋首不日可剿灭。"

但是,接下来的战况却并不顺利。大金川的主要据点是勒乌围和刮耳崖。勒乌围由莎罗奔亲自把守,刮耳崖由莎罗奔的兄长和侄子把守。这两个地方都在大金川河的东岸。为了攻打这两个据点,张广泗兵分两路,从西、南两个方向进攻。

张广泗布好阵势,想要一举突破。七月末,西路军打到距离刮耳崖官寨仅20里地的地方,南路军也攻占了多处碉卡,金川兵退守到独松碉寨。但是,到了八月,在大金川的碉卡面前,清军却束手无策了。

张广泗这时才意识到攻打碉卡的艰难,他在向乾隆帝的奏陈中写道:"大金川四处皆山,陡峻无比。在隘口险要处皆建有碉楼,坚固难攻。"

乾隆帝只得传谕张广泗,暂时把军队转移到开阔的地方,等第二年春天再进攻,并提出两种方案:以京兵换绿营兵作战,或者将大金川划归西藏管理。但是,张广泗求胜建功心切,打算于当年九十月间进取金川。当时,莎罗奔在大军压境的形势下,几次派人求和。

莎罗奔主动求和,乾隆帝觉得金川的主将害怕了,正好可以乘机歼灭,于是降谕说:"这次官兵云集,正当一举摧灭,斩草除根,一劳永逸,断无以纳款受降、草率了事之理。"

因此,莎罗奔的几次求和都遭到了张广泗的拒绝。就在张广泗准备进攻的时候,战争的形势突变。九月初五日,已经投降清军的金川将领恩错背叛清军,带领大金川兵抢占马邦山梁,阻断清兵的粮道。

十一月,恩错又围攻副将张兴的营盘,张兴多次请兵求援,张广泗却骂他懦弱无能,不发兵救援。

十二月十八日,张兴率领的部队在断粮已久的情况下,想与恩错讲和,却被大金川兵诱到右山梁沟底追杀。除300余名士兵奔逃过河以外,包括张兴在内的五六百名官兵都丧身沟底。

这次战争是张广泗用兵以来的最大败绩,而张广泗却将战败的责任全部推卸给张兴等人。由于张广泗先不发援兵、后又推卸责任,于是军中将领上下离心,更加没有斗志了。张兴的溃败使清军的进攻优势丧失殆尽,有一些士兵不服张广泗的做法,转而投降大金川。

乾隆十三年正月初二,大金川兵攻占江岸的噶固碉卡,守碉的80余名士兵打开碉门,跟随大金川兵渡河而去。张广泗损兵折将,进攻大金川的计划完全破灭。

为了加强前方的指挥力量，乾隆帝起用了岳钟琪。岳钟琪在雍正年间曾率金川兵进攻西藏，在金川有很高的威信。

乾隆十三年二月，乾隆帝降旨：

> 朕考虑到岳钟琪久在西蜀为官，素为川省所服，且熟悉军情，也了解番务……若由他来管理金川之事，自属人地相宜……令张广泗会同副将商榷，如有应用岳钟琪之处，即由你二人传旨行文，调至军营，以总兵衔委用。

但是，张广泗反对任用岳钟琪为大将军。因此，乾隆帝再次降旨，让岳钟琪以提督衔赴军前效力，同时派领班首席军机大臣、果毅公讷亲为经略，赴金川指挥战事。乾隆帝用岳钟琪是正确的，但是，他同时任用讷亲为经略，却是重大失误。

讷亲，满洲镶黄旗人，姓钮钴禄氏，是清朝开国元勋额亦都的曾孙，乾隆十一年任首席军机大臣。乾隆帝把平定金川的希望寄托在了讷亲身上。作为一个行政长官，讷亲是很称职的，但他既没有带兵经验，也缺乏指挥作战的军事才能，根本没有能力指挥大规模的战役。

乾隆十三年六月初三，讷亲到达金川。讷亲因为在皇宫时深受乾隆帝的喜爱，所以自恃其才，蔑视张广泗，并不与张广泗商讨军情，而是自作主张，限令士兵3天之内攻克刮耳崖。有的将士对战争提出建议，讷亲不予理睬，而且动不动就处以军法，三军对他既恨又怕。

六月十四日，讷亲派署总兵任举、副将唐开中、参将买国良分兵3路进攻昔岭。由于讷亲指挥不当，买国良、任举先后阵亡，唐开中身负重伤。经过这一惨败，讷亲的骄气被打掉了，他转而不敢再发一令，每临战，避于帐房中，远远地指挥，并决定转攻为守，奏请朝廷也要筑碉堡。

乾隆帝接到讷亲想要筑碉堡的奏报后，在批谕中详细分析了清军不宜在金川筑碉堡。首先，碉堡是用来防守的，而不是用来进攻的。金川兵筑碉堡是用来抵御清军的进攻，如果清军也筑碉堡，那就像守株待兔一样，不会有什么作用。其次，清军的兵力和财力也不允许这么做。乾隆帝说："我兵已深入贼境，地利、气候都不习惯，而守碉堡则势必要分兵把守，多则粮草难继，少则不能保证安全……这怎么能是长久的办法呢?"

最后，乾隆帝指出筑碉堡一事后患无穷："将来金川平定之后，其地不过仍归当地的番人，是今劳师动众，反成为帮助番人建碉之举，恐贻笑于国人，又不利于治理番务，我考虑了一整夜，终非善策，不如速罢之为宜。"

乾隆帝否定了讷亲的筑碉堡方法,建议讷亲"只宜持其大纲,督令张广泗等各施谋划,以便快速取得战绩"。于是,讷亲对大金川束手无策,不再主持军事,事事听张广泗调度,一到开战就躲到帐房之中。

八月初八,乾隆帝接到岳钟琪两份参奏张广泗的奏折:第一份奏折参奏陈总督张广泗调度错谬而且不分兵给他,第二份奏折参奏张广泗重用小金川叛逆良尔吉和汉奸王秋。同时,乾隆帝又接到了讷亲、张广泗战败的奏报。乾隆帝对讷亲、张广泗彻底失望了。九月初十,乾隆帝下旨召讷亲、张广泗回北京,将进攻金川的事情交给岳钟琪处理。十三日,又调派尚书班第前去金川军营,协助办理军务。

从乾隆十二年到十三年,乾隆帝对金川用兵4万有余,耗银近千万两,却几乎没有战绩。乾隆帝对张广泗、讷亲完全失去了信心和耐心,他决定惩办主帅,以震军威。

乾隆十三年九月二十九日,乾隆帝以"玩兵养寇,贻误军机"的罪名将张广泗革职,交刑部审理。十二月七日,乾隆帝到瀛台亲鞫张广泗,5天后,张广泗被斩。乾隆十四年正月,乾隆帝以"退缩偷安,劳师费饷"的罪名,将讷亲绑缚军营,斩首于军前。

攻打金川的战争遇到了前所未有的困境,为了加强阵前实力,乾隆帝于十三九月二十八日派协办大学士傅恒前往金川军营,负责平定金川的重任。傅恒是乾隆帝一手提拔起来的得力干将。为了提高主帅的威信,乾隆帝在傅恒出发之前举行了隆重的授权仪式。

九月,傅恒被任命暂管川陕总督,经略军务,受命于危难之中。随即,晋为保和殿大学士,位至卿相。而乾隆帝除了给傅恒以高官显位之外,还给了他异乎寻常的赞美和信任。为了保证傅恒用兵无阻、将士听命,乾隆帝不吝赏赐,打破常规,赐傅恒花翎20、蓝翎50、白银10万两,作为嘉奖军前立功将士之用。

十一月,傅恒启行,乾隆帝在重华宫赐宴,亲至堂前行台祭典礼,并命皇子及大学士来保等送至良乡。出师之礼的隆盛,无形之中增加了傅恒的威望。两个月后,傅恒刚抵达四川,乾隆帝又颁布了对他的嘉奖令,谕旨说:

> 经略大学士傅恒,自奉命经略以来,公忠体国,兢兢业业,纪律严明,军队行动神速,兼办一切事物,咨询机务,废寝忘食,以至于彻夜不眠。为国诚心日月可见,像这样的大臣

需要给予嘉奖和重用!

乾隆帝颁发谕旨后,令吏部讨论如何嘉奖的问题。吏部官员自然明白皇帝的用心,马上就商量出一个嘉奖的办法出来:傅恒晋衔太子太保,加军功三级。这已是非常破格的提拔了。但乾隆帝认为还不够,命晋衔太保,仍加军功三级。

乾隆十四年正月,傅恒亲自督师攻下金川险碉数座的奏报递达京城。傅恒还表示要亲任其难,直捣巢穴,于这年四月间结束战事。但是,乾隆帝通过傅恒的奏报已经知道前线缺粮缺马,军需供给极其乏力,需要速战速决。而金川叛军的碉卡又险隘林立,易守难攻。

所以,当他听说傅恒要"奇正兼施,因机制胜",誓死与金川战争相始终时,他唯恐傅恒年轻气盛,求功心切,不知深浅,陷在这场战争里。因为,对乾隆帝来说,用傅恒督师的真正用意,不在于克复金川,而在于历练大臣、树立威望。

因而,傅恒刚刚小有奏捷,乾隆帝便又下令班师,召傅恒还朝。他颁旨说:"傅恒自从奉命率领军队平叛以来,忠诚勤劳,已经达到预期的目的。办事则巨细周详,锄奸则威力强大,整顿军队纪律严明,鼓励士兵则群情踊跃。而且日夜督战,不避风雪,大震声威。经略大学士傅恒可称得上是朝中第一大臣,圣旨到达的时候,傅恒即刻还朝。"

乾隆帝如此不厌其烦地历数傅恒的劳绩,为他评功行赏,目的只有一个,就是要为年轻的傅恒树立权威,使傅恒真正成为朝廷中第一"人臣"。与此同时,又下旨进封傅恒为一等忠勇公,赏给红宝石帽顶和亲郡王才能穿用的四团龙补褂。

这种频频加恩的做法,不仅令满朝文武心中惶惑不已,傅恒本人尤其感慨交集,诚惶诚恐。他上疏坚请进兵,力辞公爵。对傅恒来说,此时唯有肝脑涂地、效命疆场,方能报效皇帝的特殊恩宠。

傅恒没有理解乾隆帝的用意,这使乾隆帝心急如焚。他手谕傅恒,以数千之言,反复谕令傅恒班师。

乾隆帝以"勤远劳民我不为",表示不愿继续这场战争,并暗示傅恒返朝之后必当重用。而傅恒真可谓上天保佑的大福将。就在傅恒踌躇再三、对班师还朝颇感勉为其难时,金川土司莎罗奔等因久战乏力,畏死乞降。乾隆十四年二月,历时近两年之久的金川之役以傅恒亲往誓师宣布告捷。

两次平定准噶尔叛乱

乾隆十九年五月四日，乾隆帝看到蒙古准噶尔部仍然盘踞西域，并视朝廷情况蠢蠢欲动，决定出兵平定准噶尔，并宣布：

朕考虑到机不可失，明岁拟欲两路进兵，直抵伊犁。

康熙、雍正两朝都曾先后多次出兵准噶尔，但是却始终讨而未平。明末清初，蒙古族分成了漠南、漠北、漠西三大部。清采取"联蒙制汉"的方针，入关前，漠南蒙古已归附清朝；漠北、漠西蒙古也向清朝称臣纳贡。

后来，漠西蒙古分为互不统属的四部，即准噶尔部、土尔扈特部、和硕特部、杜尔伯特部。准噶尔部是清代中国西北地区厄鲁特蒙古四部中最强的一部，游牧于伊犁河流域。

康熙十年，噶尔丹夺得准噶尔部汗位，他合并了和硕特、杜尔伯特部并控制了南疆维吾尔族地区，势力扩至天山南北和青海，成为一支强大的割据势力。

康熙二十七年，噶尔丹率军进攻漠北的喀尔喀蒙古，迫使该部迁往漠南。康熙二十九年五月，噶尔丹以追击喀尔喀部为名，率军3万渡乌尔匝河，后挥戈南下，兵锋指向北京。

面对噶尔丹的进攻，清朝迅速调集兵力，康熙帝下诏亲征。康熙率军于康熙二十九年和康熙三十五年分别在乌兰布通和昭莫多大败噶尔丹。昭莫多一战，消灭了噶尔丹的主力。

康熙于三十六年二月再次出兵，迫使流窜于塔米尔河流域的噶尔丹残部投降，噶尔丹自杀。噶尔丹败亡后，他的侄子策妄阿拉布坦取得汗位。他建帐于伊犁，并向外扩张，于康熙五十六年出兵攻西藏，杀死拉藏汗，占据拉萨。康熙得报之后，马上下旨，派军从四川、青海两路入藏，击败准噶尔军，迫使其撤出西藏。

雍正五年，策妄阿拉布坦死，噶尔丹策零继承汗位。雍正十年七月，噶尔丹策零率军袭击驻扎于塔米尔河的清军。八月初，清军以精骑3万夜袭准噶尔军营，准噶尔军溃逃，清军乘胜追击，将准噶尔大部歼灭于光显寺，噶尔丹策零被迫投降。

弘历即位后，准噶尔的形势发生了变化。乾隆十年，噶尔丹策零去世，准噶尔内乱加剧。噶尔丹策零的侄子达瓦齐自立为汗王，由于他的残暴凌虐，导致众叛亲离。达瓦齐的朋友阿睦尔撒纳与他不和而致决裂，投降清朝。

乾隆帝看到准噶尔内乱纷起，而且又有阿睦尔撒纳的投降军，意识到平定准噶尔的机会到了。于是，乾隆帝力排众议，对阿睦尔撒纳"赐之爵位，荣以华裾"，封阿睦尔撒纳为和硕亲王，准备出兵准噶尔。但是，在朝廷的大臣却一致反对乾隆帝的提议。

理由之一是，清朝在前线既无大军，又无粮草囤贮，战争毫无准备。群臣的反对不无道理，而仅依这些实情而言，这场战争的确没法打。理由之二是，达瓦齐对清朝并无恶意，对改善与中央政府的关系也有热情。

十九年，达瓦齐主动派贡使到北京，极力表现出恭顺的态度，希望获得清政府的谅解，享受与噶尔丹策零同样的待遇。但是，乾隆帝说"堂堂大清，中外一统，而夷部乱臣，妄思视同与国"，断然拒绝。

达瓦齐的恭顺态度在某种程度上引发了部分清朝大臣的同情，他们希望不启边衅，维护与准噶尔部的和议。但在乾隆帝心目中，达瓦齐是"夷部乱臣"，已失人心。准噶尔部内斗激烈，这正是勘定西北边陲的大好时机。因此，他对大臣们要求维持和平局面的谏言，都予以拒绝。这样，就造成了"众议皆以王命为非，而皇帝独持己见"的局面。

然而，这时傅恒却站了出来，表态赞成出师，这在乾隆帝不仅仅是欣喜，更主要的是感慨。乾隆帝说："在廷诸臣，只有大学士傅恒与我心有灵犀，认为断在必行，我心里十分欣慰啊。"

自乾隆十九年五月开始，清朝积极备战。为了拉拢阿睦尔撒纳为征准噶尔卖力，十二月，乾隆帝在避暑山庄御行殿接待了降清者。乾隆帝命王公大臣皆往陪宴，从容抚慰，并赐给他们马车，亲自与他们比赛骑马射箭，并以蒙古语询问准噶尔变乱始末。

乾隆二十年，乾隆帝下了平定准噶尔的谕旨，并决定"以新归顺之厄鲁特攻厄鲁特",意思是让阿睦尔撒纳率军攻打达瓦齐。这年二月,乾隆帝派遣北、西两路大军向伊犁进军。北路军为定北将军班第率领,阿睦尔撒纳为副将;西路军为定西将军永常率领,萨赖尔为副将。

两路大军旌旗飘飘,士气高涨,声势浩大。在进军途中,阿睦尔撒纳出力不少,由于阿睦尔撒纳熟悉情况,又对准噶尔部落加强宣传,所以准噶尔部落各带领本部人马陆续前来投诚的甚多。

四月,两路军在博尔塔拉胜利会师。会师后,清朝大军浩浩荡荡,直逼达瓦齐的老巢伊犁。清军越过果子沟,渡过伊犁河,不少准噶尔人望风而降。达瓦齐四面楚歌,走投无路,仍不甘心于失败,且战且退,退至格登山上,负隅顽抗。

清朝两路军密切配合,分别从伊犁河的固勒扎渡口翻越推墨尔里克山岭和从喀塔克渡口翻越扣门岭,两面夹击格登山,出其不意地杀进达瓦齐的兵营。达瓦齐叛军四处逃散,纷纷投降。格登山告捷,证明乾隆帝用人得当,指挥无误。乾隆帝非常高兴,事后欣然赋诗:

敉宁西极用偏军,天与人归敬受欣;
每至夜分遥檄问,所希日继喜相闻;
有征已是无交战,率附常称不变芸。

达瓦齐逃出格登山,被乌什阿奇木擒获,押送到北京。乾隆帝亲自到午门受俘,达瓦齐自己用白绳绑着请求免除死罪。乾隆帝对准噶尔部上层人物实行了"远人归服,安之荣之"的怀柔政策,不但赦免了达瓦齐的死罪,还加封为亲王,并赐予宅第。

第一次平定准噶尔的战争至此结束。然而,达瓦齐失败之后,战乱并未平息。阿睦尔撒纳见准噶尔地区群龙无首,于是撕下臣服清朝的假面具,又举兵对抗清兵,意图把准噶尔纳入他的统治之下。

乾隆二十年五月,乾隆帝下旨,让阿睦尔撒纳在擒获达瓦齐后,到热河觐见。六月,乾隆帝催促阿睦尔撒纳赶快到热河,并且密令大臣班第,如果阿睦尔撒纳不肯动身,就设计将他擒拿问罪。但是,班第因为兵力单薄,不敢贸然下手。

六月二十九日,阿睦尔撒纳在扎萨克亲王的陪同下,动身觐见。阿睦尔撒纳虽然已经出发,但是却有另一手准备。乾隆帝曾经派额驸色布腾巴尔珠尔监视阿睦尔撒纳,阿睦尔撒纳与额驸关系很好,于是,阿睦尔撒纳请求额驸转奏乾隆帝,请求乾隆帝批准自己统领厄鲁特四部。

临行前，阿睦尔撒纳与额驸约定，如果乾隆帝允许，额驸就于七月下旬通知阿睦尔撒纳。所以，阿睦尔撒纳在前往觐见乾隆帝的途中慢速前行，等待额驸的消息。

八月，阿睦尔撒纳到了乌隆古，但是仍然没有额附传回的消息，他知道乾隆帝没有允许自己统领厄鲁特四部，于是，便留下乾隆帝曾经赐给的左副将军军印，不辞而别。阿睦尔撒纳叛走，重新引起了准噶尔地区的骚动。许多不甘失败的部族前来附和，攻击进入准噶尔地区的清军。

八月二十三日，班第、鄂容安在伊犁受到袭击；二十四日，被迫退却。二十九日，清军被围于乌兰库图勒，班第、鄂容安战败自杀。准噶尔部得而复失，清军西、北两路损兵折将。当此情况之下，乾隆帝重新调兵遣将，再征准噶尔。

乾隆二十一年正月，乾隆帝任命玉保担任先锋，追寻阿睦尔撒纳的踪迹。阿睦尔撒纳玩弄花招，放出"台吉塔尔布等已擒获阿睦尔撒纳"的谣言。玉保上当相信了，将消息报告策楞；3天后，又报告说阿睦尔撒纳并未被擒。乾隆帝得到前后两次报告，怒气冲冲，降旨将玉保和策楞革职，押到京城治罪。

乾隆二十一年五月，乾隆帝任命达瓦党阿为定西将军、巴里坤办事大臣，兆惠为定边右副将，前往平定准噶尔。达瓦党阿与阿睦尔撒纳两军相遇，阿睦尔撒纳战败，逃入哈萨克人帐营。阿睦尔撒纳故伎重演，派哈萨克人谎报已擒获阿睦尔撒纳，请求达瓦党阿暂停进攻。阿睦尔撒纳又一次金蝉脱壳，得以逃脱。

乾隆二十二年三月，乾隆帝派将军成衮扎布出北路，右副将军兆惠出西路，做好打恶战的准备。这时，在准噶尔地区发生了两件大事：一是参与叛乱的台吉噶尔藏多尔济被他的侄子袭击，造成了内乱；二是布鲁特各地痘疫流行，传染的人很多，叛军四处逃亡，不战自溃。

六月，哈萨克汗阿布赍汗请求归顺清朝，并表示帮助清朝擒拿阿睦尔撒纳。阿布赍汗向清朝呈上了表文，表示愿意诚心归顺。阿睦尔撒纳闻讯，连夜向额尔齐斯河逃去，投奔沙俄。

乾隆二十二年九月，阿睦尔撒纳因患痘疫，病死在托搏尔斯克。阿睦尔撒纳叛变未能事前制止，致使班第、鄂容安等重臣被杀，乾隆帝后悔防范不力，愤恨交加，穷追不舍，对被煽动作乱、降而复叛的那些人，俘获后一律砍头。

平定准噶尔后，乾隆帝做了一系列安民和善后工作，编建户籍、安排屯戍、兴修水利、控制流沙等；并在乌里雅苏台设将军，在科布多设参赞大臣，直接掌管蒙古各部的军政大权。

为纪念平定准噶尔叛乱这一事件，以昭示后人，乾隆二十五年，乾隆帝下令在昭苏县格登山上建了格登山纪功碑。碑高2.95米，宽0.83米，厚0.27米。碑外还修有御碑亭。纪功碑记录了乾隆帝平准噶尔的历史：

格登之崔嵬，贼固其垒。我师堂堂，其固自摧。格登之巖薛，贼营其穴。我师堂堂，其营若缀。师行如流，度伊犁川。粤有前导，为我具船。渡河八日，遂抵格登。面漳背崖，藉一昏冥。曰捣厥虚，曰歼厥旅。岂不易易，将韬我武。将韬我武，讵曰养寇？曰有后谋，大功近就。彼众我臣，已有成辞。火炎昆冈，惧乖皇慈。三巴图鲁，二十二卒，夜斫贼营，万众股栗。人各一心，孰为汝守！汝顽不灵，尚窜以走。汝窜以走，谁其纳之？缚献军门，追悔其迟！于恒有言，曰杀宁育。受俘赦之，光我扩度。汉置都护，唐拜将军，费赂劳众，弗服弗臣。既臣斯恩，既服斯义，勒铭格登，永诏亿世。

乾隆二十年，岁次乙亥，夏，五月之吉御笔

碑文讲述了在第一次平准噶尔战争中的格登山战役，并记载了兵围达瓦齐和战后处理俘虏的过程，肯定了平定准噶尔的意义。碑文大意为：过去，汉朝设立西域都护，唐朝拜将西征，但都劳民伤财而没有使敌臣服。

如今既已称臣，既已归服。真可谓功逾汉唐，远超前代，所以特在格登山上刻石记功，留诸永远，以昭告于子孙万代。清政府平定准噶部上层贵族武装叛乱的胜利，解除了长期以来准噶尔部上层贵族对相邻各部的压迫。这一事件促成了乾隆三十六年土尔扈特部重返祖国版图。

土尔扈特部是中国厄鲁特蒙古四部之一，17世纪20年代以前，该部一直与其他三部共居于我国的西北地区。明朝崇祯初年，土尔扈特部因无法忍受准噶尔部的压迫而在首领和鄂尔勒克的率领下离开故地，几经辗转之后，迁居于伏尔加河下游一带。

在旅居国外一个多世纪的漫长岁月里，土尔扈特人饱受沙俄的压迫和欺凌。他们虽然身处异域，却无时无刻不在思念自己的祖国，不顾山险路长，一直与中央政府保持着密切的联系。而清政府也对远在异域的土尔扈特人表示关切。

乾隆三十五年十一月，清军平定准噶尔部上层贵族的武装叛乱不久，土尔扈特部渥巴锡汗便率领部民17万口，不顾沙俄的重重阻挠，毅然踏上归途。

经过8个月的长途跋涉，土尔扈特部克服了给养缺乏、疾病流行等难以想象的困难，终于在乾隆三十六年六月进入中国境内，从而实现了他们长期以来强烈要求返回祖国的愿望。

乾隆帝对土尔扈特部的归来十分重视。他专派陕西巡抚文绶前赴巴里坤等地，购办牛羊、衣物，接济他们的生活。不久，乾隆帝又指令伊犁将军舒赫德负责分地安居，安排米谷接济及其他耕牧所用物资。

张家口都统常青负责解送当地牧群的来往费用，陕甘总督吴达善负责与牧民们之间的贸易往来。在安排好他们的生活之后，乾隆帝又在热河避暑山庄附近接见渥巴锡汗等土尔扈特部首领，分别赐封为卓礼克图汗、亲王、郡王、贝勒、贝子、辅国公、台吉等，使其管理所属民众，安排人民生活以及子孙后代长治久安之计。

这是一件盛大的喜事，乾隆帝欣然提笔，亲自撰写《土尔扈特全部归顺记》《优恤土尔扈特部众记》《御制土尔扈特部纪略》等重要文章，记载土尔扈特部回归祖国的艰难历程。土尔扈特部重返祖国是乾隆帝经营西北边疆所取得的一项重要成就。

经过康熙、雍正、乾隆三代皇帝的努力，经过近70年的战争，清朝终于消除了准噶尔封建割据势力，控制了漠北蒙古，进而控制了天山南北。

平定叛乱加强管理

乾隆帝在消除了准噶尔封建割据势力、控制了漠北蒙古的同时，也一直关注着居住在西北天山以南的广大地区。那里居住着维吾尔等族人民，他们多数信仰伊斯兰教，清朝把这些部落称为"回部"。

回部一词来源于回纥。唐朝时，回纥本信佛教。后来，伊斯兰教盛行于中亚地区，回纥西迁后，逐渐改信伊斯兰教。清代称以维吾尔族为首的信奉伊斯兰教的各部落为回部，称回部聚居的天山南路为回疆。

准噶尔部强大时，回部受准噶尔贵族的欺凌与侵逼。清军平定北疆后，回部贵族试图摆脱清朝，自立一方。乾隆时，新疆叶尔羌、喀什噶尔地区维吾尔族封建主是玛罕木特。准噶尔部势力强大时，玛罕木特和两个儿子都被准噶尔蒙古部首领拘禁于伊犁。

玛罕木特的大儿子叫作波罗尼都，人称大和卓木；小儿子名叫霍集占，被称为小和卓木。"和卓"是波斯语的汉语音译，意思是"圣裔"，专指伊斯兰教创始者穆罕默德的子孙，后用来称呼伊斯兰教中的地位尊贵者。

乾隆二十年，清朝平定了准噶尔后，玛罕木特父子3人都被释放出来。波罗尼都被遣回叶尔羌，霍集占仍留居伊犁。乾隆帝想要霍集占兄弟协助清朝统一南疆各部。

但是，大小和卓木却不愿臣服清朝，于1757年举兵叛乱，自称"巴图尔汗"。举兵之初，南疆各地即群起响应，一时间，跟随者达数十万之多，气势浩大。

乾隆帝当时认为平定准噶尔部之后，回部的势力不强，可以在短期内收服，所以没有予以重视；并且于1758年下旨将镇守回部的大将兆惠调回北京休整，让雅尔哈善代理回部事务。但是，雅尔哈善是文人出身，不擅长指挥作战，这导致了对回部前期战争的失利。

乾隆二十三年五月，雅尔哈善率军进攻叛军的据点库车。当时，大小和卓木正在叶尔羌，他们听到清兵进攻的消息，便率领鸟枪兵前来支援，清军以逸待劳，打败了大小和卓的鸟枪兵。大小和卓的军队伤亡4000余人，残余部队撤进库车城中坚守不出。

雅尔哈善看到叛军都进入城中，采取了只围不攻的战略。他坐守军营，想等待叛军弹尽粮绝而来主动投降。由于雅尔哈善疏于戒备，大小和卓连夜率骑兵逃脱，大和卓木逃回了喀什噶尔，小和卓木逃回了叶尔羌。

大小和卓木逃跑后，雅尔哈善后悔没有乘胜追击，为了亡羊补牢，他命令士兵多次进攻。但是库车城墙是用沙土、柳条筑成的，十分坚固，而且库车依山傍水，易守难攻。雅尔哈善多次发动攻击，都徒劳无功，反而损兵折将。

库车战役从五月持续到八月，毫无进展，消息报到北京，乾隆帝心急如焚。而在每一次奏报过程中，雅尔哈善都把失败的原因归结于其他将领，他先后把战争失利的原因转嫁给副都统顺德纳和提督马德胜。

这一点，让乾隆帝更加气愤。作为主帅，雅尔哈善不但不反思战争失败的原因，反而推卸责任，乾隆帝在再次接到雅尔哈善弹劾他人的报告时，终于大发雷霆。为了改变战况，八月，乾隆帝命兆惠紧急赶赴库车，指挥作战。乾隆帝尖锐地指出：

> 前后奏报，说的话自相矛盾，只是想支吾糊弄，开始参顺德纳，后又参马德胜，都是为了推诿过错，并不说自己一句有罪的话，你也不想想，自己身任元戎，指麾诸将，出了事是谁的责任？如果不以法处罚你，国宪安在！已降旨命兆惠就近前往库车一带办理回部，雅尔哈善、哈宁阿、顺德纳俱著革职，兆惠至军营日，即著拿解来京，将此先行通逾知之。

兆惠，字和甫，姓乌雅氏，满洲正黄旗人，康熙四十七年生。他是雍正帝生母的族孙。父亲佛标，官至都统。雍正九年，兆惠初登仕途，年仅24岁，先以笔帖式的身份入职军机处，随之补授内阁中书，后几经升迁，到乾隆九年已官至刑部右侍郎，第二年，又成为正黄旗满洲副都统，乾隆十一年再被授为镶红旗护军统领。

兆惠来到库车时，大小和卓木已经决定放弃库车，叛军主力退到了阿克苏城。八月二十四日，兆惠率领军队攻打阿克苏城，由于兆惠在攻打准噶尔时颇有声望，一些回族部落的头目前来请降。消息传到北京，乾隆帝以为征回战争胜利在望，高兴之余，他于是下令停止给兆惠增援。

兆惠攻下阿克苏城后，向叶尔羌进发。而这时，正碰上朝廷停止增援，正待攻城的兆惠陷入了困境。叶尔羌城中的小和卓木下令坚壁清野，命令民众将粮食全部收割到城中，清军既没有朝廷增派的粮食和援军，又没有当地回民的粮食供应，陷入了困境。

小和卓木下令在距离叶尔羌城东北 5 里的地方挖掘壕沟，筑起土台，作为一个据点。同时，又让大和卓木在喀什噶尔伺机而动。于是，叶尔羌城、城北据点和喀什噶尔 3 个位置形成犄角形势，互相照应，清军无法在短时间内攻克。

叶尔羌城范围很广，城的周边就有 10 余里长，并且有 12 道门出入，兆惠没有援兵的支持，兵力不够围城，只好在城东有水草的黑水河边驻扎。兆惠一方面派副都统爱隆阿分兵 800 人守住喀什噶尔方向，阻挡大和卓木出兵；另一方面又积极谋求物资来补充军需。

十月十三日，兆惠听部下侦察到奇盘山下有牧群，便想率兵渡过黑水河，以便获得牧群充当物资。但是，当清兵大部队过桥渡河时，刚通过 400 人，桥梁忽然断了。

小和卓木率领的叛军从城中冲出来，对清兵进行猛烈攻击，清军死伤无数。总兵高天喜、副都统三保、护军统领鄂实、监察御史何泰、侍卫特通额都在这一战役中战死。兆惠经过这一打击，不敢轻易出兵。十七日夜，他派 5 名士兵分拨突围，向朝廷告急。

与此同时，回军团团围住黑水营。回军将士慑于兆惠带兵凶悍勇猛的传言，不敢强攻，于是筑垒土台，围困清兵。兆惠全营士兵被困营中，又没有后援，处于弹尽粮绝的边缘。

兆惠知道回人有掘地藏粮的习俗，这是因为回人曾经为了逃避准噶尔人的搜刮，所以把粮食埋在土中。于是，在军粮紧缺的情况下，兆惠下令士兵在军营中四处挖掘，幸运地得到了数百石粟米。

清军营中缺水，碰巧这时营外围攻的回民想引水灌营，于是，反而为兆惠军营提供了水源。回军又用鸟枪向城内射击，射出的铅弹夹在树叶间，兆惠令士兵把这些铅弹收集起来，不时用这些铅弹反击回军。就这样，清军奇迹般地坚持了 3 个月之久。

乾隆二十四年正月，兆惠终于等到了朝廷的援军，清朝定边右副将军富德率领士兵 3000 人从乌鲁木齐前来支援。富德大军在呼尔满与叛军相遇，与叛军骑兵5000人展开了激烈的战斗，双方激战4昼夜，富德获得胜利。于是，富德率军渡过叶尔羌河，赶往黑水河救援。

兆惠听说援军到了，也从营内率军突围。清军里应外合，打败了叛军。黑水营解围之后，兆惠准备集中兵力，由阿克苏、和阗两处分兵出击叶尔羌。

但是乾隆帝认为，大军不能只攻打叶尔羌，要同时拿下喀什噶尔。于是，乾隆帝下令兆惠从阿克苏取叶尔羌，而富德则由特穆尔图诺尔勤或乌什方向进攻喀什噶尔，分取小和卓木和大和卓木的大本营。

乾隆二十四年四月，富德大军抵达额里齐，和阗所属6城的回民携酒跪迎。由于这时各路清军的位置发生了改变，乾隆帝命令改由富德就近攻打叶尔羌，而兆惠则前往攻打喀什噶尔。

二十四年闰六月二日，小和卓木自知难敌富德大军，于是放弃叶尔羌，逃往英吉沙尔；同时派人传信给大和卓木，让大和卓木将喀什噶尔城中的回民迁往巴达克山。于是，清军顺利地夺回了叶尔羌和喀什噶尔两城。

十四日，兆惠率领的军队抵达喀什噶尔城，回民都赶出来献上牛羊、果子，唱歌跳舞以庆祝。十八日，富德率军进入叶尔羌城，城中百姓争先恐后表示欢迎，对清军非常友好。

清军攻下大小和卓木的两个叛乱基地，乾隆帝非常高兴，说："逆贼兄弟虽畏罪先逃，而两大城实回部著名之地，二贼亦可计日就擒。"

清军得知消息：大小和卓木逃走后，相约在六月二十四日会师。于是，清军集中兵力攻击。六月二十七日，大小和卓木逃往巴达克山界，清军乘胜追击。巴达克当地的回族首领索勒坦沙为了避免战争，将大小和卓木诛杀并通知清军。

七月十日，清军与叛军在阿尔楚山展开正面决战，富德以火器健锐营居中，分左、右、中三线出击，歼灭叛军1000余人，缴获兵器无数。乾隆二十四年十月初二日，富德从巴达克山凯旋，征回战争结束。

乾隆帝平定回部，收复了天山南北新疆的广阔领土。为了巩固这一地区的统治，二十四年九月，乾隆帝命阿桂驻防要城阿克苏，旋又移驻伊犁。那时，西域初定，人心不稳，不仅土匪还很多，而且地方又靠近沙俄，形势极为复杂。

对方圆万余里的回疆如何进行统治和巩固的问题，乾隆帝要求统兵大臣拿出管理的办法，他们异口同声地认为，此沙漠之地距京城遥远，牲畜也少得都几乎没有了，难以驻守。就在众人手足无措的时候，大将阿桂上屯田增兵之议，他说："守边以驻兵为先，驻兵以军食为要。"

阿桂还建议在水土肥沃的伊犁河以南海努克等处屯田，既以回疆民人中善于耕作者屯种，也增派驻防兵协同耕种；然后，逐渐在当地建设城市，设置台站，并筹备驼马发展交通。

乾隆帝对阿桂的建议大为称许，而阿桂也因此承担起在新疆屯田的重任。但在号称大沙漠的罕无人迹的回疆进行屯田，可以说是一个很大的挑战。持续多年的战乱使本来就贫瘠的土地遭到了破坏，到处是一片荒芜萧条的景象，战争刚刚结束，残余的叛乱分子还不时地出来捣乱。

因此，乾隆帝虽然认为清军必须在伊犁长期驻扎，既防止残余的叛乱分子再搞分裂割据，又能挫败早已图谋吞并伊犁的沙皇俄国的罪恶企图。但是，在这十分困难的条件下，伊犁屯田能否获得成效、能否解决驻军的军粮，他的心中还是没有把握。

乾隆二十五年初，阿桂率满洲索伦兵 500 名、绿营兵 100 名和 300 名维吾尔族农民开赴伊犁，开始屯田。八月，乾隆帝正式下令："以阿桂总理伊犁事务，授为都统。"

乾隆帝的信任和支持，使阿桂感恩戴德，阿桂对伊犁驻防和屯田进行了周密的计划和安排。九月，在给乾隆帝的奏文中，阿桂提出了 7 条建议：

第一，增派更多的维吾尔族农民到伊犁，大力推行"回屯"。据臣估计，乾隆二十五年的 300 名维族农民屯田收获量，即可敷屯田回人 1000 户之食，而目前在伊犁的维吾尔人数目太少，最低还应再迁移 700 名去，才能使"回屯"有所发展。

第二，增派数量更多的士兵，从事驻防屯田，即兵屯。把驻军分成两部分，满洲军队负责驻守，绿营兵专事屯种。根据当地自然条件和屯田发展前景的估计，建议将驻防的满洲兵再增加 600 名，与此相适应的是将现有的绿营兵 100 名增加到 1000 名，这就既能完成驻守任务，又能保证驻防兵的军粮供应。

第三，在发展屯田的基础上，逐步增加驻军的数目，增派官兵请随时酌量定数。如屯田的维吾尔农民和绿营兵都各达到 1000 名，到乾隆二十七年（1762 年），就可以生产出足够五六千名士兵食用的粮食。粮食足用，就可以相应增加驻军的数目,以加强对这一地区的控制。

第四,陆续修建城堡,保证屯田的顺利开展。经过实地调查知道,伊犁地区的要害地点,河北则固勒扎,河南则海努克,而地土肥饶之处则察罕乌苏。因此应于海努克筑城,以回人300名屯田,用兵数百名驻防……察罕乌苏筑城,以绿营兵1000名屯田并驻防……固勒扎须筑大城,凡驻防大臣公署、仓库咸在,以为总汇。

第五,筹集马匹和骆驼,设置沿途台站,以传递文书,运输物资。伊犁现有的600匹马不敷使用,应再购买1000余匹,再从乌鲁木齐调500匹骆驼,这样便可设置多处台站,保证信息的传递和物资的运送。

第六,调运沿边粮食到伊犁,解决当前军队缺粮的困难。

第七,从流放到新疆的犯人中,选派能工巧匠赴伊犁,传授内地先进的生产技术。

阿桂的7条建议,对清朝在这一地区的统治至关重要,很快得到乾隆帝的批准,并付诸实施。同时,阿桂还组织人力制造农业器具和从事农业生产。由于屯田农民和士兵的辛勤劳动,伊犁屯田当年就获得丰收,"至秋丰稔,收粮皆倍,兵食以足"。

这一年,清政府褒奖平定西北的功臣,以功劳大小为序,在紫光阁悬挂画像,阿桂被排在第十七位。为了进一步发展伊犁屯田,从乾隆二十六年起,阿桂相继采取了进一步的措施:一是在伊犁牧群蕃息之时,禁止内地人到伊犁购买马匹和骆驼,以保证当地畜牧业的发展;二是大力招徕叶尔羌、喀什噶尔、阿克苏和乌什等地的维族民众来伊犁屯垦,以扩大屯田规模。

同时,阿桂还建议朝廷在伊犁和乌鲁木齐之间的玛斯纳、库尔喀喇乌苏和晶河等3处,各派适量的屯田兵,人各垦地15亩,晶河以西归伊犁管辖,托克多以东归乌鲁木齐管辖。

由于阿桂的精心筹划和组织,乾隆二十六年,伊犁兵屯垦种地达8000余亩,收获粮食27100多石;回屯有800户,平均每户收获粮食40石,总产达到32000石左右。在大力发展屯田的同时,乾隆帝还着手制定和完善制度,加强对回疆的管理。

乾隆二十三年九月,负责征回后勤供应的陕甘总督黄廷桂在奏折中建议回部平定后,仍应驻兵把守。乾隆帝认为对回部应挑选头目,统辖城堡，总归伊犁军营节制。九月中旬，兆惠奏请任用库车阿奇木伯克鄂对为各回城的总管，乾隆帝说：

> 现在招徕新附，令鄂对暂行管理尚可，若平定叶尔羌、喀什噶尔办理安插回众时，朕意不必用回人为总管，仍循旧制，各城分设头目，统于驻扎伊犁将军，再于库车派大臣一员管理。

乾隆帝的意思就是要沿用旧的官制名称，但是不能以回人为总管。乾隆帝在后来的谕令中，进一步指示：各城分设回人头目，保持原有的官职，以统辖城堡；除少数重镇外，尽量在各回城少驻或者不驻军队，让回城受制于驻扎在伊犁的将军。乾隆帝的目的很明确：在中央政府的管辖下，让各回部自治，以回治回。

乾隆帝在征讨大小和卓木的过程中，曾联络一批回部上层人物，利用他们在回人中的影响，分化叛军队伍，取得了很好的效果。平叛后，乾隆帝充分运用他们来实现"以回治回"的政策。根据乾隆帝"以回治回"的思想，兆惠等人拟定了具体的措施。

乾隆二十四年七月，兆惠平定喀什噶尔后，就该地设官、定职、征粮、铸钱、驻兵分防等事情提出了建议。兆惠建议，在各城村设立以阿奇木伯克为首的政权机构，以阿奇木伯克总理一城，伊沙噶伯克协办阿奇木伯克，噶杂纳齐伯克管理地亩钱粮，商伯克管理租赋，哈子伯克管理刑名，密喇卜管理水利，讷克布管理匠役，帕察沙布查拿盗贼，茂特色布承办经教，等等。

乾隆帝同意兆惠的意见，但命令阿奇木伯克等职不得世袭。同时，乾隆帝对大小和卓木的霍集占家族很不放心，下令将他们全部迁往北京。为了加强中央对回疆的控制，清朝在回疆派遣办事大臣、领队大臣。

乾隆帝在喀什噶尔设参赞大臣节制南路各回城，"各城大者设办事大臣，小者设领队大臣"。其中大城主要有：西四城包括喀什噶尔、叶尔羌、英吉沙、和阗，东四城包括乌会、阿克苏、库车、辟展，东路哈密、吐鲁番、哈喇沙共11城为中心城镇，而各城周围下辖五六个、10余个或20余个不等的小镇，层层隶属，同时又受北路伊犁将军的管辖。

在经济上，乾隆帝本着"量入为出"的指导思想，不赞同从内地划拨过多银两。乾隆二十五年六月，乾隆帝让参赞大臣舒赫德核查新疆的租赋收入，统筹官兵经费。十月，舒赫德经过核实，报告回疆各城官兵口粮不缺，但所征腾格钱文不够支出。

乾隆帝指示："所奏钱文不敷支给，自应计各城钱粮，量入支出，我看你所奏支给之项，不敷者十分之三，即可撤去三分兵额。"

为填补"量入为出"不足的缺口，乾隆帝允许在南路实行新的货币和贸易政策。采取这些措施，"钱法流通，而兵丁回人衣食亦有裨益"。乾隆帝"以回治回"的政策，维护了南疆地区少数上层统治集团的权益。尤其是额敏和卓、玉素布两大望族。南疆各城统治核心，几乎全是两大家庭的成员，他们居功恃宠，作恶多端。其中以乌什地区的情况最为严重。

乌什地区因乌赤山而得名。乌什伯克阿布都拉性情暴戾，对乌什人横征暴敛。清朝驻乌办事大臣苏成父子在回疆更是臭名昭著，有人描述说："父子宣淫，且令家人兵丁裸逐以为乐，经旬累月，始放出衙。乌什毁子，久欲寝其皮而食其肉矣。"

乾隆三十年二月，苏成强征240名回人运送沙枣，派自己的儿子押送。苏成的儿子命令回人背运行李，还对回人挑剔鞭笞。回人不堪折磨，于是利用这个机会发动了事变。

一时间，回部各城反应强烈。叶尔羌、阿克苏、库车等城中的回人都纷纷响应。当天夜里，暴动的群众三四百人杀掉了民愤极大的阿布都拉，然后又攻入苏成的署衙，杀掉了苏成一家和随从。

乌什暴动之后，办事大臣边特哈带兵前往镇压，下令炮手向城内放炮，激怒了更多的乌什回人，事态继续扩大。乾隆三十年四月，乾隆帝下令处死边特哈，并派阿桂和伊犁将军明瑞合力平叛。清军于八月十五日平定了乌什暴动。

平乱后，伊犁将军明瑞遵照乾隆帝的指示，拟定8条治理回疆章程，针对回民暴动的原因，在减轻赋税、差役方面作了较多的规定，解决了回部大小伯克与驻扎大臣勾结擅权、贪赃勒索等问题，进一步完善了对回部的管理。乾隆帝平定了回部，加强了对天山南北的统治，巩固了对西北地区的统治。

第二次平定大小金川

乾隆帝在平定了准噶尔和回部，巩固了西北地区的统治的同时，一直没有放松对西南大、小金川的关注。乾隆十四年二月，第一次平定大、小金川之役以傅恒亲往誓师宣布告捷。但是，金川并没有因此而达到彻底安宁。

乾隆中期，大金川的土司莎罗奔已老，由他的侄子郎卡主持土司事务。郎卡很有野心，多次起兵。乾隆二十三年，郎卡攻掠小金川和革布什扎土司。

乾隆三十一年，乾隆帝命四川总督阿尔泰征调9个土司的兵力围攻大金川。阿尔泰一心想要息事宁人，于是从中调解，让郎卡与绰斯甲土司联姻，又让郎卡把女儿嫁给小金川土司泽旺的儿子僧格桑，形成3个部落互为姻亲的关系。

乾隆三十六年，大金川的郎卡的儿子索诺木诱杀革布什扎土司，而小金川的僧格桑再攻鄂克什及明正土司，大小金川内乱又起。乾隆帝命阿尔泰进剿，阿尔泰半年内没有进展，被罢职。

为了彻底平定大小金川战乱，乾隆帝命大学士温福为定边右副将军，由云南赴四川督师，派尚书桂林为四川总督，再度率兵征战。温福由汶川出西路，桂林由打箭炉出南路，夹攻小金川。清军初战顺利，连夺关隘。

乾隆三十七年五月，桂林派部将薛琮领兵3000，携带5天的军粮进攻墨龙沟，薛琮被金川兵截断后路。薛琮请求紧急援助，桂林不肯派兵前去救援，致使薛琮全军陷没。为了改变战局，乾隆帝派大将阿桂前往金川。阿桂率军深入，直达小金川河南，用皮船渡江，连夺险隘，直捣小金川大营。

不久，清军俘虏了小金川土司泽旺，平定了小金川。之后，乾隆帝因为大金川土司多次起兵，下令温福为定边将军，阿桂为副将军，合兵攻打大金川。但是，温福刚愎自用，他运用碉堡战法，建筑碉卡，将两万余兵零散分布。

乾隆三十八年夏，温福屯兵于大金川东边的木果木，郎卡的儿子索诺木集兵数千人，突袭木果木军营，夺取清军炮台。清军没有防备，士兵手足无措，温福仓皇逃跑，中枪而死。索诺木率军追击，清军死伤无数，小金川得而复失。

消息传到北京，乾隆帝大怒，命阿桂为定西将军，征调健锐火器营兵两千名，吉林索伦兵两千名参战，征集士兵近5万人。十月，阿桂统领各路军队，兵分三路合击小金川。清军与小金川的军队激战5昼夜，直抵美诺。十一月初，阿桂大军再一次收复小金川，准备进攻大金川。

乾隆三十九年正月，大金川攻坚战正式开始。当时，阿桂虽然仍采取分兵3路进攻的方略，但随着战况的不同，进军路线作了相应的调整：阿桂自率一军，由中路谷噶站口进军；副将丰升额率军由凯立叶西路进军；副将明亮率队由马尔邦南路进军。后来，又根据实际需要，阿桂与丰升额合兵一路进攻勒乌围。

大金川本来就是一个兵丁勇悍、地险碉坚的地方，自从小金川被平定后，大金川更是全力抗守，增垒设险，其防护的严密程度10倍于小金川。由于大金川做了充分的防范准备工作，各险要处密布石碉，所以战事异常激烈。

三月，海兰察、达兰泰攻罗博瓦山石碉时，率清军绕至第二、第三峰丫口下，分兵几路仰攻。山上叛军突然发起集体冲锋，幸被清军射退。等清军占领第三峰、第四峰后，叛军因后路已断，便转而窜到第一峰碉内死守不出。清军被迫先后攻下大石碉8座、石卡26个，才勉强拿下此山。

阿桂进攻逊克尔宗的战斗则更为激烈。当时，阿桂派海兰察、额森特攻剿逊克尔宗官寨，叛军纷纷抛石放枪。相持一段时间后，清军撤回，而派锐兵潜伏于逊克尔宗寨旁。

黎明时分，官兵攀上寨墙，叛军在碉寨内抛石击打，令清兵难以逾越，就顺势在墙上尽力击射，枪箭所到之处，弹无虚发。这时，叛军援兵纷纷从四面八方尽速赶来，阿桂恐多有损伤，徐徐酌情撤退。

第三天，阿桂又派海兰察、泰裴英等分队进攻。第四天，官兵一同拥进。而叛军则在寨墙下另外挖了一道壕沟，以阻截官兵的进程，并在沿沟上设置遮木板，以防御官兵的击射。

官兵进逼至墙根，叛军将墙上积石一推而下，致使清军连攻3次，都不能攻克。所幸的是，叛军在抵御露身之时因被官兵枪炮所击，也伤毙无数。可以说，几乎每一座碉堡，每一座山峰，每一座官寨，都要经过反复的浴血厮杀，才能攻下。

尽管大金川险碉林立，守御极严，但在乾隆帝皇帝誓灭金川的决心的鞭策和鼓舞下，阿桂、海兰察、明亮、普尔普、福康安等将帅矢志克敌，带领满汉官兵奋勇冲杀，绰斯甲布等土司之兵也争先进剿，不断取胜。

面对清军战则必胜的决心和所向披靡的强大攻势，大金川土司索诺木设计药死僧格桑，献出僧格桑的尸体及其侧妾和小金川头人蒙固阿什咱阿拉、曾施诈降计的七图安堵尔等人，企图故伎重演，要求投降，与清军议和。

得到这一消息，乾隆帝马上下谕，首先嘉奖阿桂，称赞他说："你所办理的各种事情都把握了时机，可以说是尽心筹划了，这是替我分忧解难啊！"接着，乾隆帝又着重指示说，"不能允许大金川投降，绝不与之讲和。"

对此，乾隆帝深有体会地说："从前批准允许金川投降的往事，我十分后悔对这些叛军太姑息了。现在这些叛民竟敢如此忘恩负义，不可不急为剿灭，以除后患。"

因此，乾隆帝要求坚决除之而后快。阿桂请示："对于叛军的使者如何处理？"

乾隆帝指示："假使遇到贼人请求投降，都不必与他们交谈，如果有人押送僧格到我军大营来，马上将僧格和这些押送的人一举设法擒获，一面仍加紧进攻，贼人无计可施，自然就土崩瓦解了。"

俗话说"两军交战不斩来使"，而现在乾隆帝要求擒拿来人，充分显示朝廷绝不迁就姑息的决心。乾隆帝多次重申此意："官兵既然进逼贼人的巢穴，他们必然大势已去，加上官军勇锐，贼人的头领难以坚持太久，他们会在走投无路的时候相继前来乞求投降，以希望减缓自己的灭亡，你们这些征战的将军们千万不可以被他们这种假投降所迷惑，而稍微存有一丝的姑息念头。金川忘恩负义反叛朝廷，罪大恶极，自取灭亡，一定要就地正法，以快人心而震慑边境那些敢于反叛的人。况且耗费如此大的军费和力气，才得以平定其地，千万不应该以简单的受降来结束这样的战事，使各番人无所敬畏，而且不可以留下这些叛逆的余孽，让他们成为国家的后患。"

最后，乾隆帝传令阿桂等将领："如果反叛的敌人头领索诺木及莎罗奔兄弟等人这个时候来乞求投降，必须立即擒拿，不得有误。"

乾隆四十年正月，阿桂率西路军开始围攻勒乌围。此时天公不作美，连降雨雪，道路泥泞不堪，士兵多伤冻，进攻受阻。及至四月，天气转晴，士兵大振。阿桂首先派福康安、海兰察率军渡河，全歼河西之叛军。

七月，阿桂与明亮合围勒乌围。勒乌围南有转经楼，面临大河，互成犄角之势。破勒乌围，清军先攻破卡栅数十重，然后又毁桥，断叛军之退路，明亮等也从河西攻入，形成四面夹击之势，叛军狼狈不堪。

八月十五日，清军发起总攻，先用大炮轰击。到八月十六日，就攻克了勒乌围及转经楼喇嘛寺，并且攻获了60座碉房、寨落、木城、石卡，杀敌数百人，夺获无数枪炮、刀矛。此时，大金川头目索诺木已提前逃往噶拉依。

从九月起，阿桂率军陆续攻占了西里山梁黄草坪和科布曲山，并逐步扫清了外围的叛军。十二月，金川头人达因拉得尔瓦率500人，恩达尔率600人缴械降清。乾隆四十一年正月间，阿桂发起对噶拉依的总攻，明亮则攻占马尔邦，扫清西路残敌。

索诺木的母亲阿仓见形势迫在眉睫，便冒险赴河西准备召兵，但看到清军已是万头攒动，形成合围之势，即知大势已去，遂携同索诺木的姑姑阿青等姐妹，带领从人喇嘛投降。阿桂令阿仓写信招降索诺木，同时发起进攻。

乾隆四十一年二月初四日早晨，索诺木跪捧印信，携同兄弟、妻子及其大头人、喇嘛、大小头目两千余人出寨，乞求免除一死。自此一役，大金川全境被胜利平定。乾隆帝随后采取措施加强、巩固了对这一地区的管理和控制，使南部边陲得到了多年的平定。

镇压天地会的起义

乾隆二十六年,僧人郑洪二,化名万云龙,在福建创立天地会,以"顺天行道""剃除贪官"及"争天夺国"为口号,倡议反清复明,白日诵经礼佛,夜间聚众密议,预谋起事,核心成员是他的儿子郑继和部下陈彪、陈丕、张普、张狗、卢茂、李少敏、赵明德等数百人。

早在康熙时,曾征调福建莆田南少林高手为军官,远征西藏之虏,凯旋后,却有人诬告这些高手意图造反,于是朝廷派八旗兵,火烧南少林寺,将之除灭。但仍有5个少林俗家高手逃脱不死,从此痛恨清廷,建立洪门,是为"洪门五祖",以"天父地母",立誓反清复明,故称天地会,尊郑成功为开山老祖。

天地会最初主要在福建、粤东及台湾一带流传,稍后发展至广东全省及江西、广西、贵州、云南及湖南等省。清朝中期以后,各种秘密会党大量出现。

清政府鉴于出现的多次反清事件,特别是明代宗室也利用结拜弟兄的方式进行反清活动,加重了对会党的惩处,曾多次派兵搜捕天地会成员。

乾隆三十三年,万云龙派手下卢茂率领会众300余人,攻漳浦县衙门。但部众未曾到齐,事即败露,被杀数十人,会众300余人皆被俘虏。乾隆三十五年初,万云龙派李少敏奉明朝宗室朱振兴为"振兴大王",不料官府听闻风声,纵兵掠捕,事件立刻失败。

万云龙两次起事皆败,折损数百人。众人被捕时,畏惧万云龙报复他们的亲属,都不敢供出万云龙。万云龙死后,其子郑继接管天地会,法号"行义"。

乾隆五十一年十一月二十七日,天地会在台湾的首领林爽文因为清政府搜捕、杀害天地会的会员,在距彰化县20余里的大里杙庄起义。

林爽文是福建省漳州府平和县板仔人,农民出身,乾隆三十八年随父母迁居台湾彰化县大里杙庄。

当时,天地会在福建、台湾一带秘密活动。乾隆四十九年,林爽文加入天地会,为彰化地区的重要首领之一。乾隆五十一年十一月二十五日,彰化县知县俞峻与北路营副将赫升额、游击耿世文带领士兵来到大墩,想要捕捉当地的天地会首脑林爽文。

在离林爽文的住处还有7里时,知县下令,要村民前往擒拿林爽文,如果不遵命令,就焚毁村庄,并且"先焚数小村怵之"。村民们极端愤怒,聚集在大路上连哭带骂,林爽文于是趁着民怨,发动了起义。林爽文起义后,凤山天地会领袖庄大田亦集众起兵响应,队伍迅速发展到3000人,号称10万众响应。

林爽文率领起义军夜袭大墩营盘,击毙了副将赫升额、知县俞峻及官兵数百人,随后又攻占离彰化县城40里的大肚溪,控制了水路,切断了通往彰化的交通。十一月二十七日和二十八日,闽浙总督常青两次向朝廷上奏台湾起义事件。常青奏道:

> 台湾府彰化县"贼匪"林爽文结党扰害地方,十一月二十七日,知县俞峻在大墩"拿贼遇害,县城失陷"。臣闻信,飞咨水师提督黄仕简领兵两千,由鹿耳门飞渡进剿,并派副将、参将都司带兵分路夹攻,又派陆路提督任承恩领标兵一千二百名于鹿耳门前进,臣于泉州、厦门等处往来督察。

乾隆帝看后,认为这是台湾常有的小型械斗,不需要大动干戈,立即批示:

> 尔等俱是张皇失措,岂有因一匪犯,使全岛及邻疆皆怀恐惧之理。

正在乾隆帝认为消灭义军易如反掌之时,林爽文、庄大田领导的起义军,却已连下彰化、凤山、诸罗3县,台湾全府丢失大半,官军困守于郡城,形势十分危急。

十一月二十九日,起义军攻下彰化,杀台湾知府孙景燧,进驻彰化县衙门,林爽文自称"盟主大元帅"。十二月一日,北路的王作、李同也率众响应,杀淡水同知。

十二月初二日，林爽文打下竹堑。天地会会众拥戴林爽文为盟主大元帅，驻彰化县署，建元顺天，以杨振国为副元帅，王作为征北大元帅，王芬为平海大将军。

十二月初六日，林爽文又破诸罗县。各地天地会会员纷起响应，连破六斗门、南投等处，声势大震。十二月初七日，林爽文从水陆两路进攻府城。

十二月十三日，庄大田部攻下凤山县城，自称南路辅国大元帅，或称定海将军、开南将军。台湾府一共辖有4县，现已丢失3县，只剩下台湾府城及附属的台湾县，犹如海中孤岛。

为了镇压台湾天地会起义，乾隆帝派福建水师提督黄仕简、陆路提督任承恩支援台湾。虽然有13000余名援兵赶到台湾，台湾府又有驻兵12000余名，还有移民中支持清军的"义民"，清军总人数并不少于起义军，而且枪炮弹药也比起义军更充足，但是，这两位提督都是贪生怕死的庸将，黄仕简自称有病，在府城"卧病床榻"，任承恩困居鹿港，不敢进攻起义军。官兵处于被动挨打的局面。

乾隆帝大怒，将黄仕简、任承恩二人革职拿问。乾隆帝把平定台湾天地会起义的重任放到了最先奏报台湾事件的常青身上，从3个方面提供帮助：一是授常青为将军，以福州将军恒瑞、新福建陆路提督蓝元枚为参赞，现在权力统一，军威益振，希望能够迅速荡平贼人，绥靖海疆；二是严肃军纪，诛戮逃将，斩总兵郝状猷、参将图里琨；三是允常青奏请，增派援兵7000。

乾隆五十二年三月，常青抵达台湾府城。此时，他辖有官兵3万，还有各庄支持清军的"义民"。然而，这位被皇上重用的将军也是一个胆小怕死的懦夫。

五月二十五日，常青领兵出府城，起义军庄大田率一万余人攻击。常青吓得浑身战栗，手不能举鞭，于军中大声呼叫："贼人要来砍老子的头啦！"随即策马逃遁。

主将一逃，诸将因此即退，起义军"欢跃而归"。常青入城，命令紧闭城门，请求增兵。天地会势力迅速扩展，数月之内，义军"已增十万"，将军常青、参赞恒瑞困在府城。常青吓破了胆，一天到晚长吁短叹，哀求和珅把他调离台湾，奏请皇上另派大臣来台。

经过和珅的活动，乾隆于六月二十日下谕，派协办大学士福康安前往台湾接替常青，派领侍卫内大臣海兰察为参赞大臣。八月初二，乾隆帝再次下谕，授福康安为将军，增调湖南、湖北、贵州绿营兵6000名及四川"屯练降番兵"两千名。

使乾隆帝意想不到的是,福康安却呈上了一份畏难的奏折。原来,此时,绝大部分台湾州县村庄已被起义军夺占,官军连遭失败,士气低下,动辄溃逃。而林爽文、庄大田领导的天地会起义军已号称20万。在这种敌强我弱的形势下,十几年来连建功勋的福康安感到信心不足,向皇上呈交了"畏难"的奏折。

乾隆于八月二十四日看到福康安这份"畏难"奏折后,大吃一惊,于当日及二十五、二十六日,连下三谕,讲述进剿必胜的原因,勉励福康安勇担重任,并着重强调了对福康安的宠信和关怀,专门指出:"朕之待福康安,不亚如家人父子,恩信实倍寻常,对他寄以很大的期望。"

乾隆帝这几道推心置腹、情深意厚的晓谕,使福康安消除了疑虑,增强了勇气和责任心。乾隆帝调拨白银几百万两和米100余万石运往台湾,并多次下谕,嘉奖支持清军的"义民",招抚"胁从之民"归顺。此后,乾隆帝经过反复思考,制定了集中精锐士卒,直攻林爽文大营的战略方针。这一切,对战局的进展起了重大的作用。

福康安向乾隆帝奏请:集中郡城常青之兵、盐水港恒瑞之兵5000,柴大纪诸罗守兵三四千,鹿港之兵数千余名,以及自己带来的5000援兵,南北夹攻,直捣大里杙林爽文家乡。但乾隆帝不允福康安之请,责令其直抵诸罗,解围之后,攻敌巢穴。

福康安遵旨,于十一月初七日领兵5000及鹿港兵6000余名和"义民"1000余人出发,凡遇贼庄,即行剿洗,海兰察率巴图鲁侍卫奋勇冲杀,大败义军,林爽文率会众撤走。

初八,清军进入诸罗城。福康安又率军进攻大里杙,打败了义军的"万炬"迎战。十一月二十五日,林爽文携眷逃入"番社"。乾隆五十三年正月初四日,福康安令人说服当地居民于老衢崎生擒林爽文。

庄大田由于与泉州籍首领庄锡舍有嫌隙,兵败逃亡时行踪为清军所知,二月初五,被乌作哈达率领的水师抓获时,已身受重伤。庄大田也被俘。不久,林爽文、庄大田二人被处死。天地会反清起义被镇压下去了。清廷仅派军不足4万,费时一年四个月平定天地会起义,之后清乾隆帝皇为了嘉奖诸罗县义民义举,特下"嘉其死守城池之忠义"之旨而将诸罗改名"嘉义"。

征服缅甸国

乾隆二十年起，缅甸军队不断侵扰中国边境。乾隆二十七年冬，缅军对中国的云南边境发动了进攻。乾隆三十一年正月，清政府派杨应琚从陕甘移督云南，开始征缅。杨应琚到任后，指挥军队迅速击退了缅军的进犯，收复了失地。但杨应琚却因此而傲慢轻敌，贪功冒进进行挑衅，他自普洱移驻永昌后，致书缅甸国王，声言将率大军数十万征讨，要缅甸投降。

缅甸起兵迎战，双方战事再起。清军数战不利，缅甸军队乘机进扰云南。乾隆帝闻讯大怒，谕令杨应琚进京，赐死。

乾隆三十二年，乾隆帝派将军明瑞分兵5路出征缅甸。战争开始的时候，清军连连告捷，很快就逼近缅甸的国都阿瓦。但是，由于清军孤军深入，粮草不继，于第二年二月兵败，明瑞也因战败而自尽身亡。在连连受挫之下，乾隆帝不得不派出朝廷重臣傅恒，命傅恒为经略，阿里衮、阿桂为副将军，舒赫德为参赞大臣。毫无疑问，这是乾隆帝于缅甸之战抛出的最后一张王牌，是一次只能胜不能败的战争。

乾隆三十四年二月，傅恒率满、蒙兵13600余名出征。临行时，乾隆帝亲自在太和殿授之敕印，并把自己用的甲胄赠给傅恒，以表示对他的信任和希望。傅恒明白此行任务之重，因而，当他抵达云南之后，便不顾当地气候的恶劣，不听众人宜待霜降瘴消之后出师的建议就马不停蹄地出兵入缅。

乾隆三十四年三月，傅恒抵达云南。四月，傅恒到永昌、腾越察看情况，着手进行战前准备。他得知缅军防守专门依仗木栅栏，而清军向来用寻常枪炮攻取，无济于事，就去询问拜访茂隆厂一带有善造大炮的人，回来后调整策略，将来进兵时兵弁各带铜、铁一斤，遇攻栅时随时暗铸大炮，出其不意。

傅恒聚集众将，商讨进兵方略。鉴于过去明瑞由陆路进兵、缅方得以集中兵力防御而致明瑞遭败绩的教训，傅恒决定水陆并进。要实现水陆并进的方针，首先要解决船的问题。

早在傅恒未到云南之前，乾隆帝就曾有造船的打算，并派副将军阿里衮去经办此事。但阿里衮奏说："边外峡谷又窄又深，水流湍急，舟楫不通，沿江也没有办公场所。"

随后，傅显与佐三泰又奉命前往勘察实情，回来所言与阿里衮等同。这样，造船之事只好暂且搁下了。傅恒抵达云南以后，详细询问当地居民，获知蛮莫附近的翁古山树木较多，而位于翁古山旁边的野牛坝气候凉爽，无瘴气之害，是建造船只的好地方，于是傅恒派傅显督工运料，令湖广工匠造船。

在兴造船只的同时，征缅的其他准备事务也陆续到位。政府增调的军队抵达云南，马匹和粮草也大体齐备。乾隆三十四年七月，满、汉精锐之师数万余众，马骡6万余匹，以及各种火器，如京师的神机火器、河南的火箭和四川的九节铜炮等都不日到达了。

然而当时距霜降尚早，部下诸将认为南蛮之地多瘴气，群议之下，决定等霜降后出师。傅恒担心时间拖长了，不仅耗费物质，而且士兵也会产生松懈情绪，所以不顾部下劝阻，下令进兵。

乾隆三十四年七月二十日，傅恒祭旗进发。副将军阿里衮已患病，傅恒要他留下养病，阿里衮坚请从征，傅恒同意了，只留阿桂督造战船。傅恒领军至戛鸠江后，征集船只，打造木筏，用10天的时间，全军渡过了戛鸠江。

然后挥军西进，一路之上，孟拱、孟养两土司先后归降，并各献驯服的大象4头、牛百头、粮数百石。此时缅甸正值秋收季节，未集军迎战，孟拱、孟养离缅甸中心地区又较远，所以傅恒几乎是兵不血刃地就前进了两千里。这期间，天气忽雨忽晴，山高泥滑，一匹马摔倒，则所背负的粮帐尽失，军士有时全身都被淋湿还饿肚子，以致好多人患病。而且清军人地生疏，经常迷失方向，实在是难以深入了。

面对如此险恶的困境，傅恒只得改变原先攻占木疏，由陆路直取阿瓦的计划，于同年十月回师至蛮莫，与东路阿桂军会合。傅恒因率军奔走数千里，上下人等都已疲乏，而且竟然没有遇到一个敌军，不禁感觉有负经略之声名，因而心情郁闷之下也得病了。

虽然如此，傅恒还是带病指挥。他见水战所需战船已造好，福建和广东水师也已到达蛮莫，就把军队重新部署，以阿里衮为西路，阿桂为东路,而自己则督舟师居中,沿伊洛瓦底江南进为中军。

缅甸也集结水陆军应战,经过一番激烈交锋,缅军败退。清军虽然一时占了上风,但阿里衮随后病亡,许多官兵负伤、患病,已经无力再向阿瓦进攻。傅恒于是决定全力夺取阿瓦城北500里的老官屯,以迫使缅甸投降。老官屯前临大江,缅军在江东周围二三里的地带竖立了许多高大的木栅,栅外挖了三重壕沟,沟外又横放大木头,尖利的树枝朝外成鹿砦,使人无法通过。这是缅军的惯用之法。

傅恒命令部下修筑土台,用大炮轰击。炮弹虽然击穿了木栅,但缅军随即又修补好了。傅恒看到这种方法不奏效,就让士兵用生革结成长绳去钩,但是绳子钩断了却没有把栅栏钩倒。傅恒又派士兵用结实的老藤挂上钩子去钩栅栏,结果,缅军用斧子砍断了老藤。

傅恒于是下令施用火攻,先拿杆牌和枪炮攻击,随后众兵士挟柴薪上前,百牌齐进,越过濠沟抵达栅栏前,但是江面上自四更就起了大雾,到早晨才散去,栅木都被浸湿了点不着火,再加上这时正是逆风,只好作罢。最后,傅恒又派士兵挖地道,埋火药轰炸,然而火药引爆后,虽然栅栏被炸得突高起丈余,敌兵哭喊声震天,但随之落平,炸了几次,也没有炸塌,因为栅栏沿坡而下,而地道平进,所以土厚不能迸裂。

清军陷入了进退两难的困境。由于当地的瘴气日趋加重,清军士兵病死无数,傅恒只好向乾隆帝奏报:"奈因本年瘴疠过甚,交冬未减。原派各营兵3万名,满兵1000名,见计仅存13000余名。"

乾隆帝接到奏报后,命令傅恒撤兵,并命傅恒回京:"老官屯既不可久驻,野牛坝地方尚高,可以考虑于该处留兵屯守,并著土司等于关外相度地势驻扎防范。令其以暂时退驻,明年再行进兵之言,宣示于众……著传谕傅恒将善后事宜交阿桂筹办,即速驰驿来京。"

战争实在无法打下去了,卧病在床的傅恒骑虎难下。虽然乾隆帝已有撤兵之旨,但博恒仍然觉得难以复命,犹豫不决。正在这时,缅军在清军的攻势下也感到震惧,加上阿桂的战船又截断了东西岸缅军之间的联系,他们也不愿再打下去了,于是向朝廷求和。

乾隆三十四年十二月,缅甸答应清方提出的10年一贡的条件,请求乾隆帝批准协议。乾隆帝批准,征缅战争结束。乾隆三十五年三月,傅恒班师还朝。七月,傅恒病死。乾隆帝下令以宗室镇国公例丧葬,谥号"文忠"。

帮助安南国平复叛乱

乾隆五十三年，安南大乱。安南国被阮姓攻破黎城，国王黎维祁出逃，安南大臣阮辉宿、黎炯为保护王子等人被阮兵追杀。安南位于广西、云南边界以外。上古时代，安南名南交、越裳，秦朝时在此设立象郡，唐朝时朝廷在安南设置都护府。

明永乐年间，朝廷在安南设置布政司，宣德年间，改封黎氏为安南国王。明初以来，黎维祁的祖先世代为安南国王，并定期向明朝的皇帝献贡。

嘉靖年间，权臣莫登庸篡位，原来的国王之孙黎维潭依靠旧臣郑、阮两家，封郑、阮二姓之长为左、右辅政，后来右辅政郑检乘机把左辅政阮璜排挤出顺化，自号广南王，掌握国家大权，使国王徒有虚名。这样一来，阮、郑二姓就世为仇怨，争斗不已。

乾隆五十一年，郑检去世，阮光平乘机发兵，攻破国都东京黎城，杀死郑检的儿子郑宗，阮氏又独家执掌了军政大权。

乾隆五十二年，安南老国王去世，黎维祁继位，原郑检之臣贡整想扶推黎抗阮，阮光平遂派大将阮任领兵数万攻克黎城。

贡整战死后，黎维祁逃匿于民间。阮任占据东京，似乎也表现出称王的雄心壮志。

乾隆五十三年夏，阮光平再次发兵东京，将阮任诛杀，假意请黎维祁复位，黎维祁知其心怀叵测，哪里敢出山？阮光平被拒，一怒之下尽毁王宫，挟子女玉帛回富春，留兵3000驻守东京。

乾隆从五十三年六月十七日获悉安南大乱起，一直下谕强调要"兴灭继绝"，帮助安南王孙驱逐阮氏，恢复王位，但仅仅只是谕令王孙黎维祁及其安南臣民起兵逐阮。

清政府以总督名义发布斥责阮氏的檄文，扬言要派大军出征，可是乾隆帝这时并未真正决定要出关作战，数千名官兵均在边界屯驻。

直到八月二十七日，乾隆帝对安南的态度有了重大的改变。

乾隆帝见黎维祁被阮军所逼、带着随从数人竟然入山藏匿起来，便认为黎维祁竟是一无能之人，很难希望他能振作恢复。而阮光平、阮文岳兄弟见到两广总督孙士毅的檄文就畏惧遁逃，阮光平的心腹潘启德一接到檄文即离开叛匪，归顺清朝，可见出兵容易成功。

就这样，乾隆帝决定正式出兵安南，并下了出兵的圣旨。清军向安南泰德王阮光平进攻的"兴灭继绝"之战，很快拉开了帷幕。乾隆帝应孙士毅的请求，批准他统领一万大军出关，作为正兵；又令云贵总督富纲派出8000士兵交付云南提督乌大径统领，作为偏师。

大军将由云南蒙自出发，进攻安南的宣光、兴化等处。决策已定，出征在即，两广总督迅速调兵遣将，筹备粮饷。乾隆帝深知安南正值节年荒歉，谕令设台安站，从内地转运军粮。他在云南、广西两路共设下台站70余个，保证了军粮的供应。

乾隆帝考虑到富良江地居险要，料测阮光平必定严加防守，官兵难以径渡，但该江江面辽阔，敌军不可能处处设防，因此，他指示孙士毅一面督兵佯装攻击，吸引敌军的视线，一面遣派许世亨领兵从上游或下游进击，认为只要攻其不备，敌军势必纷纷溃散。

孙士毅沿用乾隆帝所授的这条"偷渡之计"，果然行之有效。清军排列多门大炮，隔着缭曲的江水轰打，佯装一定要渡过此江，暗地里却由总兵张朝龙统领2000精兵，在上游20里水流缓慢处用竹筏渡江，抵达岸边，与驻守的阮军厮杀。

正在这时，上游官兵已绕到敌军背后，居高临下，一起冲向敌军，声震山谷，形成前后夹攻之势。阮军不知身后的清军从何而来，顿时乱了阵容，全军崩溃，死伤者数千人。

孙士毅获胜的战绩令乾隆帝十分高兴，他及时对有功之臣进行赏赐：赏给孙士毅一柄玉如意、一个御用汉玉扳指、3对荷包，赐给许世亨一个御用玉扳指、3个荷包，赏张朝龙、李化龙、尚维昇各一对荷包，其他有功的将士也分别得到了赏赐。

乾隆帝深谙这些经他发放的小恩小惠的作用，属下有功，及时行赏嘉奖，以鼓舞士气、增加干劲，这也是他待人的智慧。

过了几天，前方传来孙士毅大败阮兵攻克东京黎城的消息，乾隆帝很高兴，晋封孙士毅为一等谋勇公，赏戴红宝石帽顶，并答应等到他擒获阮光平将再续降恩旨，以显示对他的恩宠。

就在朝野上下欢欣鼓舞之时，安南方面情形却急转直下，清军竟转而大败，黎城失守。

原来，上次孙士毅所报"阮氏望风奔窜"，却是阮光平主动后撤、待机而进；孙士毅误以为阮军惨败，清军所向披靡，其实阮军的兵力并未遭到多大的损失。

此时，年近8旬的乾隆帝，在关键时刻做出了相当正确和高明的决定。他说，孙士毅带兵前往安南，能生擒阮光平等人固为上策，否则只要能收复黎城亦为中策，如果情况不佳，即带兵回广西。

在这里，乾隆帝不仅考虑到水土不服等恶劣的客观条件，还认为要知进知退，以免陷入险境。而且，他也预见了黎维祁腐朽无能，清政府不需要也不应该坚持支持黎维祁，浪费自己的人力物力，做这种对天时、地利、人和等皆不值得的蠢事。

乾隆帝的撤兵之旨是非常高明和及时的，如果孙士毅严格执行乾隆帝的旨意，那么安南的形势必然会有所好转，清军也不会落个惨败的下场。但遗憾的是，孙士毅犯了战场上将军常犯的急功冒进的通病：一心想再建功勋，为生擒阮氏兄弟，竟至违抗圣旨，迟迟不肯撤兵。

在这种情况下，阮军于乾隆五十三年岁末倾巢出击，而孙士毅毫不防备。

乾隆五十四年正月初一夜间，孙士毅军中置酒畅饮，正在这时，突然有人来报阮军大至，孙士毅仓皇迎敌。但阮兵数万，声如涛涌，攻击猛烈，清军寡不敌众，在黑夜里撤退时自相践踏。

孙士毅匆忙撤退渡过了富良江，为防阮兵追击，将浮桥砍断，可怜滞留南岸的提督许世亨、总兵张朝龙等官兵夫役一万余人，因桥断无法渡江，都被阮兵砍死在江中，无一幸免。孙士毅拼命逃回镇南关后，黎维祁携其母先行逃走，云南兵因有黎维祁的下臣黄文通的导引，才得以全师返滇。

一场大规模的征安南之战，就这样以孙士毅贪功轻敌、清军惨败而结束，置乾隆帝于万分尴尬之地。乾隆帝无奈之中，只能一一斥责孙士毅的过失，削其封爵，将所赏红宝石帽顶一并收回。

随后，乾隆帝全面分析了安南形势，总结了历史经验教训，冷静思考，从大局出发，决定停止征伐安南。

与此同时，安南国内的形势也不安定，民心不稳。广南的阮映福也有东山再起之势，北部的黎氏旧党也在密谋复辟。阮光平为了缓解内忧外患的危机，急着改善与清朝的关系。阮光平多次向朝廷请罪，并表示愿意称臣纳贡。

乾隆帝想到黎维祁怯懦无能，扶也扶不起来，于是下令废掉黎维祁的国王称号，封阮光平为新的安南国王。安南国的危机到此结束。

乾隆五十四年，为了加强与清朝的联系，阮光平派侄子阮光显到承德，庆贺乾隆79岁寿辰。

乾隆帝在避暑山庄福寿阁接见了阮光显并赐宴，还写下一首诗记录此事：

> 惟能不战屈人兵，战后畏威怀乃诚。
> 黎氏可怜受天厌，阮家应兴锡朝祯。
> 今秋已自亲侄遣，明岁还称躬已行。
> 似此输诚外邦鲜，嘉哉那忍靳恩荣。

同年，失去王位的黎维祁带领家族167人，移居北京，被编入汉军镶黄旗，成为一名三品的佐领。

乾隆五十五年三月，阮光平到热河觐见乾隆帝。七月十一日，乾隆帝接见了阮光平，多次赐宴，还亲书一首诗赐给阮光平：

> 瀛藩入祝值时巡，初见浑如旧识亲。
> 伊古未闻来象国，胜朝往事鄙金人。
> 九经柔远祇重泽，嘉会于今勉体仁。
> 武偃文修顺天道，大清祚永万千春。

击退廓尔喀的侵略

乾隆五十三年六月,正当乾隆帝调兵遣将准备进攻安南之时,西藏边境却被廓尔喀侵占。清初,西藏地区处于蒙古和硕特部的军事控制之下,在蒙古军队的支持下,黄教格鲁派在西藏各教派中取得了绝对优势。

清朝政府一方面敕封和硕特蒙古领袖固始汗为"遵行文义慧敏固始汗",让他管理西藏;另一方面给予黄教领袖以荣誉,先后敕封阿旺洛桑嘉措为"达赖喇嘛",敕封罗桑益西为"班禅额尔德尼",确定了"达赖""班禅"两系传承的名号和他们的宗教领袖地位。

乾隆四十六年,西藏的班禅额尔德尼在北京病死,他的兄长仲巴胡图克图独占了他的大量财物,他的弟弟沙玛尔巴愤恨不平,逃往廓尔喀,挑拨廓尔喀与西藏的关系,想要夺取仲巴胡图克图的财产。

廓尔喀又被称作巴勒布、巴勒布廓尔喀,后来叫尼泊尔。乾隆时期,廓尔喀势力强大,想对西藏用兵,于是借沙玛尔巴的投奔和西藏噶布伦索诺木旺扎勒苛索廓尔喀商人这两件事,出兵侵入后藏。

乾隆五十三年七月二十七日和二十八日,驻藏大臣庆麟奏称:

> 巴勒布廓尔喀头目苏尔巴尔达率兵入侵,抢占了后藏的济咙、聂拉木,围攻宗喀,现在前后藏俱在严备,卫藏兵力不足以堵截敌军,已飞报向四川调兵应援。

乾隆帝十分重视西藏的安全,立即下旨,责令驻藏大臣尽力抵御,四川总督、提督派兵4000名,由成都将军鄂辉统领,赶往西藏御敌,将达赖、班禅移往青海泰宁居住,以保护他们的安全。他又派熟悉藏情的御前侍卫、理藩院侍郎巴忠为钦差大臣,入藏主持用兵事宜。

西藏政府首领噶布伦因为藏兵疲弱，无力抵挡敌军，派人与廓尔喀议和。双方议定，西藏噶布伦每年交银元宝300锭，回赎聂拉木、济咙、宗喀三处地方。

钦差大臣巴忠、四川提督成德、成都将军鄂辉都同意此议，但是他们知道，皇上决不会接受出银赎地的不平等条约，便编造谎言，伪称敌酋悔过投诚，认罪退地，乞求封王纳贡。

乾隆帝不了解实情，批准了巴忠等人的奏请，于乾隆五十五年正月，赐宴廓尔喀使臣，封廓尔喀王子喇特纳巴都尔为廓尔喀国王，封其叔巴都尔萨野为公爵，并传令鄂辉，要他参照乾隆十六年班第等订立的《酌定西藏善后章程》，就达赖的权力，噶隆、戴绷、第巴的补放，藏兵的问题，商讨定议。

一征廓尔喀就在大臣们的欺上瞒下中荒唐地结束了。尽管巴忠等人绞尽脑汁，编造谎言退了敌，但由于每年要向廓尔喀交银元宝300锭，每锭重32两，而西藏却根本交不起，所以廓尔喀又入侵后藏了。

乾隆五十六年七月初，廓尔喀派步兵数千人再次入侵，很快攻占聂拉木、济咙等处。八月二十日，廓尔喀兵进围班禅住地扎什伦布寺，随即攻占此寺，大肆抢掠，将塔上镶嵌的绿松石、珊瑚、金塔顶、金册印等抢走，金银佛像抢去大半，一时藏区大乱。班禅因早已被驻藏大臣移往前藏而得免于祸。

八月二十二日，乾隆帝得到消息，勃然大怒。巴忠畏罪自尽。驻藏大臣保泰惊慌失措，奏请将达赖、班禅移至青海泰宁，被达赖拒绝。总督鄂辉、将军成德畏敌怯战，御敌无方，拥兵4000余名，听任敌军大掠，又不攻余兵。当此情形之下，乾隆帝果断决定委任新帅，大举征讨廓尔喀。

当时，征讨廓尔喀很不容易，气候恶劣，山路峻险，敌军凶悍，满兵水土不服。成都将军鄂辉、四川提督成德，都是行伍出身的勇将，曾经随大军征准噶尔、平定回部、征缅甸、打金川、定台湾，身经百战，军功累累，但却在征廓尔喀时畏惧不前。

此时，乾隆帝已年逾八旬，一般人到了这个岁数，只有认命养老，不可能再生雄心，远征强敌于几千里之外。可是，乾隆帝却壮志仍在，为了保卫大清疆域，确保西藏安宁，他决定不畏艰险，二征廓尔喀。乾隆帝凭着历次征战的经验，仔细分析战争形势，作出了4个方面的部署：

一是委任得力将帅，授一等嘉勇公、两广总督、协办大学士福康安为大将军，二等超勇公、领侍卫内大臣海兰察为参赞大臣；

二是挑选精锐将士，此时满洲八旗已是军威不振，绿营兵疲弱怯战，乾隆帝另辟新径，重用索伦和川西地区的屯练士兵即藏兵，调索伦达呼尔兵1000、金川等屯练士兵5000、察木多兵两千，并派御前行走护卫的巴图鲁、乾清门侍卫章京额勒登保、永德、珠尔杭阿等100员作为核心，分率14000名官兵征战；

三是筹办大量银米器械枪炮，仅五十六年九月至五十七年二月的半年里，就准备了600万两银子，供军需用费；

四是确定用兵的方针、目的、重要策略，直取其都城阳布，征服整个廓尔喀，战术是精兵深入。随着形势的变化，后来乾隆帝又修改目标，指示前方乘胜班师。

乾隆五十七年闰四月，福康安和海兰察遵照圣旨，率精兵6000人出征。五月初，清军进攻擦木，此地两山夹峙，中间有一个山梁，是唯一的通道。廓尔喀军据险拒守，拼死抵御，清军猛攻，歼灭守军200余人，打了第一个胜仗。

接着，两兵交战于噶尔辖尔甲山梁，清军斩杀敌兵300余人。再往前，成德与穆克登阿攻克聂拉木，海兰察率兵歼敌1000余人，攻克济咙。五月中旬，清军已尽复失地，敌军退回本境。

济咙西南是崇山峻岭，道路险恶，高山夹峙，山路崎岖，较金川更为险阻。距济咙80里有热索桥，渡桥之后就是廓尔喀界。廓尔喀军据险死守。

福康安、海兰察暗遣头等侍卫哲森保等领兵翻越两座大山，绕至热索桥上游，斫木编筏潜渡，疾驰猛攻守军。福康安乘机统兵搭桥，两路夹攻，廓尔喀军败走。

五月十七日，清军渡桥，进密里顶大山，沿途陡崖高耸，乱石丛接，小路斜窄，甚至停不住脚，大帅、将领、士卒皆露宿崖下，受尽了劳苦。

五月二十二日，双方激战于协布鲁克玛，清军焚敌垒5座，斩300余人，破木城石卡，敌军败走。清军将士艰苦行进，奋勇冲杀，先后攻克东觉岭、雅尔赛拉等木城，杀敌4000，深入廓尔喀境内700余里。

七月初，清军进攻甲拉古拉、集木集，离都城阳布仅数十里。双方恶战，福康安因屡胜而"骄满"，疏于指挥，遭到敌军伏击，势甚危急。幸好海兰察隔河接应，御前侍卫额勒登保扼桥力战，鏖战两日一夜，敌军才退。

这一战，清军攻下两座大山、4座大木城、11座石卡，斩敌将13员、敌兵600名，清军也死伤甚众，护军统领、御前侍卫台斐英阿，二等侍卫英贵等人阵亡。

廓尔喀王叔巴都尔萨野因为清兵猛勇，自己难以继续交战，便连遣使者乞降。同时，福康安也因为甲拉古拉一战损失重大，同意议和。

乾隆帝担心福康安重蹈当年将军明瑞深入敌国粮尽援绝、败死荒郊的覆辙，一再谕令福康安答应议和。于是，双方达成协议，清军撤回西藏。

乾隆五十八年正月，乾隆帝册封拉纳特巴都尔为廓尔喀国王，4年一贡，从此双方关系密切，友好往来。为了保证西藏的安定，乾隆帝改变了噶布伦专权、驻藏大臣虚有其名的制度，让驻藏大臣掌握藏区军政大权，加强中央对西藏的控制。

乾隆五十六年十二月二十六日，乾隆帝痛斥噶布伦专权横行，祸害藏地，剥夺其权。不久，他又下谕，将戴绷、第巴等官员的任用权收归朝廷。

乾隆五十七年八月二十六日，乾隆帝又下谕，建立金奔巴瓶制，规定达赖等大喇嘛的化身呼毕勒罕，由驻藏大臣会同达赖当众拈定，上奏朝廷。

乾隆五十八年，朝廷颁布了《钦定西藏善后章程》，共29条，明确规定了中央政府拥有管辖藏区政治、军事、经济、外交、外贸等各个方面的最高权力。

政治事务上，《钦定西藏善后章程》规定，驻藏大臣在处理藏内事务方面与达赖、班禅的地位平等，拥有监督管理和任免西藏各级官员等极其广泛的权力。

在宗教事务上，对以往达赖、班禅和各地活佛圆寂后，由巫师作法指定这一弊端百出的"呼毕勒罕制度"加以改革，改成在驻藏大臣的监视下，以金奔巴瓶掣签的办法，并还规定呼毕勒罕的"坐床"典礼，必须在驻藏大臣的主持下进行。

在军事上，为了加强西南地区的边防，《钦定西藏善后章程》规定建立西藏地方常备军，额数3000，分驻于各重要地区，由驻藏大臣统辖；在外交事务上，规定由驻藏大臣主持对外交涉，禁止噶隆以下的地方官员和外国私下联系。

所有这些举措，都进一步加强了清朝中央政府对西藏地区的管辖，同时也限制了地方割据势力的发展，有助于西南边防的巩固和西藏地区政局的安定。《钦定西藏善后章程》是西藏历史上重要的文献，标志着清朝对西藏进行全面有效的管辖。《圣武记》盛赞乾隆帝治藏之功说：

> 自唐以来，未有以郡县治卫藏如今日者……盖至金奔巴瓶之颁，而大圣人神道设教变通宜民者，如山如海，高深莫测矣。

至此，乾隆帝完成了守疆护土的十大战功。经过乾隆帝对边疆地区的经营，到18世纪后半叶，中国形成了历史上空前统一的局面。乾隆时的中国疆域，东起大海，西达葱岭，南极曾母暗沙，北跨外兴安岭，西北到巴尔喀什湖，东北到库页岛。

为了维护国家的统一，乾隆帝坚持"修其教而不易其俗，齐其政而不易其宜"的原则，对少数民族的宗教信仰和生活方式表示尊重，对其上层贵族则授以爵位并与之联姻，多方笼络。

这些政策收到了极大的成功，乾隆帝在位60余年，各少数民族地区基本上保持了长期安定的局面，有利于全国各地包括边疆地区在内的经济文化的发展，并推动清朝迅速走向全盛。

乾隆帝在父辈的基础上，经过励精图治的改革，完成了对外的十大战争，实现了对内的皇权独尊，使大清国内定外服，呈现出国泰民安的盛世气象。

勤于政务关心民生

雍正十三年八月二十三日,雍正皇帝去世,刚满24岁的弘历即位。这时候的大清朝,也算得上是政治清明,八方无警,国泰民安。就如乾隆帝自己所谓的"国家继续百年,接连几代太平安乐至于今日,可谓承平无事"。乾隆帝的地位,似乎已有磐石之固。

按说,面对如此太平盛世,一个年仅24岁的年轻皇帝极有可能沉醉于安逸享乐之中,骄纵奢侈,坐吃山空,就像历史上秦二世在秦始皇统一中国之后,坐享其成,穷奢极欲,引起社会风气的败坏,使人民萌发反抗情绪,最终导致灭亡的结局。还有隋炀帝以及农民起义的领导者李自成等无不是这样自取灭亡的。

所以,尽管清王朝正是蒸蒸日上之时,但是乾隆帝恰恰与历史上荒淫误国的例子相反,他仍然不懈怠,勤于政务,监督臣子们的工作,从而确保他这一朝继续保持兴盛的局面,也为后世皇帝奠定良好的基础。乾隆帝基本上都坚持天天临朝,批阅奏折,关心民生疾苦。

努力使自己成为勤政爱民、洁身自守的开明君王。弘历登基第二十二天就给庄亲王允禄、果亲王允礼、大学士鄂尔泰与张廷玉等大臣下谕,讲道:

> 从来帝王抚育华夏的方法,只在教养两端。天生民而立之君,原本就是让君主以代天地管理百姓,广其怀保,人君一身,实在是亿兆黎民所安身立命的依托啊。

在《策士天下贡生》这本书中,乾隆帝又强调说:

> 君主与百姓的关系,就好比船和水的关系。船没有能离开

水而自由游动的,君主也没有能离开百姓而实现大治的。

乾隆帝认为"民为邦本",本固才能邦宁。治国之道,"莫先于爱民";而爱民之道,"以减赋蠲租为首务"。乾隆帝在即位之初大赦天下的恩诏中,就宣布免除雍正十二年以前的欠赋,仅江苏、安徽就免了赋银1010余万两。此后的63年里,他以"灾蠲""恩蠲""事蠲""逋蠲"等名义免除的赋银超过一亿两以上。

乾隆帝于乾隆十年、三十五年、四十三年、五十五年、六十年曾5次下谕全免天下一年国赋。乾隆十年正月初六日,乾隆帝下达的第一道上谕中讲道:

> 要想海宇平安,民气和乐,持盈保泰,莫先于安民。况天下之财,止有此数,不聚于上,即散于下。皇祖屡蠲租赋,又特颁恩旨,将天下钱粮普免一次。朕欲使黎民均沾恩泽,特将丙寅年,即乾隆十一年钱粮,通行蠲免。

普蠲天下钱粮的恩诏下达之时,四方百姓欢歌起舞,这是对乾隆帝大蠲租赋的最好赞扬,可见此举深得人心,对促进农业生产、繁荣社会经济起了不容忽视的积极作用。

乾隆时期,由于人口增长和大量田地改为播种经济作物,国内出现较大范围的余粮区和缺粮区,因此,粮食调剂的商品化就迫在眉睫。乾隆帝施行了"商业贸易,重在为民"的方针,打破历朝皇帝贱视商人的陈旧思想,这与他"从来为治之道,莫先于爱民"的思想密切相关。

早在乾隆二年,乾隆帝就规定:只要是运往灾区的粮食,一律给予全免课税放行的待遇。到了乾隆七年四月,这一政策又进行了推广,将灾区的特免改为全国的普免。

有了这样的免税政策,就加快了粮食的流通速度。在粮食歉收的地区,乾隆帝允许地方官借钱给商人,以实际行动支持商人到外地采买粮食运回本地,并不收取利息。

乾隆三年,浙江歉收,巡抚卢焯就曾让商人出示保证,借给银两,让其到外地采买粮食,还银时不收利息。在乾隆朝,一些有余粮的省份,地方官员推行地方保护主义,干预市场不让本省余粮向外流通,妨碍了粮食贸易的进行。

乾隆帝对地方官的这种做法极为反感,为此,他对四川、奉天等只考虑本地利益的官员给予了严厉批评。乾隆四十三年,长江中下游受灾。第二年,米商欲从四川贩米沿江下运,四川总督文绶担心本省粮价上升,于是禁止粮米出境。乾隆帝知道此事后,立即下谕训斥道:

> 江南下游各省的粮食,一向都是仰仗四川供给,现在长江中下游各省受灾,粮食歉收,再不从四川这里得到粮食,又将从何处得到粮食呢?不管是谁,都不得寻找借口囤积粮食,更不得擅自发布命令限制粮食的流通,否则我是不会顾及他的地位的。

接着给文绶下命令说:

> 将水次仓谷碾米直接运往江南,而湖北等省商贩,不得阻碍粮食从四川的输出,如果违抗指令,定斩不赦!

地方保护主义自古都是存在的。在乾隆中期,各余粮地区纷纷实行禁运,刮起了粮食保护之风。对此,乾隆在三十七年时规定出了具体的制约办法:凡是邻省歉收需要从别的地方输入粮食的,本地官员禁止米粮出境的,该地区的督抚应该据实参奏,将州县官降一级留升;主管官吏不及时报告的,要罚掉一年俸禄;上级督抚不实事求是上奏的,罚掉6个月的俸禄。

此项办法从实际利益人手进行奖赏,行之有效地遏止了坏风气的风行,使乾隆朝的粮食贩运贸易十分活跃,国内逐渐形成了大规模的粮食市场。

市场形成后,粮米多从四川和两广经由长江东下,运往江苏和浙江,并借海路运往福建;东北的豆麦则由海路运往北京、直隶、山东;湖南、河南的米粮经由陆路或汉水运到陕西;广西的粮食运至广东;台湾的粮米渡海运往福建,如此等等。这些粮食的长距离运输,已逐渐形成了粮食流通的固定渠道。

除了形成国内粮食流通市场外,乾隆帝还鼓励国外粮食进口,并禁止出口。以乾隆朝开始,就有暹罗、安南商人贩米到福建、广东等省来卖。乾隆帝对外商贩米进口的政策作了极优惠的规定,特意下谕说:

> 我时刻想着百姓生活的艰苦,一直认为米粮是百姓赖以生

存的根本。因此各个关口一概免除粮食出入的关税,其余货物,照例征收。

至于外洋商人,有航海运米到内地的,应该更加给予恩惠,这才能体现我对远方来的客人的热情……自乾隆八年开始,以后凡是遇到外洋货船来闽粤等省贸易,带来一万石粮食以上的,可以免除其船货税银的十分之五;带米5000石以上的,免除其船货税银的十分之三。

他们带来的米可以按照市场价格公平售卖。如果民间的米有剩余,不需要进入市场买卖的,可要求地方官代为收买,以补充常社等粮仓,或者分配给沿海各个标营兵粮日常之用。外洋商人必须得到各种销售米的优惠条件,使他们不至于陷入卖米难的困境。

乾隆帝不仅对外商进口粮食的关税实行优惠政策,而且还规定:假如外商米粮在国内滞销,本地官府要照价收购。外国的粮米既然千辛万苦地运来了,就不能让人家再运回去,官府采取保护政策,这就使外商更放心地把米粮运到中国来,在一定程度上补给了国内的粮食之缺。

沿海地区活跃粮食市场的另一个因素是:国内出洋做生意的商人在回国时也常带回粮食在国内交易。由于东南亚等国米多价贱,很多国内出洋商人常携带资本,在暹罗等地购买木料,打造船只,再运米回国,这样不但可以在米上得利,还可以从船只、木料上获益。

乾隆十六年,针对中国商人进口粮米,乾隆帝出台了奖励政策,规定:"数量在2000石以内的,按照惯例由督抚分别奖励;如果运输达到2000石以上的,按照数量区别生监、民人,上奏恳请赏赐给他们职衔顶戴。"

这项政策大大鼓励了商人进口洋米的积极性,使洋米源源不断地流入国内,以应内需。在扩大进口的同时,乾隆帝强调禁止出口粮食,并命地方官在各出口要塞实施巡视措施。

由于对粮食疏通问题极为重视,采用多种灵活变通的政策和手段来促进粮食贸易,人口与粮食的矛盾确实在乾隆朝有了很大的缓解。乾隆帝实在是想了不少办法并颇有建树。

乾隆帝一生屡次下谕,宣讲重家劝桑的重要性,还采取多种具体措施改善农业生产条件,改进农业生产技术,刺激农民的积极性,体现了一代封建君主的深谋远虑和爱民之情。

六度视察水利工程

乾隆帝在位六十年，曾6次南下巡视。他在《御制南巡记》中说："予临御五十年，凡举二大事，一曰西师，二曰南巡。"乾隆帝把南巡作为他生平最重要事功之一。

> 六度南巡止，他年梦寐游。

这是乾隆帝第六次南巡写下的诗句，他经常回味下江南时的情景，充满了无限眷恋。乾隆帝在《南巡记》中说："南巡之事，莫大于河工。"

因此，每次南巡他都要亲自巡视河工。6次南巡，他5次视察黄河水利工程，4次视察浙江海塘工程。乾隆十六年正月，乾隆帝从北京动身，第一次下江南。

当天，乾隆帝发布命令允许沿途百姓瞻仰。除"确实属于险峻危险"地段外，其余地方一律不准阻拦百姓来观看自己的尊容。不久，乾隆帝又宣布对南巡所经地方承办差务官员的奖赏："凡有罚俸降级事情的都不再按照原来的结果办理，如果这个地方没有相关事情的，地方官吏可以加官一级。"

进入山东后，乾隆帝陆续颁布减征赋税和赈灾谕旨：宣布蠲除经过山东州县本年额赋十分之三；宣布山东省因灾借出谷食，从乾隆十五年起分5年带征，但邹县、平阴等县重灾，带征欠谷975000余石概行蠲免；宣布山东受灾的兰山等七州县追加赈济灾民一个月。

这些积极主动的措施，使得乾隆帝此次下江南一开局便收到意想不到的效果，沿途百姓纷纷宣扬乾隆帝是前所未有的圣明君主，民心日益向他靠拢。

在南巡途中,乾隆帝还宣布对江苏、安徽、浙江三省采取优待性文化教育政策。在进入江苏后,乾隆帝随即派遣大臣分别祭祀已故治河功臣靳辅、齐苏勒和嵇曾筠等祠堂。

乾隆帝非常关心与百姓生命息息相关的水利工程,在南巡回来的路上,他亲自前去祭祀清河神威显王庙,并视察了高家堰水利工程,还发布命令说:"经过淮安,见城北一带,内外都是水,虽然有土堤作为河防,而人烟密集的地区,一旦河水暴涨,这些土堤哪里能够阻挡得住洪水的冲刷,我感觉非常严峻。现在非常需要把这些土堤改造成石头堤防,用来确保万无一失。"

乾隆帝还指示总河高斌等会同总督黄廷桂确勘详估,及时建筑。这次督察与部署,体现了乾隆帝对黄淮地区水利工程的关心。在江苏期间,乾隆帝还多次降旨赈济该省灾民,减免赋税。并宣布对乾隆十五年受灾极重的宿州等9县和稍重的凤阳等9县,分别追加赈济灾民一个月,并豁免宿迁、桃源、清河所借籽种银两。乾隆帝的谕旨指出:

> 穷苦百姓嗷嗷待哺,省布政使永宁应该速往办理,上述各州县正印官马上回到自己的岗位上去,全力以赴发放赈灾粮食。清河、宿迁、大河卫等八州县一卫,原决定当年应带征上年因受灾欠交的漕米、麦豆等,都分作三年带征,又豁免扬州府兴化县积欠的荒废田钱粮。

这一系列主动的赈济措施,让老百姓得到了实实在在的实惠,百姓拥护乾隆帝统治的呼声也日益高涨,这都是乾隆帝实施主动施恩政策所产生的积极效果。正是乾隆帝这些主动措施的颁布,使得他在南巡江苏期间,两淮盐商积极踊跃地捐钱捐物。

乾隆帝也不失时机地对他们予以嘉奖,各按商人本身职衔,加顶戴一顶,又特准"两淮纲盐食盐于定额外,每引赏加十斤力,不在原定成本之内,俾得永远受实惠"。

不久乾隆帝到达苏州,为表示对长洲人原致仕礼部侍郎沈德潜的优遇,赐他在原籍食俸。在苏州的日子里,他派员给三吴各处先贤祠送去亲书匾额,给周泰伯祠匾"三让高踪",给子游祠匾为"道启东南",给范仲淹祠匾为"学醇业广",给韩世忠祠匾为"中兴伟略",给越王钱祠匾为"忠顺贻庥",给陆贽祠匾为"内相经纶",给岳飞祠匾为"伟烈纯忠",给于谦祠匾为"丹心抗节",给苏州紫阳书院也赐匾"白鹿遗规"。

这是为了笼络江浙文人的重大举措,这些先贤的后人纷纷表示了对乾隆帝的拥戴,有些人还提出了愿意为朝廷效力的想法。离开苏州后,乾隆帝来到了浙江嘉兴府阅兵,赐随行的王公大臣和浙江大小官员食品,他还颁谕说:

> 我南巡江浙,绅士大都以文字献颂,于道路边连绵不断。命令大学士傅恒、梁诗正等,会同江苏、安徽、浙江总督、学政详细讨论对三省进献诗赋士子的考试选取办法。讨论后就议定,由三省学政各自预选。江苏、安徽预选中者赴江宁,浙江预选中者赴杭州。等我驾临江宁、杭州时,分别命题考选。

这是对江南士大夫的优待,使他们获得一次做官的机遇。这也是乾隆帝变被动压制为主动对话,通过给予这些士大夫做官的希望,将他们都笼络到自己的统治范围内,这是积极地利用权力的手段。

乾隆帝南巡到达杭州后,在籍翰林院侍讲刘振球从粤东风尘仆仆地来到浙江迎驾,乾隆帝赐以御笔诗章及题匾"词垣耆瑞"。同时,乾隆帝赐江宁钟山书院、苏州紫阳书院、杭州敷文书院武英殿刊本"十三经""廿二史"各一部。乾隆帝还派遣官吏祭祀钱塘江神庙、南镇之神以及明臣王守仁祠,赐王守仁祠匾"名世真才"。

乾隆帝逗留杭州期间,批准了总理行营大臣大学士傅恒的奏折,将强入杭州普通百姓家酗酒闹事的粘竿拜唐阿德克新正法,粘竿大臣等严加议处。

在这里,乾隆帝再次颁发命令说:"浙江省进献诗赋士子考中的有谢庸、陈鸿宝、王又曾,以此加恩特赐举人,授予内阁中书学习行走的官职,并且与考取候补人员一起等候朝廷委以任用,同时仍然批准他们参加会试。"

不久,乾隆帝一行返回苏州,他这次来到了范仲淹祠,并赐园名"高义",赐范氏后裔范宏兴等各绸缎一匹、貂皮二张;派遣官吏祭祀晋臣卞壶祠,赐匾"典午孤忠";祭祀宋臣曹彬庙,赐匾"仁者有勇";祭祀明臣徐达墓,赐匾"元勋伟略";祭祀常遇春墓,赐匾"勇动风云";祭祀方孝儒墓,赐匾"浩气同扶";祭祀已故清两江总督于成龙和傅腊塔祠。

乾隆帝这些举措是做给江南的明朝旧臣看的,因为这些地方原来反抗清朝最为激烈，反清的各种思想也最为活跃，清朝占领这些地区后，对于这些地区的反抗力量的镇压也是最为残酷的，同时还时常兴起文字狱。

乾隆帝这样大规模地祭祀这些人的主要目的，就是告诉江南的士大夫们，我们满人建立的清朝实际上跟以往汉人建立的朝廷没有什么两样，都是为大家服务的朝廷，因此大家不要总是以敌视的目光对待朝廷。乾隆帝的各种祭祀活动把以往被动的防范变为主动让步，这是缓和矛盾的明智之举，为清朝政权的稳定和走向繁荣奠定了基础。

乾隆帝在南京摆出一副胜利者大仁大义的姿态。他甚至在祭祀明太祖陵墓时，行三跪九叩的礼节，要求地方重点保护这些陵寝，诸多行动对于笼络江南汉族士大夫不无意义。

乾隆帝还宣布，江苏省进献诗赋士子中，选取钱大昕、褚寅亮、吴志鸿等人，要求按照浙江省的旧例补用。乾隆帝南巡返回途中再次来到黄河岸边，祭祀河神，并筹定洪泽湖五坝水志，水志基本内容有：

首先，建立石碑规定永远禁止开放天然坝。乾隆帝说："洪泽湖汇聚了清河、淮河、汝河、颍河的河流的水，使得湖水水量过大，能够起保障作用的只有高堰这一个河堤。天然坝是洪泽湖的尾坝，夏秋季节涨水时，就打开这个坝用以泄洪，然而下游许多州县都受到这个泄洪坝的灾害。冬天清水势弱，不能冲刷黄河的淤泥，往往造成浊流倒灌。居住在下游的居民，十分惧怕开坝，然而治河的大臣们却把这种方法当作防范的制胜宝典。我此次南巡亲自来到了高堰，围绕着这个堤坝走了走，一直走到了蒋家闸，四处看了看形势，才知道天然坝绝对不可以打开。"

乾隆帝接着解释这样做的意义："设立堤防本来是为了保卫人民的，但是堤防设立后百姓仍然受到灾害，设立这样的堤防又有什么用呢？如果上游开闸放水以求自保，而全然不顾下游州县百姓田庐淹没，这难道是国家建立石堤、保护生灵的本意吗？作为治理河道的大臣不应该存在这样的私心。天然坝应该建立石碑永远禁止开放，以杜绝那些自私自利的行为。"

其次，确立仁、义、礼、智、信5坝开放原则。乾隆帝认为："仁、义、礼、智、信这5坝是按照地势高低建造的，必须等到仁、义、礼3座坝已经过水高3尺5寸还不足以减缓湖水的上涨时，才能挖开智坝的土堤；如果还不能减缓湖水的上涨再挖开信坝，这根本不同于以往湖水一上涨就开天然坝的方法，对于下游百姓也没有什么危害。"

再次，决定把信坝北雁翅以北的土堤一律改建为石堤。乾隆帝分析指出:"从高堰石堤至南滚南坝以南,过去都是用的土工石堤,有首无尾,没有形成整体,应该重新建信坝北雁翅以北,一律改建为石土。南雁翅以南至蒋家闸,水势益平,则使用石基专瓦,这样才能做到首尾完整,坚固如同金汤,永远造福淮扬地区。"

最后,强调河工应以"实著功效"为己责。乾隆帝强调说:"我认为河臣管理治理的河漕,是几千里沿岸老百姓生命的维系,各省督抚应该任劳任怨、勤勤恳恳地管好河道。总之,河不可不治,而无循其虚名;工不可不兴,而必归于实用。这是至关重要的。"

以上4点,是乾隆帝视察河淮水利工程之后提出来。这比起以往身居深宫凭奏牍指示治河方略,当然要更切合于实际。

回到北京后不久,乾隆帝就下旨说:"我今年春天南巡时,经过清江浦一带,觉得这个地方雨水太多,然而此时天气还有点寒冷,恐怕对于麦秋有妨碍,故而我时常挂念这件事情。回到北京之后,这些地方的督抚等虽然已经多次请安了,但是始终没有将地方情况奏报。命令两江总督黄廷桂等,将该处雨水情形、麦秋如何、民情是否拮据,据实快速报告给我。"

可见,乾隆帝回京后,仍挂念着江南的国计民生。继首次下江南后,乾隆帝又有5次下江南。乾隆二十二年一月十一日,乾隆帝从北京出发,第二次下江南,于四月二十六日返回;乾隆二十七年一月十二日,乾隆帝从北京出发,第三次下江南,于五月四日返回;乾隆三十年一月十六日,乾隆帝从北京出发,第四次下江南,于四月二十一日返回。

在第四次南巡时,乾隆帝出发之前就宣布,将江苏、安徽两省自乾隆二十五年至二十八年因受灾未缴纳地丁、河驿、漕粮、借筑堤堰等银共143万余两、籽种口粮113000余石,全部豁免。浙江一省相对赋税较轻,但也被乾隆帝豁免积欠地丁银13万余两、借谷13700余石。

第四次南巡,在起程之后,乾隆帝又宣布:对直隶和山东当年应该征收的地丁钱粮蠲免十分之三。两省办差的官员原来受罚或降级处分的人都准予免除惩罚,无处分的人官加一级。同时还赏给两省各两万两白银,作为新建行宫之用。

乾隆六次南巡,盐商们都捐助了大批银两供各地办差使用。早在乾隆十六年第一次南巡时,乾隆帝就表扬两淮商人慷慨捐助的善举,他一方面假惺惺地推辞这些捐款,另一方面又担心商人们的诚意,于是便悉数收取这些捐款。

当然,乾隆帝并不是白吃白喝商人们捐资的,为了不使盐商因巨额捐资而入不敷出，乾隆帝利用多种办法给盐商以政治和经济上的补偿。政治上的补偿主要是提高盐商的政治地位，乾隆帝宣布对两淮盐商"本身原有职衔，如果已经达到三品官衔的，都赏赐他们奉宸院卿衔；那些还没有达到三品官衔的，都各加顶戴一级"。

赏赐给商人的这些职衔虽然都是一些空衔，但是对于封建社会属于下流之辈的商人来说，则使他们成为官僚中人，不再因自己的身份低微而受人轻视。经济上的补偿则是让盐商们多卖盐而少交税，并且对以往因各种差务集资而欠下的大量盐税，给予一次性的豁免。在乾隆四十五年，乾隆帝曾下令免除两淮商人应还川饷内未缴银两120万两、缓征银27万两。

到了乾隆四十七年，免除淮南商人未缴纳的白银200万两；乾隆四十九年，又免除两淮未缴纳的堤引余利银1631万余两，这些豁免使得淮扬商人的实力越来越壮大。这样大宗的免税，更激发了商人们经商的积极性和办差的积极性，使他们浑身是劲，为江南经济的建设与繁荣作出巨大贡献。

乾隆帝南巡中对江南商人所采取的种种优惠政策，客观上刺激了江南地区商品经济的日趋繁荣，带动了城市建设，同时也吸引了全国各地的商人前来投资。以扬州为例，乾隆帝南巡前还不太发达，自从南巡后，两淮商人为迎驾前来巡幸，曾先后集资修了天宁寺、锦春园、高桥、莲花桥、虹桥、宝塔寺等宫殿楼宇5100多间，各种亭台近200座，使扬州发生了个天翻地覆的变化。城内更是商贾云集，百货齐备，连山西、安徽等地的商人也纷纷到这里做生意。

乾隆四十五年一月十二日，乾隆帝从北京出发，开始第五次南巡。五月九日返回。这一年，乾隆帝已是70岁的老翁了。乾隆四十九年一月二十九日，乾隆帝从北京出发，第六次下江南。四月二十三日返回。这一次南巡江浙两省之后，乾隆年已74岁。

从客观上来讲，乾隆帝六下江南，了解风土民情、兴修海塘堤坝、蠲免赋税、革弊兴利、笼络江南士子和臣民，有一定的意义。但是，这6次南巡，排场一次比一次大，耗费一次比一次多，甚至造成国库的枯竭，给百姓带来深重的灾难。

到了晚年，乾隆帝对自己的南巡之事作了总结性的记述：

> 我统治天下六十年，并没有什么失德之处，只有六次南巡，劳民伤财。

追彰明朝忠臣义士

乾隆帝为维护清廷的长远利益，以笼络汉族的臣僚士子为清廷效力，对明朝那些节义之士采用了"翻案表彰，没有陈见"的举措。清初，很多明朝遗将为了反清复明，前赴后继地同清军拼杀奋战，不少人宁可战死，甚至举家殉难也不肯接受清朝的统治，清政府对这些明朝忠臣义士嗤之以鼻，极端仇视。

然而到了康熙朝，情况已经发生变化，康熙帝让人保护明陵、招募前朝学者；雍正便也跟着效法；到了乾隆朝，则公开宣扬清朝是继明朝发展延续的正统王朝，是合理合法的，所以他就又从维护正统出发，对明清之际为保卫明朝而殉国的人恢复名誉，赐予谥号。

乾隆帝为维护正统纲常，追封明将，鼓励臣子守节。清太祖努尔哈赤曾以"七大恨"誓师击明，在攻占辽沈地区的战役和历史上著名的萨尔浒战役中，明将杜松、刘铤、马林、贺世贤等人曾奋勇迎战而阵亡沙场。

乾隆帝打算以此处作为切入口，称刘铤、杜松等人是明朝的良将，说他们在清朝进攻明朝的时候，敢于逆天抗颜；且两军对垒，各为其主，因而这些明将可称得上是为国殉命的忠臣。

清军入关以前，在明朝保卫辽东辽西防线的战斗中，著名的抗清将领熊廷弼和袁崇焕英勇作战，熊、袁二人皆为明朝杰出军事将领，取得了一定的胜利，对明朝忠贞不渝。但明朝皇帝昏庸无道，竟相继把二将处死。

乾隆帝每次说起两位名将，都表示痛惜不已，当他读到100多年前熊廷弼在狱中所上的奏疏时，也为之动情并热泪盈眶。清军入关以后，抗清志士史可法孤身守扬州，清军攻破扬州，史可法被俘时，拒不投降，说："城存与存，城亡与亡，我头可断，而志不可屈。"

乾隆帝对史可法的忠勇刚毅也赞颂备至。有一年秋天，乾隆帝阅宗室王公功绩表传，看到史可法给睿亲王多尔衮的信，读后非常感叹佩服，并为史可法追加"忠正"的谥号，写下《题史可法像》诗，高度赞扬了史可法的精神。不过，乾隆帝在此赞颂的当然不是史可法的抗清立场，他提倡的是一种人格精神，一种臣子的忠诚品格，他要君臣学习史可法的忠君节操，无疑对汉族知识分子是一种怀柔与笼络。

明末，浙江绍兴刘宗周曾上疏弹劾魏忠贤倚势横行，明皇不听，他又力主抗清。清军攻下南京和杭州等地后，他说："北都之变可以死，可以不死，以身在田者，尚有望于中央也。南都之变，主上自弃其社稷，尚且可以死，可以不死。以俟继起有人也。今吾又陷矣，老臣不死，尚何待也？若曰身不在位，不当与城为存亡，犹不当与士为存亡乎？"

刘宗周决心以身殉国，最后绝食而死。福建人黄道周刚直不阿，组织明人抗清，结果也战败被俘，在押往南京经过东华门时，黄道周坐在地上说："这里离朱元璋的陵寝很近，可以死了。"坦然就死。

刘宗周、黄道周的节操同样感动了乾隆帝，他对黄道周和刘宗周的忠君守节非常赞赏，他又评价史可法及刘、黄二人说：

> 史可法单独一人支撑残局，奋力保护明朝遗孤，最终以死报国。其他人，像刘宗周、黄道周等也是在危难的时候接受任命，最后，求仁得仁，堪称一代完人。

乾隆帝给予这些明朝忠义之臣如此高的评价，受表彰的明臣后裔感恩不尽，无不夸乾隆帝之明大理、知节义，因而甘当清朝顺民，为国效力。

乾隆帝提出应该褒奖的明朝官员还有：守城战死与被俘处死之人，不甘国破家在自杀之人，抛弃妻子为明朝复国流离颠沛之人，至死不肯为清朝做官之人。

乾隆帝认为，牺牲战场者算是"舍生取义"，能保持臣节者可称"疾风劲草"，乾隆帝表示要抛弃前嫌，遵照封建正统观念予以表彰。他说："凡明朝尽节诸臣，即能为国尽忠，将一视同仁。"

于是命令大学士、九卿等官根据《明史》《通鉴辑览》等书所载史实，查核人数，考其事迹，按照原官给予谥号。乾隆帝这样做的目的之一在于为现世的朝臣树立一种典范，令其忠诚本朝。乾隆帝还让九卿等列出褒奖条例，主要规定有：

1. 据明殉难官员职位高低、事迹影响大小，分为专谥和通谥两种。通谥分"忠烈""忠节""节愍"等四种。

2. 明朝天启、崇祯两朝已给谥号者从其旧，不再另给。

3. 诸明臣得谥号后，应于原籍设牌位入祀忠义祠，由翰林院撰写谥文一篇，发给各省悬挂忠义祠内，允许明臣后人立碑。

4. 在明原为阉党奸臣，陷害忠良之人，虽死于国事，概屏而不寻。

5. 应给谥之人事绩以《明史》《通鉴辑览》两书为主要依据，兼顾《清一统志》和各省通志所载，其他野史家乘碑文行状一律不予承认，保证宁缺毋滥。

为彻底瓦解反清复明思想的滋生土壤，博取明朝敌对势力后代的好感，笼络士人，乾隆帝还录用熊廷弼、袁崇焕的后代做官。据史载，乾隆帝赠予谥号的殉难明臣达3000余人，而这些明臣的后代、族人要有几十万人之多。乾隆帝这样做的政治影响确实很大，这使人们在思想上对清朝的统治有所支持和拥戴，对维护清朝统治有着突出的现实意义和深远的历史意义。

乾隆帝对明臣采取公允的历史态度，他知人论世，考虑当时的历史背景，认为臣子各为其主，本无可罪。因此在编《四库全书》时，他采取"人各抒忠斯可录，言虽触讳忍从捐"的态度，指示应该把刘宗周的疏稿、黄道周的博物典汇收进去，只对应避讳的文字略作删改。

乾隆帝在这里重视的是明臣的人品。他这样做的目的是"使天下后世知余大公至正之心，维持名教而不苟小节，重其人及其书。且为千古之君者臣重戒示劝，不徒昧其文艺而已"。

此外，乾隆帝还命令编辑《明臣奏议》，他说："明朝间的志士仁人敢言抗诤之事与汉唐宋元各朝相比，并不逊色多少。"

乾隆帝任命皇子和尚书房总师傅蔡新为总裁官，皇孙、皇曾孙及他们的师傅与翰林官任纂修校录，让他的儿孙们通过编书，汲取明朝灭亡的经验教训，以保大清帝国万年江山不倒。

乾隆帝追彰明朝忠臣义士，鼓励了满朝文武像这些守节忠君的明臣那样为国家兴亡不惜自家性命，并让明朝后人感受他的通情达理，进而达到统一思想、维护统治纲常的目的。

对和孝公主的喜爱

自从孝贤皇后离开乾隆皇帝以后，皇帝的心也是空空荡荡的，无依无靠的，他能够稳得住，成为他精神支柱的，首先是肩负着父、祖两代的重托，必欲把大清帝国治理好的强烈的事业心。

除此之外，大概就只有生母崇庆皇太后，可以像朋友那样作推心置腹交谈的大臣傅恒与和珅，以及65岁时得的爱女和孝公主了。

乾隆皇帝一生共有27个子女，在这众多的皇子、皇女之中，真正能成为他感情寄托的，似乎只有皇十女、固伦和孝公主一人。皇帝对她的爱，不仅超过其他公主，而且也是所有皇子不可比拟的。

十公主的生母惇妃初入宫时赐号"永贵人"，乾隆三十六年册封为"惇嫔"，那一年26岁，而乾隆帝已是年逾六旬一老翁了。惇妃是满洲正白旗人，但她的家族原隶内务府，又以汪氏为姓，据此推测，她至少有汉族血统。

汪氏的父亲四格，官都统，位居极品，而她在乾隆三十六年被封为惇嫔、3年后晋封惇妃时，册文中竟连"秀毓名门""大家淑质"之类的门面话都没有，可见她的家族并没有被公认为八旗世家。

就惇妃本人而言，终其一生，等级也不过妃子而已。十公主生母为出身不算高贵的妃子，而竟被封为等级最高的"固伦公主"，显然与清朝册封公主的定制不尽符合。

中国古代从战国时起，诸侯、帝王的女儿通称"公主"。满洲肇兴东土，文明晚进，加以四处征战，当时还无暇在名号上搞些繁文缛节的规定。太祖努尔哈赤的女儿们照满洲习俗，一律称为"格格"。

乾隆帝的高祖正式改国号为"大清"，登上了"宽温仁圣皇帝"宝座时，才着手制定了一整套宫闱之制，规定凡中宫皇后所出之女封"固伦公主"，品级相当于亲王；妃、嫔所出之女，则封为"和硕公主"，品级相当于郡王。

公主下嫁，其夫婿也不称"驸马"，而按满洲的习俗称"额驸"；尚固伦公主的，名"固伦额驸"，尚和硕公主的，名"和硕额驸"。"固伦"也是满洲语，意为"国家"，固伦公主意为"国公主"。太宗以下，循祖制而行，只有皇后所生的女儿才能冠以固伦公主美号。

然而，也有特例。康熙皇帝的十公主下嫁喀尔喀蒙古赛音诺颜部的策棱，由于十公主的生母纳喇氏只有"嫔"的名号，所以封为"和硕公主"，策棱则随公主封"和硕额驸"。后来策棱屡立奇功，进封和硕亲王。

和硕额驸的名号与策棱的尊贵地位显然又不相称，于是在雍正十年进"固伦额驸"，其时和硕公主已经死去，特旨追赠"固伦纯悫公主"。这是和硕公主逝后，由于公主所尚额驸身份提高，反过来追赠为固伦公主的特例。

也有因为皇帝钟爱某一位公主，将其品级提高的。康熙皇帝的皇三女是荣妃马佳氏所出，初封时恪遵定制，封为和硕荣宪公主，但当康熙皇帝56岁身患重病时，这位和硕公主"视膳问安，晨昏不辍四十余辰"。皇帝被她的纯孝深深感动，病愈后特旨进封"固伦荣宪公主"。

乾隆皇帝的十公主下嫁时被封为"固伦和孝公主"，就是援皇祖封固伦荣宪公主之例，虽有违定制，却也无可厚非。

十公主出生于乾隆四十年正月，这一年皇帝已65岁高龄，其他皇女或死或嫁，竟无一人承欢膝下。

包括固伦和孝公主在内，皇帝一共生了10个女儿，皇长女、皇二女、皇五女、皇六女、皇八女不幸早殇，也谈不到封什么公主名号。皇三女固伦和敬公主是孝贤皇后所出，皇后崩逝的前一年，已下嫁科尔沁蒙古王公色布腾巴尔珠尔。

这个蒙古小伙子十分憨厚，9岁那年皇帝即命养育宫中，随皇子们一起读书，等长成后，皇帝更把他当半个儿子看待。皇帝时时怜念和敬公主是孝贤皇后留下的唯一骨血，因此对额驸色布腾巴尔珠尔也别有一番深情。

乾隆十九年，皇帝从避暑山庄启銮，经科尔沁蒙古往谒祖陵时，曾以《科尔沁固伦和敬公主额驸达尔汉亲王色布腾巴尔珠尔侍宴》为题，写了一首纪景抒情的小诗：

世笃姻盟拟晋秦，宫中收养喜成人。

> 诗书大义能明要，妫汭丛祥遂降嫔。
> 此日真堪呼半子，当年欲笑议和亲。
> 同来侍宴承欢处，为忆前弦转鼻辛。

尽管乾隆帝蓄意提携色布腾巴尔珠尔，却无奈这位固伦额驸达尔汉亲王是个扶不起的主儿，而且寿数不长，乾隆四十年时死于金川之役，留下和敬公主在豪华宏伟的公主府内孀居枯守。

皇四女和硕和嘉公主生母是纯惠皇贵妃苏氏，15岁那年下嫁大学士傅恒次子、孝贤皇后亲侄福隆安。皇帝对福隆安寄以莫大的期望，而和嘉公主却没有夫贵妻荣的福分，乾隆三十二年去世时不过23岁。

皇七女和皇九女都是皇贵妃魏氏所生，但皇七女因为下嫁前面曾提到的因军功卓著晋封固伦额驸策棱的孙子拉旺多尔济，所以特旨封"固伦和静公主"。她去世时正赶上皇十女和孝公主出生，年纪也只有20岁。

皇九女和硕和恪公主下嫁乾隆朝有名的福将兆惠之子札兰泰，时为十公主出生前两年多一点的光景。这样屈指一算，乾隆皇帝女儿虽不算少，但到老闺女和孝公主降临人间时，却只剩下和敬公主、和恪公主两人还在世；和敬公主已是40多岁的妇人，和恪公主几年后也故去了。

正是在这种情况下，望七之年的老皇帝得了一个长得十分像自己的可爱的小公主，他怎能不心花怒放呢？

再者，自从十七阿哥永璘在乾隆三十一年五月降生后，10来年间没有龙种诞育，如今又有一个活泼泼的小姑娘在宫中呱呱坠地，因而上自望九之年的皇太后，下至宫女、太监等执事人役，无不有一种喜从天降的意外之感，那欢快热闹的喜庆气氛绝不亚于皇子的诞生。

小公主快4岁时，宫中发生一件给她幼小心灵以深刻刺激的大事。乾隆四十三年十一月，惇妃汪氏将她所居宫中的使唤女子毒殴立毙，皇帝震怒之下，想把她的惇妃位号废掉，小公主吓得不知如何是好。

本来太监、宫女犯错被责打，在宫中是家常便饭，皇帝跟前的小太监胡世杰、如意等也常有惹皇帝生气的时候，但都不过交敬事房太监打上几十板子了事。

当然，皇帝偶尔也有动真气的时候。乾隆十六年夏天，皇帝平伸双手准备让侍候的太监给穿上一袭葛衣时，突然觉得手被扎了一下。待放下衣裳细加检视，原来是一枚钢针忘在袖口上了。

皇上一气之下，除给了这两个倒霉的太监责打、枷号的惩罚外，还发往边远地方充军。而今这次事件却非同寻常，惇妃竟将使唤宫女活活打死，如此残虐人命之事，宫中确属罕见。

汪氏被册封惇妃时，册文都称颂她"毓质柔嘉，禔躬端淑""娴兰宫之礼教"云云。其实，她的柔嘉端淑、娴于礼教，只表现在皇太后和皇帝面前，而对使唤宫女、太监却极为凶暴。

诞育小公主后，"母以女贵"，年节赏赐，自然得到较之其他妃嫔更多的恩眷。这样一来，惇妃对下人脾气越发暴躁，责打起来也越发肆无忌惮。其他嫔妃见惇妃承恩正隆，谁也不肯出面劝解，终于酿成了将宫女立毙杖下的惨剧。

人命关天，且宫女又死于非命，皇帝的震怒可想而知。废黜惇妃，以警戒其他妃嫔，他不难下此决心，而一旦惇妃被打入冷宫，必将深深伤害自己视若掌上明珠的小公主。

皇帝不忍心把公主抱给其他妃嫔抚养，更不忍心看到小公主日夜陪伴着一个以泪洗面的亲生母亲。皇帝冷静下来，才发现自己难于废黜惇妃，正是由于对小公主在感情上的深深依恋。

爱屋及乌，皇帝最后决定把惇妃降为惇嫔，以示惩处，他为此召来皇子们和军机大臣宣谕说：

> 昨惇妃将伊宫内使唤女子责处致毙，事属骇见，尔等想应闻知。前此妃嫔内闻有气性不好，痛殴婢女，致令情急轻生者，虽为主位之人不宜过于狠虐，而死者究系窘迫自戕。然一经奏闻，无不量其情节惩治，从来未有妃嫔将使女毒殴立毙之事，今妃此案，若不从重办理，于情法未为平允。

但下面话锋一转，皇帝又谕：

> 第念其曾育公主，故量从末减耳。若就案情而论，即将伊位号摒黜，亦岂得为过当乎？

对惇妃的惩处，所以由"从重"改为"量从末减"，皇帝讲得非常坦率——"念其曾育公主"。皇帝宛转曲法之事极为罕见，从此，宫中外朝都明白了小公主在皇帝心目中的地位。

十公主的诞生，填补了自孝贤皇后去世后皇帝感情上的空虚。乾隆帝是一个精神世界十分丰富的人，是一个感情非常细腻的人。他需要有人怜爱他，同时也要把温情奉献给他所热爱的人。

自从十公主降生后，只要有她在身边欢闹嬉戏，皇帝就会把一切疲劳倦怠都抛到九霄云外；只要抱起十公主，皇帝苦恼烦躁的心绪就会立刻宁静下来。这种感受，孝贤皇后在世时皇帝体味过，但那是很久以前的事了，如今十公主又唤起了皇帝对那段温馨往事的回忆。

大概正是由于这一点，皇帝对十公主更加珍爱。随着十公主一天天长大，皇帝也在考虑，女儿再好，也不能在自己身边留一辈子，对孩提时的小公主，可以在年、节、生日时，尽可以多赏赐些汉玉娃娃戏狮、红白玛瑙仙鹤之类奇珍做她的玩物，而对她真正的爱，莫过于早早地为她安排好一生的前程。

皇帝明白，就十公主的未来而言，财富固然重要，尊崇的地位固然重要，但这些对她来说似乎无须操心过虑。皇帝以为，最重要的莫过于为她选择一个终身靠得住的如意郎君。

俗话说："皇帝女儿不愁嫁。"乾隆帝为十公主择婿可真应了这句话。满蒙联姻，是清帝世代相承的家法。远的不说，十公主的七姐固伦和静公主就下嫁喀尔喀蒙古赛音诺颜部的拉旺多尔济，但皇帝不愿十公主远嫁塞外。

嫁给蒙古王公，也可以像十公主三姐固伦和敬公主那样，仍然留居京师，但即使像自幼养育宫中的固伦额驸色布腾巴尔珠尔那样的蒙古人才，也难以让眼界甚高的皇帝满意。

和八旗勋旧之家，特别是所谓"八大家"联姻，也是清皇室的源远流长的老规矩。十公主四姐下嫁福隆安、九姐下嫁札兰泰，就都是皇帝选定的八旗世家子弟。

然而，到十公主渐渐长大的时候，皇帝从这个圈子里选择乘龙快婿的余地变得有限了，同皇帝年辈相当的老臣早已凋零殆尽，即使他们子嗣甚多，但也难于找到与和孝公主年龄匹配、辈分又相当的合适人选。

转来转去，皇帝自然而然地盘算起当朝大臣家的子弟，他首先想到了和珅的儿子。和珅姓钮祜禄氏，说来也是名门出身。到十公主四五岁时，和珅年富力强，圣眷正隆，一身兼户部尚书、军机大臣、领侍卫内大臣、九门提督等要职，是政坛上一颗最有希望的新星。

就连来中国的朝鲜使臣据自己的观感也得出了"兵部尚书福隆安、户部尚书和珅贵幸用，阁老阿桂之属，充位而已"的结论。皇帝当时年届古稀，而和珅不过30出头，十公主下嫁和珅的儿子，皇帝认为她的前程最有保障。

福隆安地位虽高于和珅，又是孝贤皇后的亲侄，不过就感情好恶而言，皇帝与和珅的性情更为相投。

和珅年龄不及皇帝之半，而他俩君臣间的忘年际遇，实在是某种说不清的缘分使然。皇帝最终决定与和珅家结秦晋之好，说到底是他由衷地喜欢和珅。

乾隆四十五年，虚岁刚满6岁的十公主就由皇帝指婚给和珅儿子。这位佳婿貌如其父，英俊无比，年方6岁，比十公主小半个月光景。两人八字经皇帝看过非常满意，注定是一生和睦的恩爱夫妻。

皇帝为自己未来的女婿赐名"丰绅殷德"。"丰绅"，满洲语含有"福禄""福泽""福祉"之类的意思，夫婿寿山福海，十公主的前程还有什么可忧虑的呢？

丰绅殷德被指为十公主额驸时，因年龄太小，并未成婚，十公主仍在皇帝身边承欢侍养。这个姑娘聪明伶俐、善解人意，对老皇帝非常孝顺，待人接物也谦恭有礼，与阿哥们相处得都很融洽。

十公主从小性情刚毅，喜欢穿男装，每年夏秋皇帝去避暑山庄，及随后进哨木兰行围时，总忘不了带上她。马上围猎，随时随处都有危险，皇上怕小公主稍有闪失，特别交代内务府上驷院调教好驯良的小马，配上特制的"架子鞍"。

小公主把小撒袋挂在腰间，一身戎装跨在马背上，俨然满洲英俊的少年武士。

初次行围，在野兽左突右驰的围场中，她居然用弓箭射死了野兔和小鹿。皇帝看在眼里，心里有说不出的高兴。还有比这更开心的事，那就是每年新正驻圆明园时就带十公主逛买卖街。

买卖街在福海东岸同乐园近旁，元宵前后，皇帝总在同乐园赏王公大臣看戏，于是一时间冠盖如云、翎顶辉煌，煞是热闹。皇帝特命内务府在这里布置一条宛如城内闹市的商业一条街，名字叫"买卖街"。

那里有卖古玩玉器的，有卖生熟药材的，有专卖南货的，有专卖广货的，有专卖西洋自鸣钟、时辰表、板呢羽缎的，还有酒楼茶肆，饭店旅舍……最令人叫绝的是，沿街竟有携小筐叫卖瓜子零食的。

买卖街上开店的都由宫中太监充当，而店小二则征用外城各店铺中声音响亮、口齿伶俐的伙计。王公大臣们正月入园看戏时，都到买卖街竞相购物，他们倒不是图便宜，而是投皇帝所好，为新年游观之乐添些花絮。

迨天色向暮，外官退尽，宫内的妃嫔、公主，以至宫女、太监这些常年深居紫禁城内寂寞得难受的有闲人，便三五成群纷纷来到买卖街购物吃茶，尽享市井喧嚣繁华之乐。

偶尔皇帝驾临，只听店内跑堂的呼茶，店小二报账，掌柜的噼里啪啦打算盘核账，众音杂冒邋，纷纷并起，买卖街的热闹更是达到了高潮。十公主活泼好动，每年正月都让父皇带她逛买卖街，要这要那。

皇帝一一满足她的要求，还认真地传旨开店的太监记账。有一次小公主吵着要一领大红夹衣，皇帝就指着随侍在旁的和珅对公主笑着说："为什么不向你丈人要？"

和珅忙向估衣店主问价，结果花了28两银子买下大红夹衣进呈给十公主。把未来的公公称"丈人"，这是皇帝与和珅儿女亲家之间叫惯了的戏谑称呼。起初为何这么叫，谁也说不清，大概因为十公主从小喜欢女扮男装吧？

十公主14岁时，皇帝破例册封她为"固伦和孝公主"。因为不久就要举行成婚礼，所以她开始把头发蓄了起来。

乾隆五十四年，皇帝8旬万寿大庆的前一年，和孝公主和固伦额驸丰绅殷德奉旨完婚。

十一月二十七日是钦天监择定的吉日，皇帝龙袍衮服，在保和殿摆出丰盛筵宴，款待固伦额驸和王公大臣们。和孝公主在即将离开她度过了一生黄金时代的宫苑前，先到父皇跟前行礼拜别。

皇帝面带慈祥的笑容，嘱咐女儿到夫家之后，勿恃尊贵，孝顺姑嫜，其实心里却百感交集，很难说清是什么滋味。

吉时一到，和孝公主身穿金黄色绣龙朝褂、头戴饰有10粒大东珠的貂皮朝冠，登上銮仪卫早已准备的彩舆，前有内务府总管大臣以下官员乘马导引，陪送的福晋夫人及随从的命妇们乘舆随行，后有护军校率护军20名护送。

沿途街道，步军统领衙门已令属下清水泼街。送亲队伍浩浩荡荡来到北城后海南岸和珅府第时，鞭炮齐鸣，和珅夫妇早已恭迎于外堂和中室。只见和府上下修饰一新，到处张灯结彩。

公主降舆，升堂，和珅夫妇屈膝跪安，将公主迎入内室。合卺吉时一到，即由内务府派出的两对年命相合的结发夫妻跪进肉一盘，随即用刀切碎，再跪进三杯酒，与肉一起抛撒在地上，表示祭天祀地。然后和孝公主与固伦额驸交杯对饮，众人退下。宫内外翘首以待的十公主盛大婚礼至此圆满完成。

乾隆一朝60年，时当有清一代盛世的顶峰，轰动九城，令人叹为观止的大庆典接踵而至,而和孝公主下嫁就是京师百姓久传不衰的一大盛事。

皇帝陪送给公主妆奁之豪奢,给人们留下的印象最为深刻。自成婚之日起,公主妆奁以及皇帝赏赐固伦额驸的金银珠宝、皮货绸缎、家具摆设,以至茶壶痰盂、木梳笤帚,等等,车载、马驮、人抬,源源不断地从宫中运出,有条不紊地随着送亲队伍徐徐进发,把街道两旁聚观的百姓看得目瞪口呆。

除陪送金银财宝、日用生活品之外,皇帝还赏给公主男女 12 对、户口管领两人。

此外,又赏赐丰绅殷德头等女子、二等女子、三等女子各 4 名。这些陪送人口中拣补一、二、三等护卫,以及五、六品典仪,因此他们也都被赏有皮、棉、夹衣和绸缎衣料、首饰耳坠之类的东西。

到第二年朝鲜使节到京师时,还听人议论和孝公主嫁妆 10 倍于下嫁福隆安的和硕和嘉公主,估其价值,大概值数百万两白银。这还不止,公主偕额驸回门那天,皇帝又赏给他们内库即皇帝私人所有归内务府广储司管理的银库白银 30 万两。

那一天,京师文武百官手捧如意、珍宝,"拜辞于皇女轿前者,无虑屡千百",连年高德韶的大学士、首席军机大臣阿桂也降贵纡尊,混迹其间。

和珅此时在朝中的位次,虽在阿桂以下,但已是朝野尽知的第一权臣,以致来华英国使臣也风闻和珅有"二皇帝"之称。如今,他又和皇帝结为儿女亲家,更没有人会怀疑皇帝把女儿许配错了人家。

不幸的是,皇帝为和孝公主找的靠山竟是一座冰山!嘉庆四年正月初三,乾隆皇帝崩逝。

元宵刚过,权倾一时的和珅便被一条白练结束了生命。和珅之所以没有被处以凌迟极刑,还是靠和孝公主屡屡进宫,向其兄嘉庆皇帝涕泣求情,嘉庆才答应留和珅一个全尸,否则,其罪虽千刀万剐犹不足蔽其辜。

祸从天降,和孝公主似乎早有思想准备。据说当和珅传宣诏旨、气焰熏天之际,有一日大雪纷飞,固伦额驸丰绅殷德心血来潮,竟用簸箕扬雪和家奴们打闹。

公主见他忘乎所以,立刻严词责备道:"你年纪不小了,怎么还像小孩子一般?你父亲在外名声不好,父皇在,尚可担待,但总有一天恐怕身家难保,到那时我也得受连累啊!"

丰绅殷德则对父亲赐死、家产被抄感到茫然，昔日富埒王侯而一朝破败潦倒，人情世态的突变给了他强烈的刺激，一首题为《自咏》的诗中流露出了这个年轻的贵公子看破红尘的苍老心态：

> 朝亦随群动，暮亦随群动。
> 荣华瞬息间，求得将何用？
> 形骸与冠盖，假合相戏弄。
> 何异睡着人，不知梦是梦。

丰绅殷德有限的余生，都是在"眼逢闹处合，心向闲时用；既得安稳眠，亦无颠倒梦"这种绝望颓唐的心境中度过的。嘉庆十五年五月，这个对人生早已厌倦的人病故了，终年只有36岁。

和孝公主以坚强的毅力撑持着全家局面，道光三年九月，年将半百的和孝公主怀着对慈父永久的眷恋也与世告别了。

"择膏粱，谁承望流落在烟花巷！"和孝公主的下场当然不会如此悲惨，她的后半生还是先以皇妹、后以皇姑的身份得到了嘉庆皇帝和道光皇帝的多方关照。不过，乾隆皇帝九泉有知，不知该怎样为自己择婿失算而贻误了爱女终身而痛悔呢！

与皇子之间的相处

乾隆元年七月初二日，刚即位的皇帝在乾清宫西暖阁召见总理事务大臣、九卿等，郑重宣布密建皇储。他说宗社大计，莫过于建储一事，因此自古以来，帝王即位，首先举行。但明立皇储，容易别生事端，或者太子恃贵骄矜，渐至失德，或者左右小人逢迎谄媚，引诱为非，是以皇祖康熙当日对建储一事，大费苦心。父皇雍正帝，创立秘密立储家法，朕再四思维只有循父皇成式，亲书密旨，照前收藏。

随后，在总理事务大臣在场的情况下，亲书建储密旨，由宫中总管太监收藏于乾清宫"正大光明"匾额之后。此时，乾隆26岁，春秋正富。他之所以急于立储，一是有雍正成式可循，再就是有可立为皇储之人。

这后一点似乎更重要，但因为是密立皇储，所立之人为谁，除皇帝之外，包括皇太子在内，谁也不知道，自然不能向王公大臣宣谕。皇帝亲书密旨上定的是皇二子永琏为皇太子。

其时，皇帝有皇子3人：庶妃富察氏所出皇长子永璜14岁，嫡妃富察氏所出皇二子永琏7岁和庶妃苏氏所出皇三子永璋两岁。永琏自幼聪明贵重，气宇不凡，雍正帝在世时为他亲自命名"永琏"，已隐寓承接宗器之意。

永琏的优势还在于是嫡子，这一点最为皇帝所重，秘立皇二子永琏为皇太子自在情理之中。

谁想到了乾隆三年十月，永琏偶患寒疾而殇，乾隆帝只得撤出"正大光明"匾后置放的密立皇储谕旨，并当众宣布，乾隆元年七月所立皇太子即为已薨皇二子永琏，"永琏系朕嫡子，已定建储之计，与众皇子不同，一切典礼著照皇太子仪注行"。

永琏夭折，是乾隆帝立嫡梦的初次破灭。此后，乾隆帝又曾打算密立皇后富察氏所生皇七子永琮为皇太子，未及亲书密旨，七阿哥又两岁痘殇。这件事恰好发生在乾隆十二年除夕，因此对皇帝的震动极大。

经过反复思考，决定向王公重臣剖白自己的心迹，为此降旨先说原本期望永琮承接神器：

> 皇七子永琮，毓粹中宫，性成夙慧，甫及两周，岐嶷表异，圣母皇太后因其出自正嫡，聪颖殊常，钟爱最笃，朕亦深望教养成立，可属承祧。今不意以出痘薨逝，深为轸悼。建储之意，另朕衷默定，而未似端慧皇太子永琏之书旨封贮，又尚在襁褓，非其兄可比。

皇帝的下面旨谕是为了安慰皇后，称"贤后诞育佳儿再遭夭折，殊难为怀，皇七子丧仪，应视皇子从优"。

这谕旨的后半则最值得重视：

> 复念朕即位以来，敬天勤民，心殷继述，未敢稍有得罪天地祖宗，而嫡嗣再殇，推求其故，得非本朝自世祖章皇帝以至朕躬，皆未有以元后正嫡，绍承大统者，岂心有所不愿，亦遭遇使然耳？似此竟成家法，乃朕立意私庆，必欲以嫡子承统，行先人所未曾行之事。邀先人所不能获之福，此乃朕过耶！

以上就是乾隆皇帝在年终岁尾痛悼嫡嗣再殇的时候，向天地祖宗虔诚地承认自己执意立元后正嫡为太子的过错。乾隆帝说得很对，本朝自世祖章皇帝以至他自己，均非元后正嫡承继皇统。

顺治皇帝福临是太宗皇太极第九子，生母庄妃博尔济吉特氏，即后来著名的孝庄皇太后；康熙皇帝玄烨是世祖顺治第三子，生母佟氏，时为妃；雍正皇帝胤禛是圣祖康熙皇四子，生母德嫔乌雅氏。

至于乾隆皇帝本人生母钮祜禄氏当时地位更卑下了，在雍邸中没有任何名号，只是被习惯地称为"格格"，直到胤禛即位，才册封为熹妃。这样一看，清帝以庶出之子承接神器，绍登大统，真的如乾隆帝所说，竟然成了约定俗成的"家法"。

乾隆帝说得也很对，"朕立意私庆，必欲以嫡子承统"。不过，他并没有说明为什么"必欲以嫡子承统"。从汉族封建皇朝的传统来看，自然是"立嗣以嫡不以长，立嫡以长不以贤"。

昔日康熙皇帝即循着这样的思路，立元后嫡长子胤礽为皇太子。弘历即位后，一而再地欲以元后嫡子为皇太子，从表面上看似乎很容易讲得通。

其实，无论康熙帝也好，乾隆帝也好，他们从自己庶出而终于即帝位的曲折痛苦经历中，深深体会出以嫡子承统是何等的重要。

康熙帝之生母佟氏虽出身八旗汉军世家，但入宫以后并不受顺治皇帝宠爱，顺治十一年三月十八日玄烨降生之始，就由保姆抱到紫禁城西墙外一座府邸去养育。

顺治帝不喜欢这个孩子而有意立康熙帝四弟、皇贵妃董鄂氏所生之子为皇太子。康熙晚年回忆这段幼年时代的境遇时是这样讲的："世祖章皇帝因朕幼年时未经出痘，令保姆护视于紫禁城外，父母膝下，未得一日承欢，此朕六十年来抱歉之处。"

可见康熙帝对幼年遭遇是终生铭记的，他深感失欢于父亲的庶子处境之难堪。康熙后来之所以能以庶子入承皇统，全在于祖母孝庄皇太后的提携呵护。通向帝位的道路，对康熙帝来说是不平坦的。

正是由于这段特殊经历，所以康熙帝当嫡长子胤礽刚满周岁时，即毅然将他立为皇太子；日后废而复立，旋立旋废，这个过程康熙皇帝经历了锥心刺骨的痛苦。

乾隆帝庶出而得祖父康熙帝卫护为帝，有和康熙帝极为相似之处。他在踏上皇位途路上所遇到的挫折坎坷恐怕要超过他的祖父。

乾隆帝必欲立元后嫡子为皇储，可以摆出各种堂堂正正的理由，但乾隆帝对立嫡的追求竟到了痴迷的程度，这只能从他个人独特的人生体验中去寻求答案。

乾隆十二年除夕，皇七子永琮出天花死去，给了乾隆帝立嫡梦第二次毁灭性的打击。

第二年清明时节，元后富察氏在德州舟次仙逝，则彻底绝了乾隆帝立嫡的念头。从此以后，20多年的漫长岁月过去了，皇帝没有再考虑过秘密立储这件大事。

皇储长期空虚，个中原因很复杂。皇帝年富春秋，身体康健，自然没有急于立储的紧迫感。孝贤皇后已逝，继后那拉氏不惬帝心，既然已不存在从元后正嫡中选定皇储的指望，也就可以从容行事了。

而当乾隆皇帝年逾六旬认为有必要立储而环顾皇子、逐一审视时，竟发现没有一个皇子令自己完全满意、完全放心。

如果说皇帝对和孝公主充满了慈父的爱心，有时甚至到了溺爱的程度，那么，对于阿哥们则往往摒弃感情的因素，绝对从政治上着眼，考察他们的品德才具能否担得起大清江山这副重担，考察他们是否有暗存争储的野心。

因而，对待皇子，皇帝总是摆出一副严父面孔，有时甚至到了不近人情的地步。大阿哥永璜和三阿哥永璋虽为庶出，却都是诞自清宫的孝顺儿子，嫡母孝贤皇后病故时，他俩已长大成人，永璜21岁，永璋14岁。

谁料到大行皇后梓宫刚由水路运到通州，皇帝就没头没脑地指责大阿哥茫无所措，于"孝道礼仪未克尽处甚多"。

皇后丧期刚满百日，又当着满洲王公大臣的面痛责大阿哥对嫡母之死"并无哀慕之愧"，三阿哥"于人子之道毫不能尽"，然后竟武断地说大阿哥对母后之死幸灾乐祸，有觊觎神器的野心，词气之严厉，令皇子们不寒而栗。

而皇帝意犹未尽，又杀气腾腾地说："大阿哥、三阿哥如此不孝，朕以父子之情，不忍把他们诛杀。但朕百年之后，皇统则二人断不能承继！大阿哥、三阿哥日后若心怀不满，必至弟兄相杀而后止，与其让他们兄弟相杀，不如朕在之日杀了吧！"

怒气冲冲的皇帝转过脸来又告诫满洲大臣，今后如有人奏请立皇太子，"朕必将他立行正法，断不宽贷"！

皇帝当时正沉浸在丧后的剧痛之中，对金川的战事也十分棘手，脾气出奇的暴躁可以理解。不过，似乎不能说他完全失去理智。

皇帝震怒自有他的道理，当时嫡子与皇后相继而卒，皇储虚位，皇帝脑子里自然浮起了康熙帝第一次废太子时皇长子胤禔的蠢蠢欲动，回忆起了雍正帝痛下决心处置掉年已24岁的皇三子弘时，回忆起了雍正年间那场皇室内部手足相残的惨祸。

他不希望这一幕幕悲剧重演，所以才有那一番武断专横的诛心之论。以这样的想法揣度乾隆帝，也可以说他爱之弥深，是以责之愈切。不过，也请替大阿哥、三阿哥设身处地想一下吧，他们实在冤枉之极。

乾隆十五年三月，大阿哥永璜竟忧惧而死，距严厉的廷训不过一年零九个月。弥留之际，素幔中的大阿哥泪汪汪地对亲临视疾的皇帝说："儿不能送父皇了，儿不能送父皇了！"

发引那天，皇帝手抚灵柩，心如刀绞。父亲为儿子送行，已为人间惨事，更那堪将老丧长子，而长子含冤早逝，自己实为催命人，乾隆帝痛惜、悔恨，良心受到谴责，望着渐渐远去的柩车，老泪纵横，他沉痛地低吟着哀悼皇长子的挽歌：

> 灵楯悠扬发引行，举楯人似太无情。
> 早知今日吾丧汝，严训何须望汝成？
> 三年未满失三男，况汝成丁书史耽。
> 见说在人犹致叹，无端丛已实何堪。
> 书斋近隔一溪横，长杏芸窗占毕声。
> 痛绝春风廐马去，真成今日送儿行！

为了补过，乾隆皇帝在皇长子薨逝之后降旨追封其为定亲王，谥曰"安"，其亲王爵即令皇长孙旻德承袭，并破例让其于皇长子所居别室治丧，不必迁移外所。

乾隆帝诸子中第一个得封亲王爵的是皇长子永璜，尽管是死后追封的。乾隆帝诸孙中，第一个未降等袭封亲王的，是永璜长子旻德。皇长子不幸早逝，乾隆帝有一种难以释怀的负罪感，是以终其一生，对皇长子一支都给予了特殊的关爱。

三阿哥永璋也韶华早逝，乾隆二十五年七月，死的时候只有二十六岁。对这个阿哥，皇帝曾抱有一定期望，他私下里对亲信的军机大臣讷亲说过，储位三阿哥"尚有可望"，可见永璋的人品才识有过人之处。三阿哥永璋逝后，追封循郡王，也可视为皇帝良心发现后的补过之举。

在乾隆帝诸皇子中，遭遇不如大阿哥、三阿哥的是十二阿哥永璂。他的生母系那拉皇后，本来也称得上皇帝嫡子，但那拉皇后与皇帝反目成仇，被幽禁而死，十二阿哥因而在人们白眼下，隐忍苟活到25岁时死去。

皇帝对那拉皇后怨恨太深，由其母而迁怒其子，故而十二阿哥身后十分凄凉。直到嘉庆皇帝亲政，才追封他这个不幸生在帝王家的兄长为多罗贝勒。

到乾隆三十八年，皇帝63岁打算秘立皇储时，除上面提到的大阿哥、二阿哥、三阿哥、七阿哥、十二阿哥已故，或根本没有资格列为皇储人选之外，五阿哥永琪、九阿哥、十阿哥、十三阿哥永璟、十四阿哥永璐和十六阿哥也相继而亡。这几个阿哥中，乾隆帝比较看重的是五阿哥永琪，据说他从小"国语骑射娴习，为纯皇帝所钟爱，欲立储位"。

永琪长到25岁时，被封为荣亲王，是继追赠永璜定安亲王后，第一次为皇子在世时封授的亲王爵。但永琪封王4个月后，就病逝了，时间是乾隆三十一年三月。

这样一算,乾隆帝再度滋生立储想法时,所生的17个儿子中就只剩下了四阿哥永城、六阿哥永瑢、八阿哥永璇、十一阿哥永瑆、十五阿哥颙琰和十七阿哥永璘六人。

而这仅存的六位皇子中,四阿哥和六阿哥早已分别过继给履亲王允祹和慎郡王允禧为孙,因而也被排除掉了立为皇储的可能。本来子息极多的乾隆皇帝真的要决定与爱新觉罗氏宗族、与大清帝国命运攸关的预立皇储这件头等大事,就只能在八、十一、十五和十七阿哥这狭小的范围中作一抉择了。

中国古代关于龙的传说特别多,其中一个说龙生九子、九子各不同:老大叫蒲牢,好鸣,后来做了钟上的钮鼻;老二叫囚牛,喜音乐,做了胡琴头上的刻兽;老三叫睚眦,好杀,做了刀剑上的吞口;老四叫嘲风,喜欢冒险,做了殿阁上的走兽;老五叫狻猊,善坐,做了佛座骑象;老六叫霸下,能负重,做了石碑下的托座,即人们俗称的龟;老七叫狴犴,好讼,做了牢狱大门上的镇压之物;老八叫负屃,好文,做了石碑两旁蜿蜒而行的饰纹;老九叫螭吻,好动,做了殿脊的兽头。皇帝是真龙天子,乾隆帝无可奈何地承认,除了和孝公主同自己的相貌、体格、性情、气质相类之外,哪一个龙种都不像龙,而且恰如龙之九子,乾隆帝诸子性格各异,爱好迥别。

八阿哥永璇是皇帝身边最年长的阿哥,书法赵孟頫,妩媚可爱,也能画平远山水,但为人轻躁,做事颠倒。

有一次皇帝分派诸皇子去西郊黑龙潭祈雨,八阿哥与十一阿哥分在一班,下班后,皇帝有所垂询,却哪里也找不到八阿哥的踪影。

一问十一阿哥,才知道他带着亲随侍从忙中偷闲到城里玩去了。八阿哥这种乖戾的性情,经皇帝屡屡训斥后非但没有收敛,反而放纵到了沉湎酒色的下流一路。加以他又有脚病,仪表欠佳,皇帝对他不抱期望,在乾隆四十四年封个仪郡王了事。

八阿哥的同母弟、皇十一子永瑆,乾隆五十四年封成亲王,号少厂,一号镜泉,别号诒晋斋主人,是个颇具文学艺术天分的天家子弟。他的诗文精洁,尤工书法,早年学欧阳询、赵孟頫书,出入王羲之、王献之笔法,临摹唐宋各家名帖,均造极诣。

有一个康熙年间的老太监同永瑆说过一件往事,其师少时犹见过董其昌作书,唯以前三指握笔,悬管写字。成亲王听了很受启发,由此独创所谓"拨镫法",名重一时,论者以为清朝自王若霖以下,成亲王一人而已。

　　同时代享有盛名的书法巨擘还有铁保、翁方刚、刘镛，与成亲王永瑆并称四大家。永瑆不以画家名世，然偶尔弄笔，空灵超妙，能写墨兰，亦能写生，间作山水，笔墨苍润，自己戏题云："山水素不习，偶为之，荒率离披，数笔尽矣。其胸中无丘壑可知，人或以马一角呼之可也。""天雨粟，马生角"，乃人间怪事，永瑆诗句自以为不善画而偶弄笔，故自嘲"马一角"。

　　乾隆帝是个风雅天子，每每临幸成王府第，观赏他的书画佳作。不过，对十一阿哥的寄情翰墨，流连诗酒，皇帝也颇为警惕。乾隆三十一年五月的一天，皇帝见十五阿哥颙琰手持扇上有题画诗名，文理、字画俱甚可观，落款为"兄镜泉"3字，一问才知"镜泉"是年方十四五岁的十一阿哥别号。

　　皇帝一则以喜，一则以忧，喜的是幼龄所学如此，可见天分甚高，忧的是脱剑学书，渐染汉人陋习，难免丢掉满洲勇武的祖风，所关国运人心，良非浅显。

　　皇帝对十一阿哥的担忧尚不止于此，这位阿哥柔而无断，而且随着年龄的增长，怪脾气越来越多，被近支王公大臣传为笑谈的是他的吝啬。

　　据说一次乘马死了，成王即命烹马肉代膳，当天成王府即不举炊。成王的福晋是当朝第一大臣傅恒之女，奁资极丰，这位钟鸣鼎食惯了的大家小姐竟然日食薄粥度日。

　　陪嫁的金银财宝都被纳入成王府库中，库中积有白银80万两，名"封桩库"。成亲王晚年得了狂癫症，死前大小便失禁，秽物从裤裆流出来。左右劝他换件衣裳，他却超然答道："死后遍身蛆虫吃腐肉，又有谁替我洗干净呢？"

　　永瑆和永璇都活到了道光年间，一个卒年71岁，一个卒年86岁，是乾隆皇帝17个儿子中最长寿的两位。十五阿哥颙琰暂且放下不说，十七阿哥永璘恐怕是皇帝最不成器的一个孩子。

　　乾隆三十八年皇帝遴选皇储时，永璘8岁，年龄比诸兄都占优势，不过皇帝并没选中他。因为皇帝看到这个老儿子从小就不喜欢读书，性情也轻佻浮躁，没有天潢气度。

　　永璘稍长，常常溜出宫禁，一身便服去外城狭路曲巷寻花问柳。乾隆五十四年皇帝八旬万寿庆典前大封诸子，六阿哥、十一阿哥、十五阿哥都封了王爵，永璘只封个贝勒，从此对皇位彻底死了心。

他曾对亲近的人说:"即使皇帝多如雨落,也不会有一个雨珠儿滴我身上。将来哪位哥哥当了皇帝,能把和珅府邸赐给我,也就心满意足了。"

和珅败后,他的同胞兄长嘉庆皇帝果然将为王公大臣垂涎的和府赐予永璘一半。从此,永璘燕居邸中,唯以声色自娱而已。与八阿哥、十一阿哥、十七阿哥比较,内廷外朝虽不敢公开议论,私下却一致认为十五阿哥颙琰为人稳重、处事刚明,是最有希望的皇储人选。

的确,十五阿哥文武兼资,品学俱优,堪称皇家教育出来的理想人材。清朝家法相承,极重皇子教育。历代皇帝无不慎选天下英才,以教辅元良,即皇太子。

清朝则因秘密立储之制,皇太子从诸皇子中密定,因此,皇子、皇孙年满6岁一律入尚书房读书,皇帝亲自挑选学识一流的京堂、翰林为师傅,分别教授经史策问、诗赋古文,又指派大学士、尚书等重臣为总师傅,稽查督饬。

同时,还简选满洲、蒙古大臣和侍卫等教授"国语"骑射,称"谙达"。"谙达"是蒙古语和满洲话"宾友"的意思。尚书房有两处,圆明园的一处在勤政殿东边,宫中的一处靠近乾清宫,都与皇帝日常办公之处近在咫尺。这样的安排为的是皇帝可以随时亲临检查。

乾隆元年正月二十四日皇子书房开学,这以前已降旨任命大学士鄂尔泰、张廷玉、朱轼及左都御史福敏、侍郎徐元梦、邵基这些乾隆帝少年时代的启蒙老师为皇子师傅。

皇子们这一天当着父皇的面,行过拜师礼后,乾隆帝特别郑重告诫各位师傅道:"皇子年龄虽幼,但陶淑涵养之功必自幼龄始。卿等可殚心教导之;倘不率教,卿等不妨过于严厉。从来设教之道严有益而宽多损,将来皇子成长自知之也。"

清皇室教育确如乾隆帝所说,是"严厉"的,较之一般富家子弟的宽纵溺爱,不啻天壤。入值内廷军机处的赵翼记述了他所亲见的皇子读书之勤:

> 本朝家法之严,即皇子读书一事,已迥绝千古。余内直时,届早班之期,率以五鼓入,时部院百官未有至者,惟内府苏喇数人往来。
>
> 黑暗中残睡未醒,时复倚柱假寐,然已隐隐望见有白纱灯一点入隆宗门,则皇子进书房也,吾辈穷措大专恃读书为衣食

者尚不能早起，而天家金玉之体乃日日如是。

既入书房，作诗文，每日皆有程课，未刻毕，则又有满洲师傅教国书，习国语及骑射等事，薄暮始休。

赵翼随后谈了他的感想："如此重皇子教育，文学安得不深？武事安得不娴熟？宜乎皇子孙不惟诗文书画无一不擅其妙，而上下千古成败理乱已了然于胸中。以之临政，复何事不办？因忆昔人所谓生于深宫之中，长于阿保之手，如前明宫庭间逸惰尤甚，皇子十余岁始请出阁，不过官僚训讲片刻，其余皆妇寺与居，复安望其明道理、烛事机哉？然则我朝谕教之法岂惟历代所无，即三代以上，亦所不及矣。"

赵翼出身清寒，年15而丧父，此后长期在官宦之家，以设塾授徒为业。及年长，潜心经史，熟于历朝掌故，他对清重皇子教育的看法极为中肯。

包括乾隆帝在内，清朝皇帝高度自觉的政治责任感，在历代帝王中是十分突出的，即由皇子教育之一端，亦可略见一斑。然而，不能不说，乾隆皇帝虽以严于皇子之教著称，结果却不甚理想。

前面提到的八阿哥、十一阿哥和十七阿哥都没有往政治一路发展，就是已过继给两位皇叔为嗣的四阿哥永珹和六阿哥永瑢，也仅以擅画花卉山水以及精于算学名闻于世，未见有出类拔萃的政治才能。平心而论，这倒不能全归于皇子教育的缺失，而要从当时整个政治大气候中探索其原因。

乾隆时期，宦海风涛极其险恶。热衷的人当然什么时候都往功名利禄里钻，而稍稍清醒的有识者已看穿了"……因嫌纱帽小，致使锁枷扛；昨怜破袄寒，今嫌紫蟒长；乱哄哄你方唱罢我登场，反认他乡是故乡……"这出人间闹剧，特别是那些在官场中翻过筋斗的过来人，更产生了一种对政治以至对人生的厌倦情绪，王公大臣士大夫惑于因果，遁入虚无，以素食为家规，以谈禅为日政者，比比皆是。

除十五阿哥颙琰之外，乾隆帝诸子或怡情翰墨，或狭巷冶游，甚至佯狂装疯，似乎也表现了他们有意逃避政治的扭曲心态。在这样的政治氛围中，从尚书房培养出来的上乘人才如颙琰辈可能无可挑剔，而尽善尽美到难寻瑕疵的人恰恰不可能是旷世奇才。

乾隆三十八年，当乾隆皇帝为立储不能不做出最后的抉择时，很可能陷入了茫茫然、惶惶然的烦乱心绪。太祖努尔哈赤时谈不到什么皇子教育，而所谓"四大王""四小王"几乎个个是帝王之材；圣祖康熙皇帝对皇子的教育失败了，但皇长子、二子、三子、四子、八子、九子、十四子也都有登九五之尊的见识与才干。自己的子嗣不少，而可供选择的皇位继承人为什么如此有限呢？

即使如此，乾隆三十八年冬还是选定了皇十五子颙琰为皇储，尽管皇帝并不十分满意。这次皇帝立储，既不同于雍正皇帝创制定下的仪式，也没有像乾隆元年立皇二子永琏为皇太子那样向群臣宣谕，而只是亲手书写应立皇子之名后，密封缄藏，然后将此事"谕知军机大臣"而已。

这件宗社攸关的头等大事之所以做得如此机密，似乎是皇帝对12岁的十五阿哥的气性还把握不住。当年冬至，皇帝亲诣南郊天坛举行祀天大典时，特命诸皇子侍仪观礼，当着十五阿哥等皇子的面，皇帝向苍穹默默祷告："如所立皇十五子颙琰能承国家洪业，则祈佑以有成；若其不贤，亦愿上天潜夺其算，令其短命而终，毋使他日贻误，予亦得以另择元良。朕非不爱己子也，然以宗社大计，不得不如此，惟愿为天下得人，以继祖宗亿万年无疆之绪。"

看来皇帝已做好了十五阿哥随时为天所殛而将立储密旨撤出毁弃另作他图的准备。由于这次立储绝密至极，因此直到乾隆四十三年九月皇帝风闻有人议论他"贪恋禄位，不肯立储"时，才被迫向天下宣布五年前，即乾隆三十八年冬已选立皇储，此事昊昊苍天可以为证。

此后，外间开始纷纷猜测乾隆帝所立者究为哪位阿哥，有猜六阿哥永瑢的，有猜十一阿哥永瑆的，有猜十五阿哥颙琰的，甚至有猜皇长孙绵德和皇次孙绵恩的，众说纷纭，莫衷一是。

直到乾隆六十年新正，被严密封固了数十年之久的最高国家机密才被皇帝本人在谈笑间揭开了谜底。

那是正月初二，皇帝照例在乾清宫设家宴，与皇子、皇孙、皇曾孙、皇元孙以及近支亲王、郡王等济济一堂，他们轮流到老皇帝跟前跪拜，恭贺新禧。除十五阿哥颙琰一人，皇帝都有赏赐。就在他仰望皇帝，仍有所期待时，皇帝却在众目睽睽之下，笑着对他说："你还要银子有什么用？"

颙琰一时还未品出父皇旨意的味道，而聪明的皇子皇孙们已相视莞尔一笑。这一天距皇帝正式宣布颙琰为皇太子不到9个月。

宽仁导致官场积弊

随着太平盛世的发展，宽久必懈，宽久尤危，善政过度了也会出现副作用。许多官员贪图安逸，日渐懈怠，甚至为了一己私利，贿赂朝廷大员。于是，官场积弊日渐增多，盛世之下，危机渐伏。失去严厉约束的官吏甚至违法乱纪，贪污受贿成风。

乾隆元年三月，江西巡抚常安因母亲去世而回京办丧事，当他耀武扬威地带领家人走到山东段运河仲家浅闸时，被闸门挡住了去路。当时正值禁运时间，而常安的家人无理取闹，违制开闸，并痛打闸夫，事情由河东河道总督白钟山报呈了乾隆帝。

乾隆帝对朝中官员借宽风而屡屡犯错的各种行为也早有惩戒之心，所以，他马上抓住常安事件，下令对常安从严治罪。最后，常安被革职并发往北路军营监运粮饷，其家人被枷号鞭责。

乾隆二年，山西学政喀尔钦在布政使萨哈谅支持下贿卖文武生员一案被揭露。乾隆帝为之震惊，他说："没有想到竟然有山西布政使萨哈谅、学政喀尔钦，罪行昭然若揭，赃物堆积如山。实在使我意想不到一个省尚且如此，其他的省可想而知了。"

乾隆六年三月，在仅仅一个月之间，朝廷中就发现了4起贪污案件。三月初七，山西巡抚喀尔吉善参劾山西布政使萨哈谅："收受他人钱粮，作威作福，伪造国家公文，纵容家人为非作歹，淫乐所辖地区百姓，贪赃枉法，肆意克扣国家下拨的各种钱财。"

第二天，喀尔吉善又参劾山西学政喀尔钦："接受当地各级官员的贿赂，罪证一目了然，并买有夫之妇为妾，声名狼藉。"

同样是在三月，左都御史刘吴龙又揭发浙江巡抚卢焯在处理嘉兴府桐乡县汪姓分家案件时，贪赃枉法，受贿银5万两，该知府杨景震受贿3万两。

乾隆帝闻讯大怒，下令严查此两案，并严惩萨哈谅和喀尔钦。由于这两个案件给乾隆帝的震动非常大，他说："我父皇整饬风俗、澄清吏治有10多年了，才做到国家吏治的澄清。现在不过几年时间，就又有如此贪污腐败的事情发生，你们这些做臣子的，既不知道感激我的恩惠，又不知道遵守国法，你们将使我父皇旋转乾坤的苦衷由此而废弛，每次想到这里，我实在是寒心啊。"

因而乾隆帝怒斥两个贪官说："我即位以来，信任大臣，体恤各级官吏，且增加俸禄，厚给养廉，恩施优厚，以为天下臣工，一定会感激奋勉，尽心尽职，肯定不会出现贪污腐败、违反国家法度的大臣，谁想却是这个样子，难道你们把我看成是无能而可欺的皇帝吗？"

乾隆帝不仅处死了两个贪官，连参劾他们的山西巡抚喀尔吉善也交刑部严察议处，讨论处理方案。乾隆帝之所以这样做，原因在于喀尔吉善的参劾是马后炮，而皇帝派人调查出这个问题是在他之前，也就是说喀尔吉善是被动参劾的。乾隆帝为此警告各省总督、巡抚力戒此弊，否则必以法示人。

借此机会，乾隆帝又连下谕旨，列举山西地方官员官官相护、贪赃枉法、苛索民财的种种行为，责令他们痛改前非。同时指出：如果不改悔，一定将大小官员从重治罪，绝不宽恕。在乾隆帝的严厉整顿之下，山西巡抚喀尔吉善又上疏参劾贪赃枉法的山西省知州、知府等5人，乾隆帝都无一例外地给予了惩处。

然而，在这两起案件发生之后没过几天，左都御史刘吴龙又上疏参劾浙江巡抚卢焯。参奏中说卢焯一次就收贿银五万两。卢焯一案刚发数天，兵部尚书鄂善受贿案又发。在处理卢焯之后，乾隆帝亲自审理鄂善一案。

鄂善属朝中一品大员，乾隆帝在落实了他受贿之事后，垂泪令其自尽，自此开了乾隆朝诛杀一品大臣之例。乾隆帝之所以伤心，在于鄂善这般为自己所倚重的臣子竟公然受贿，这使他深感自己的从宽施政之不妥。

因而，乾隆帝叹息道："我为这件事情，数日以来，寝不安席，食不甘味，深自痛责。以为不如父皇之仁育义正，能使臣工兢兢业业奉法，自不致身陷重辟。水弱之病，是我自己造成的。如果再不明彰国法，则人心风俗，将败坏到什么时候是个头啊？"又说，"宽纵这些人到这样的地步，何以统治臣工而昭显国家法度呢？"

到了九月，总督那苏图参奏：姜邵湘管理荆关税务，肆志贪饕，横征暴敛，以满足自己的私欲。荆关税课每年还有余银 3 万余两，姜邵湘年侵吞差不多一半。接着，又发生了浙江巡抚常安贪污案、四川学政朱荃贿卖生童案等等。

乾隆帝在震怒之下，下旨严惩涉案官员。乾隆帝经过几年的政治实践，发现以前自己的"宽则得众"等理论并未能建立一种理想化的政治形势，而且，"宽"的实施竟导致了吏治的一步步腐化和专制皇权权力的分散。在对初期政事的反思中，乾隆帝曾这样表达自己的苦衷：

> 作为君主，以一人立于万民之上，宗社的安危、民生的休戚都系于一身。崇尚宽大，就会开启废弛的大门；
>
> 稍事振作，就可以助长苛刻的风气；言路不开，就会耳目壅蔽；想要达到耳聪目明，那是无稽之言，勿询之谋，弛鹜并进，不但不足以集思广益，而且足以混淆是非。
>
> 即以情理分析事情，议论的人都说这个君主不喜欢听取群众的意见，不能容纳其他的意见，遍观史册，比比皆是……即此一端，为君之难，就可知道了。

从这段话可以看出，乾隆帝已萌生了找寻其他施政方法的政治意图。回顾数年统治实践和官场出现的贪风情况，乾隆帝产生了强烈的危机意识，他对群臣说："看看现在，让当官的人以忠厚正直为其心，泯灭追求身价利禄的念头，是很难的啊；让文人学士以道德文章为重，而侥幸求取功名的意图不萌发，是很难的啊；让小民家家富足，民心趋于淳朴和端良，也是很难的啊；让兵士都骁勇善战，使之死心塌地地为朝廷尽忠效力，同样是不容易的啊。"

面前的种种隐忧使乾隆帝无法乐观。乾隆七年，乾隆帝采取一种姿态，为让群臣共勉，他专门下谕，表达自己对前途的忧虑之深。深虑才有熟思，熟思才有对策，才有励精图治。紧接着，乾隆帝从幼时读书明理和登基之后所虑之事，来居安思危地告诫群臣前途不甚光明，必须尽力而为，才可保长久大业，他说：

> 我小时候读诗书，颇懂得一点治理之道，即位以来，经常思虑天下太平富足的道理。八旗生活即使是不足的，然而八旗相对于天下百姓的生活而言就算小的事情了。
>
> 现在天下百姓仍然有许多生活在困苦中，我们必须及时筹

划,让他们的生活逐渐好起来,如果我等君臣现在不及时筹划,又将等到什么时候呢?

岁月如梭,我们这一代人不做好这件事情,那我们的后代就会笑话我们的平庸?

你们这些大臣都大我几岁,分析问题应该比我深刻,因此你们要互相警惕,考虑问题要长远,这样才能把我们眼前的问题完整全面地解决好。

于是,乾隆帝逐渐采用了"裁抑官僚,讲究效益"这一措施。乾隆七年,出现了御史仲永檀泄漏机密案。乾隆八年,谢济世参劾田文镜且因著述诸事引起皇上反感而获罪,因这一案件,湖南全省高级官员全部被革职,其中有巡抚及湖广总督等人。

乾隆九年,乾隆帝考虑到科举关系到官僚队伍的素质问题,因此下令严格考场纪律。在顺天乡试时,乾隆帝特派亲近大臣严密搜检,甚至连考生的内衣、下体也不放过。结果,头场考试就交白卷的有68人,没有答完考卷的329人,文不对题的有276人;第二场考试时,因考生看到检查非常严,到点名之前就悄悄溜走的就有2800人。

鉴于此事,乾隆帝感叹道:"人心士风,日益堕坏,还哪里渴望人才的兴起呀,成为国家寄予厚望的人又到哪里去找呢?"

为重申科场考试之重要,乾隆帝下令地方考试监试各官:"尽心严查,务使作弊之人不得漏网。"声称如果发现科场有假、有抄,必将监临提调等官,从重议处,并将考生的老师加以处分等等。要整顿吏治,就要加强对官吏的考核。

乾隆前期,对官吏的考核还是比较认真的,不少地方官因考核不及格或罢或降或休致。乾隆十年的全国大计中,被劾为不谨、疲软、才力不及、浮躁、年老、有疾官共计180人。其中不谨官43人,疲软官17人,才力不及官35人,浮躁官13人,年老官40人,有疾官32人。

一次大计,有这么多官员不及格,说明考核并非徒具形式。乾隆帝整顿吏治并没有一味地采取镇压的态势,他认为必须从源头抓起,即从制定制度开始,让官员有所束缚,这样能够在一定程度上防止官员的腐败。

同时,乾隆帝还提倡教化的功能,经常给予官员一定的教育,让他们知道贪污腐败的后果。此外,就是加大执行力度,对罪大恶极的贪官,他也毫不手软,坚决惩处。乾隆帝凭借这种高压和抚慰双管齐下的措施,有效地遏制了清中期官场风气一度恶化的形势。

乾隆帝的软硬兼施的治贪办法虽然在短期内起到了一定的作用,但是由于君主专制本身的局限性,皇帝以一人之力无法兼顾群臣,所以,官场中贪污腐败、营私舞弊等弊端并未销声匿迹,而是不断累积,渐有危及皇权之势。

面对日益增多的贪污案件,乾隆帝意识到,对贪污犯采取罚没赃款、减少俸禄等办法不足以达到惩罚的目的,于是决定加重惩治。他说:"近年来,贪赃枉法的越来越多,而对这些人的处罚只是降降级,减少俸禄,结果虽然受到了处罚,但这些人仍然能中饱私囊,惩罚太轻,没有起到应有的作用。"

为此,乾隆帝下令将乾隆元年以来的重大贪污犯陆续发往边疆军营充当苦力,以提醒将来想当贪官的人不要重蹈覆辙,此后贪污犯都照这个命令办理。

乾隆十一年,由于各地抗粮闹赈事件激增,乾隆帝认为"民风日刁",训责官僚"以此懈怠废弛,盗风何由宁息",于是加强了对闹事的恶民的镇压,并把安徽省自乾隆元年以来任臬司者均交部察议。

同年内,为了整顿日益废弛的官场和军队,乾隆帝命亲近大臣讷亲南下巡视。这一年,乾隆帝发现各省亏空现象增多,他认为这都是因自己办理政事往往待人以宽,而使得下面官吏放纵松弛而不受约束。

在七月间,乾隆帝发现山东沂州营都司姜兴汉、奉天锦州府知府金文淳在百日丧期内我行我素,照剃不误。乾隆帝猜想:"他们大概是以为满族和汉族各有习俗吧。"对此,乾隆帝大发雷霆,声言丧期内剃头按"祖制"立即处斩。

到了后来,由于乾隆帝发现违制剃头者大有人在,遂决心抓住不放,狠狠地整饬一些不如意的官员。其实,早在雍正皇帝丧葬时,就有许多官员并没有遵照习惯,丧期内即已剃发,但乾隆帝当时正在鼓吹"宽仁施政",并没有追究他们的责任。

可是这一次,乾隆帝可谓龙颜大怒了。这与他当时恶劣的情绪有直接的联系,因而在烦恼焦躁中采取了过分严厉的惩罚措施。为了惩罚不法官吏,乾隆帝严惩常安,意图"惩一儆百",整顿渐已松弛的官风吏治。

乾隆十二年,乾隆帝又降旨修改惩治贪污的法律。原法律规定,贪污官吏要等到秋审时确定罪责,此间大多数人都是上下打点替自己减轻罪责,所以到了该判决的时候,他们大多不至于被判处死刑。

乾隆帝命令九卿于秋审时，根据原来的罪责判处，不许加入人情的因素；如果有，则待将贪官判决后，再追究人情方面的责任，从重惩处。乾隆帝对贪污案的处理虽较以往严厉，但乾隆一朝的贪污案，仍层出不穷。

乾隆二十二年发生了3起贪污案：一是深受皇恩、为帝赏识的一品封疆大吏、满洲官员恒文贪污纳贿案，二是满门高官重相的山西巡抚蒋洲贪赃案，三是包庇贪官的湖南巡抚蒋炳和九卿一案。

于是，乾隆帝采取了"严饬科道，清明官场"的措施，将尚书、侍郎、给事中、御史等68名政府官员分别处以革职留任、降级留任、销级等处分。

乾隆二十二年四月，云南巡抚郭一裕参奏云贵总督恒文让属员买金铸造用于进贡的金手炉，但却少给商家银子，借机牟利，并且还纵容家人收受属员门礼。

乾隆帝听说这件事情后，开始并不相信恒文这等受他重用，又有思想觉悟的满族大臣会做出这种事情，虽然马上派了刑部尚书刘统勋去调查此事，但为防万一，还是要求他保密行事。

此外，乾隆帝之所以没有像乾隆元年处理贪吏萨哈谅、喀尔钦那样在审理恒文案之前即将其定罪革职，原因在于他不相信恒文会有其事。首先从民族情感上来说，乾隆帝为政期间一直对满官极有好感，认为他们不会像汉官那样做出负恩之举；而另一个重要原因就是因为这个恒文有过人的才干。

恒文，满洲正黄旗人，起初只是雍正时期的一个小小生员，此后连续4次升迁，不到10年的时间就成为贵州布政使、清廷的二品大员。乾隆十二年，在清军征金川时，恒文因献良计被乾隆帝调任直隶布政使。乾隆十六年，乾隆帝嘉其能治事，又升任他为湖北巡抚。

恒文在任期间又在采矿、水利和粮仓储备问题上提出过很多较好的建议，于是到乾隆二十一年，又接受皇恩，擢为一品大吏云贵总督。他在任职总督期间，还弹劾了贵州粮道沈迁的贪污行为，因而深为乾隆帝所赏识。

鉴于这些功绩，乾隆帝一向认为他确实是一个好大臣，所以在有人奏恒文贪污时，乾隆帝自然不相信了。然而，事实终归是事实，经过刘统勋的深入调查，郭一裕所弹劾的恒文的各种贪污的事情，确凿无误。

乾隆帝听到奏报后既失望又生气，恒文这回勒派属员、短价购买金子，原意在于既能减少一些开支，又能为皇上贡献最好的物品，是为了皇上而违纪。这种情景，使乾隆帝并不好受。他在谕旨中说："我本来就曾多次降旨，禁止群臣上贡进献，而恒文竟为进献金手炉而勒派属员，短价购买，以图余利，实在罪不可逃。我之所以惩罚他，也是不得已的决定。"

乾隆二十二年九月，乾隆帝忍痛下谕，勒令恒文自尽。他在谕旨中说："恒文深负皇恩，如果有意将他的惩罚减轻，那日后还如何能够整顿吏治！"

不久，乾隆帝又以地方官行贿于恒文，毫不为过，而将恒文下狱终身监禁，将贵州玉屏县知县等14位州县官员普降一级留任，其他涉及此案的38个官员均受到一定的惩罚。

恒文原本企图贡献珍品取悦乾隆帝，而乾隆帝却毫不留情，把他从一个飞黄腾达的治政能臣，变为声名狼藉的阶下囚，落得个人财两空。看来，乾隆帝对这些贪赃横行的大臣是舍得下狠心惩罚的，哪怕他以前功勋卓著、名望很高。而与恒文同年发生的蒋洲贪污案，更让乾隆帝意想不到，也更让他下大决心要痛惩贪官、革除劣员。

蒋洲的父亲蒋廷锡是云贵总督蒋陈锡的弟弟，工诗善画，在康熙朝时官至内阁学士；到了雍正朝，蒋廷锡又深受雍正皇帝赏识。6年时间内，由内阁学士升至礼部侍郎，后升为户部尚书，兼领兵部尚书，又拜文华殿大学士，兼领户部，并受恩得到一等阿达哈哈番世职。

蒋洲的哥哥蒋溥，在乾隆年间历任湖南巡抚、户部尚书、协办大学士兼礼部尚书，后升至大学士、军机大臣等要职，身任重职近30年，还颇有政绩。

像蒋洲这样世代出身于书香门第、一家之中拜二相的朝中二品巡抚，竟侵吞帑银、勒索民财、收受贿银，真是不可思议；况且蒋洲的父兄都是科甲出身的大学士，他本应律己正身以报效皇恩。可是他竟丧失廉耻、见利忘义，贪污数量达到数万两，怎能不让乾隆帝惊骇愕然呢？

乾隆帝又派自己比较信任的大臣刘统勋去审理蒋洲一案，由于案情的不断发展，此案牵连到山西省的巡抚、按察使、知府、知州、守备等不少州官、县官。山西吏治之腐败使乾隆帝深为震怒，他叹道："山西一省，巡抚藩臬朋比为奸，毫无顾忌，吏治之坏，达到了这样糟糕的地步了，我将怎么相信其他的人，又怎么来用其他的人。地方官营私舞弊，自从我父皇整顿以来，基本已经肃清官场腐败现象，但是我没有想到这两年出了杨灏、恒文等案件，还多次发现其他一些案子，但那些案件都比不上蒋洲这一个案件，如果不加大惩处的力度，国家法律将不复存在！我实在是气愤已极！"

乾隆二十二年十一月，蒋洲被绑赴法场，成了刀下亡魂，而由此被追查出的山西贪官污吏也均被严厉惩处。封建制度依靠庞大的官僚机构进行统治，而官场又总是伴着彼此倾轧、贪污腐败、营私舞弊、效率低下等不可克服的弊端，它威胁着独尊的皇权，也威胁着国家的长治久安，当这些弊端积累到一定程度时，必须给其以震慑和调整，才不至于动摇统治基础。

乾隆帝在悲痛之余，仍很清醒地采取了严厉的措施，并坚决付诸实施，这足以收到冲刷官场积弊的效果。然而古往今来，封建专制是吏治腐败的温床，贪官杀而不绝；只要专制存在，贪污受贿的官员就会像离离草原上的野草一样年年枯荣而又年年复生。所以说官场贪风自古有之，敢以身试法的人也大有人在。

乾隆四十七年，时任浙江巡抚的王亶望在甘肃任内贪污赈灾粮案发，牵连官吏60多人，王亶望等22人被诛，涉案的陕甘总督勒尔谨自尽。查办此案的闽浙总督陈辉祖在抄家过程中以金换银，将王亶望的赃物据为己有，乾隆帝命阿桂前往查询。

陈辉祖曾奏称：自王亶望家抄出的金子成色不足，他已与布政使商量以金换银，再解京师。然而，在当时，王亶望的4700余两黄金可换9万余两白银，陈辉祖解交户部的却只有73500两，还包括王亶望家的两三万两。这样一来，有四五万两白银没有下落。乾隆帝看准了这一点，命阿桂严查。

陈辉祖的贪污大案大白于天下后，乾隆帝发现浙江省的钱粮亏空额已达120万两。为此，他限令浙江省的各级官吏，于一年之内将亏空全部补齐。然而，吏治的全面腐败，早已成贪风越来越盛的态势。四五年后，全省的亏空额不但没能补齐，反而增加了。

虽然乾隆帝诛戮了一批巨贪大蠹，并且不少是总督、巡抚等高级官员，但官场的贪污腐败之风仍然愈演愈烈。这些大案要案均属事情败露不可掩盖，其余得到风声、弥缝无迹的贪污案件更是数不胜数。贪污是封建专制制度下必然出现的积弊，因为贪官们只要掩住皇帝的耳目就行了，所以贪污横行，到最后皇帝发现了，却已经牵扯太多，根本没法处理了。

乾隆帝看到了官场积弊，并对贪官污吏严加惩处，然而，到乾隆后期，贪污之风已经盛行，乾隆帝的惩处措施并没有能从根本上改变吏治，这些都为乾隆帝统治后期国力的衰败埋下了祸害的种子。

内部矛盾相对缓和

乾隆帝刚刚即位，就有个叫孙国玺的左都御史奏请将悬挂在京师菜市口的汪景祺等6名犯人的头颅"掣杆掩埋"，理由讲得很委婉，说是"京师为首善之区，菜市口又京师之达道，列树枯骨于中途，不惟有碍观瞻，且不便服贾之辐辏"。

这里提到的汪景祺是何许人也？为什么他的头颅长期高高悬挂在南城闹市的杆子上呢？汪景祺是雍正朝第一个以文字之故被杀的人。究其原因，是他党附年羹尧。雍正帝力矫朋党之弊，就拿他开了刀。

汪景祺，号星堂，少年轻狂，尔后潦倒文场数十年，康熙五十二年才考取了个举人的功名，故而心中燥热，急于速化。雍正二年，他离京前往陕西布政使胡期恒处"打秋风"。

胡期恒是年羹尧死党，年羹尧时任川陕总督，佩抚远大将军印，圣眷正隆，权势炙手可热。汪景祺借胡期恒这层关系，上书年羹尧自荐。为得到年的青睐，他在信中极尽阿谀谄媚之能事，说历代名将郭子仪、裴度、韩铸、范仲淹比起年大将军，"不啻荧光之于日月，勺水之于沧溟"。

在这封自荐信快煞尾时，汪景祺肉麻地说："不能瞻仰'宇宙第一伟人'大将军金面的话，则此身虚生于人间了。"

年羹尧看了，心里很受用。就这样，汪景祺成了年的入幕之宾。不料年羹尧好运不长，从雍正三年起，雍正帝就开始究治年及年党，理由是年恃宠而骄，擅作威福，植党营私。当年九月，雍正帝命将年羹尧从杭州将军任上解京治罪。

在查抄年寓时，发现了汪景祺所写的《读书堂西征随笔》。雍正帝阅后，恨得咬牙切齿，挥笔在该书封面上批写："悖谬狂乱，至于此极！惜见此之晚，留以待他日，弗使此种得漏网也。"

果然，当年十二月，刚处决了年羹尧，便把"此种"汪景祺照大不敬律立斩枭示。"大不敬"，系《大清律例》中所谓"常赦所不原"的"十恶"重罪之一，汪景祺为什么坐以"大不敬"呢？

罗列的汪景祺的罪款：《读书堂西征随笔》中诗句"皇帝挥毫不值钱"意在讥刺圣祖康熙皇帝，该书还载有讥诽康熙皇帝的尊谥不应称"圣祖"；非议雍正的年号用"正"字，有"一止之象"等内容；其《功臣不可为》一文责备人主猜忌，以檀道济、萧懿比年羹尧。

雍正帝心里很清楚，汪景祺如果仅止吹捧党附年羹尧，自然罪不至死。所以不惜从他的《读书堂西征随笔》中罗织出诽谤先帝、本朝的罪状，再加上"大不敬"的吓人罪名，然后堂堂正正地置之重典。"大不敬"罪刑罚极重，不只立斩，还要"枭示"。

"枭示"，亦称"枭首"，即砍下人头，悬杆示众，多用于犯强盗罪者，其他恶逆重犯也有用枭首刑的，汪景祺即属此例。按照雍正帝特旨，汪景祺的头颅要长期悬挂在宣武门外最热闹的菜市口。那里既是刑场，又是大道通衢，南来北往的人，特别是那些南边来的汉族士大夫和普通读书人见了，怎能不触目惊心呢？

经过10年风吹雨打、烈日暴晒，汪景祺等人的头颅皮肉和发辫早已剥离殆尽，只剩下白森森的几颗骷髅在凄风苦雨中晃荡。乾隆帝对此早有所闻，但父皇尸骨未寒，自不宜主动采取纠正前朝弊政的声势过大的举动。如今既有大臣从有碍观瞻着眼，奏请将汪景祺等人首级掣杆掩埋，所以立即降旨命"照所奏行"。接着，又命赦免了被发遣边外的汪景祺及查嗣庭的亲属。

当然，这一连串的举措对遏制雍正朝文字狱泛滥的趋势充其量不过是治标而已，但无异于向天下臣民发出了一个明确的信号，朝中有人开始考虑通过健全法制的途径，从根本上杜绝清初以来持续发生的以文字罪人的悲剧重演，他就是上海籍监察御史曹一士。

雍正十三年十一月，曹一士经过深思熟虑，字斟句酌地草成《奏陈清查比附妖言之狱并禁挟仇诬告之事折》进呈乾隆皇帝。折中首先回顾了康熙帝晚年，特别是雍正朝以来文祸肆虐带来的严重危害："比年以来，闾巷细人不识两朝所以诛殛大憝之故，往往挟睚眦之怨，借影响之词，攻讦私书，指摘字句，有司见事生风，多方穷鞫，或至波累师生，株连亲族，破家亡命"，其结果，"使天下告讦不休，士子以文为戒"，影响统治秩序的稳定。

曹一士最后建议皇帝下旨命各省总督、巡抚全面检查以前是否有此类狱案,条列上请,以俟明旨钦定甄别;今后凡有检举诗文书札悖逆讥刺者,审无确凿形迹,即以所告本人之罪,依律反坐。

乾隆帝十分慎重,将曹一士奏折发交刑部讨论上奏。刑部也很慎重,3个月后,才拿出"应如所奏"的最后意见。他们又补充了一条极关重要的建议:"承审各官有率行比附成狱者,以故入人罪论。"

乾隆帝立即予以批准实行。什么叫"反坐"?"坐",就是加以某项罪名的意思。"反坐",简言之,即以某人控告他人的罪名,反加之某人。清律规定,凡故意捏造事实,向官府控告他人,使无罪之人被判有罪,罪轻之人被判重罪,告人者要按诬告他人的罪名,受到相应甚至加重的刑罚,称"诬告反坐"。

曹一士这里说的是,如有人挑剔别人文字作品的瑕疵诬告其"悖逆",而审无"确凿形迹"的话,就"反坐"诬告者以"悖逆"之罪,凌迟处死,亲属缘坐。诬告仇家,必欲置之死地而后快。

在专制时代,气候适宜时,最省事最易得手的伎俩就是对诗词书札吹毛求疵、鸡蛋里挑骨头,因为对文字字面意思的解释,最易颠倒黑白,上下其手。雍正年间翰林院庶吉士徐骏写了两句诗:"明月有情还顾我,清风无意不留人。"被人告发,说他"思念明朝,出语诋毁,大逆不道",经刑部审讯,雍正帝批准,把徐骏杀掉了。

"明月""清风",哪一个文人不曾吟诵过?徐骏却为此招来杀身之祸。这可怎么得了!看来只有望月结舌,临风缄口了。曹一士奏折的锋芒所向,就是像徐骏案中这类专以文字罗织他人死罪的恶棍,只要"反坐"一个,跃跃欲试者可能都会闻风丧胆。

什么叫"故入人罪"?即法官故意将无罪判为有罪,将轻罪判为重罪。清律规定,承审官"出入人罪",凡不意误犯,处罚较轻;凡知而故犯,则要受到重惩。曹一士提出"反坐",意在遏制起自民间的文祸的萌生;而刑部覆奏又在文祸既生之后,从承审文字之狱的官府方面,责成其慎重甄别,将其消弭,否则就要冒丢掉乌纱的危险。

随后在《大清律例》中增加了以下一条专门针对"以文字罪人"这种违法行为的治罪法条:有举首诗文书札悖逆者,除显有逆迹,仍照律拟罪外,若只字句失检,涉于疑似,并无确实悖逆形迹者,将举首之人,即以所诬之罪,依律反坐,至死罪者,分别已决、未决,照例办理。承审官不行详察辄波累株连者,该督抚科道查出题参,将承审官照故入人罪律交部议处。

严格来讲,《大清律例》并无"以文字罪人"的法律根据,清朝皇帝也从来不肯承认自己以文字罪人；相反，《大清律例》却明确载有将"以文字罪人"定为犯罪行为并加以惩治的条例，那就是上述乾隆元年由御史曹一士倡议、刑部遵旨覆奏、乾隆皇帝批准，最后在修订律例时加载于《大清律例》的重要律条。

既然如此，清朝，特别是康、雍、乾三帝在位的100多年间，何以制造了那么多的文字狱呢？问题就发生在究竟如何界定"形迹"或"实迹"的内涵和外延。

曹一士以及制定上述乾隆元年法条的刑部大臣们从无数摧残人性、扼杀思想的血淋淋的文字狱案中模模糊糊地感觉到了不能光凭诗词书札的字句定罪。曹一士强调必须有"确凿形迹"，《大清律例》中上述律例也强调"确实悖逆形迹"为最后定案的根据。这样来界定"形迹"一词，可谓抓住了文字狱案如何定罪的要害；这样来界定"形迹"一词，和今天法律意义上"行为"这一概念十分接近。

雍正皇帝和中年以后的乾隆皇帝都堪称搞文字狱的专家，他们总是指斥犯罪者有"种种叛逆实迹"，他们所说的"实迹"是不是我们今天所讲的"行为"呢？请看雍正朝著名的查嗣庭案。

雍正帝说："查嗣庭的罪，并不是因为他去江西典试时出的试题有毛病，如果这样做，别人会说查嗣庭出于无心，'因文字获罪'我之所以杀查嗣庭，是因为他有'种种实迹'。"

"种种实迹"原来是抄查嗣庭家时发现的两本日记，在那里面记下了查嗣庭对已去世的康熙皇帝的种种不满，和对雍正帝初政的一些微词。查嗣庭对自己所写的日记隐秘之至，从来没有明示于他人。

如果不是雍正帝抄了他的家，可能谁也不知道他有这样一本日记，因此，不能把他定性为反清的宣传煽动罪，然这是今天的认识。这桩著名的文字狱很有典型性，它表明以雍正帝为代表的清朝皇帝的逻辑很简捷：凡是讥讽皇帝、诋毁清朝，不管你有没有宣传煽动的行为，都要视为"谋叛大逆"的"实迹"，罪名定得十分可怕。

清代文字狱特别多，与对"实迹"做如此强词夺理的解释，随意扩大其外延，实在有很大关系。这样看来，至少在雍乾之际，统治集团上层中有相当一部分人对"实迹"或"形迹"的解释，与雍正皇帝有所不同。

那个摇头晃脑、吟风诵月的倒霉的徐骏，如果在乾隆初年被人举发，承审官就很有可能依法审查一下他究竟有没有确凿的反清形迹，当然更有可能的是，没人敢以身试法，举发他"大逆不道"，清代文字狱史上也就见不到这个案子了。

曹一士等人强调文字狱案应以"确凿形迹"定罪的认识十分可贵。专制时代文字狱林林总总，不暇细分，其最本质的共同特征则是不以作者的行为方式作为主要罪证，而仅仅从作品的文字推求作者的思想倾向将其置之以法。

这里面固然有对字面意思加以歪曲荒唐解释的，甚至有本意在奉承人主而糊里糊涂得罪的，但也有相当数量的文字狱不能说作为罪证的文字作品没有反对以至诋毁国君及朝政的意味。

这后一种情况最难讲清楚，你说我是善意批评，当政者非说你是恶毒攻击。专制时代，皇帝"口含天宪"，你纵有一百张嘴也辩不清，很可能不让你说话就把你杀了。

曹一士等人竟朦朦胧胧地感觉到此中的真谛，实在难能可贵。然而非常遗憾的是，他们的认识并不彻底，所拟的相应法条也存在自相抵触之处，给日后乾隆帝及其子孙，还有那些专门揣摩皇帝风旨的伶俐官员们开了践踏法制的后门。

反对"以文字罪人"旗帜最鲜明的曹一士竟认为康熙、雍正"两朝诛殛大憝"的戴名世《南山集》案和查嗣庭日记案这样再明显不过的文字狱倒是神圣而不可非议的。

他特别声明，他的反对以文字罪人并不包括"圣祖"和"世宗"发动的这两个特殊的大狱；乾隆元年新定律例尽管反对以文字定罪，但又预留下什么"有举首诗文书札悖逆者，除显有逆迹，仍照律拟罪外"之类可供专制帝王曲法玩法的含糊之词。

这样一来，又把什么是"实迹"的最后解释权拱手交给了专制皇帝。所以说到底，当时包括曹一士这样勇敢的有识之士在内，谁也不敢也不能期望通过法制手段约束最高统治者制造文字狱的手脚。

如果乾隆帝和他的子孙认为政治上确有制造文字狱的强烈需要的话，他仍然可以放手大干起来。当然，乾隆元年新帝即位伊始，他真诚地不想这么做。

在乾隆初政的十几年间，能够称得上文字狱的大概就只有谢济世私注经书案一件。谢济世在雍正朝因为私注《大学》，"心怀怨望"，险些丢了脑袋。朝代更迭，物换星移，他的积习却难以改变，仍旧在那里注经，仍旧不用程、朱的注释。

乾隆帝对此早有不满，到乾隆六年终于感到不宜再宽容下去了，于是亲自揭发了这件事，下令查办。但他与雍正帝不同，没有说谢济世有政治问题，只说他"迂"。至于说他的居官操守，乾隆帝说："朕可保其无他也。"

从乾隆帝对谢济世的批评来看，保全的意思是十分明显的。在最后结案时，乾隆帝特向天下臣民郑重表示："朕从不以语言文字罪人。"谢济世本人仍做他的原官湖南粮道，不过，被指为"自逞臆见，倡为异说，肆诋程朱"的谢注经书则不便存留于世，所以连同书版，一把火全都烧了。

这十几年间，思想界之所以比较开放，文字狱之所以几近绝迹，看来有这样几个原因：一是乾隆帝本人对雍正朝峻急严猛的统治方针带来的弊病有比较清醒的认识。

为缓和统治集团内部的紧张关系和知识分子的对立情绪，他为政以宽缓为主调，相应地采取了一系列措施，放松了对文化思想的严密禁锢。再就是初政伊始，兢兢业业，唯恐失误，既真诚求谏，又虚心纳谏，是他60余年政治生涯中作风最开明的时期。

还有一点，弘历即位以后相当长的一段时间里，政治形势比较平稳，全国的气氛比较宽松。当时吴中歌谣有"乾隆宝，增寿考；乾隆钱，万万年"之语，与雍正帝后期"雍正钱，穷半年"的民谚形成了鲜明的对照。

这一时期阶级矛盾、民族矛盾和统治阶级内部矛盾相对缓和，乾隆帝没有碰到什么大的棘手问题。他后来回忆说，当时叫他心烦的不过是张廷玉与鄂尔泰的门户之争、暗中较量而已。

大兴"文字狱"

乾隆帝登上龙位之初,为了笼络人心,采取了"优待文人,清明盲路"的政策。为了提高文人的地位,乾隆帝采取了不少措施,诸如重开博学鸿词科、开乡会试恩科和举经筵,禁扣举人坊银,优恤绅士和生员等等。

博学鸿词科起于康熙年间,是康熙帝为了发展文化和笼络文人学士而开设的,主要选拔"学行兼优,文词卓越"的人才。到了雍正年间,博学鸿词由于种种原因又停止了。而乾隆帝刚继位便开此举科,优选士人,在继位第二年又连续开科选人,说明了他对文人学士的重视和对文化的崇尚。

在考试中,选拔出了几百名进士,人数大大超过了正科,在这些人中就有后来权倾朝野的于敏中。乾隆帝还特别批准该年度的新取进士可以条奏地方利弊,显示出了对恩科进士的重视之意。

乾隆帝还在经济和物质上来改善文人的日常生计。乾隆帝规定从元年冬天开始,将两江学政养廉银从原来的1500两和2000两增到4000两,以此来鼓励他们坚持操守、鞠躬尽瘁、公正廉明、自觉维护国家的法度。

此外,乾隆帝还把州县学中的教官从九品升为正七品,学正和教谕定为正八品,训导也定为从八品。这些人政治地位一提高,经济收入也自然上涨了。

清朝原规定各省乡试考中的举人,每人由该省布政使颁给坊银20两,以资鼓励。但是有些省的官员竟贪污其中的资金,使举人只得到一点点,甚至是一点都没有;或者有的地方官员把坊银发下去了,举人还得将此银两来孝敬主考官。

了解到这种种现象后,乾隆帝感到这样下去既与朝廷鼓励人们读书上进的本意背道而驰,还助长了贪污之风,辜负了朝廷优恤文人的初衷。为此，乾隆帝下令说："以前地方官或主考官扣发、收受坊银的事情一概不究，此后，考官等应该遵守行政制度，不许收受此银两，该藩司亦必照数给发，不得丝毫扣留，一定要让中第的举人实实在在地享受到皇上的恩泽。"

这样，也终于让实惠真的落在举人身上。乾隆三年四月，乾隆帝又做出规定：凡遇地方赈灾之时，由督抚传令教官，将贫生人名开报给地方官，按人数多寡从官府公款内拨出银米，移交本学教官，均匀散给那些贫困的学子，资助他们的生活。乾隆帝还强调指出：如果教官开报不实，散给不均，或者胥吏从中贪污，都要从严惩治。

乾隆帝不仅在这些措施上优待士人，而且在他出巡过程中，特别是南巡期间，还对前来迎驾的知识分子给予特别召试，并通过考试授予官职和功名。在南巡之地江浙等省份，乾隆帝还增加了岁试文童府学及州县大学名额。乾隆帝历次南巡时都召试士子，赐给出身，使一批有才华的读书人以文获进。

乾隆帝比较重视从科举选拔人才，曾经多次亲临贡院，巡视号舍，看到考场矮屋风檐，士子非常艰苦，便命发给考生蜡烛、木炭，准许入场时携带手炉以温笔砚，还关心考场的伙食。因会试时正值京师严寒，乾隆帝还曾命延期3个月以待春暖。后来，为了选拔更多的人才，乾隆帝还增加了皇太后万寿恩科的考试。

在乾隆帝爱惜文人才识的表率作用下，很多官员也多以培养人才，扶持后进为己任，像大学士于敏中，是编纂《四库全书》的最早倡导者之一，不但自己致力于古文诗词讨论典籍，讲求古今沿革利弊，熟研朝章国故，切磋久之，达于实用；而且他也非常重视人才的选用，当时人都称他衡量人才从细小处计较屈申荣辱，看人的才能而定。

那时，公卿好士已成风气，大学士蒋溥极爱士，一旦有人来荐书，即安排吃住在自己的公寓里，即使不认识这个人也不计较。尚书裘日修，在内城石虎胡同，购买了一个亭子叫"好春"，退朝以后就来到这里休息，宾客门下士往来不绝，他们都不约而同地直接来到这个亭子处。下朝后，裘日修必定会来这里等待那些想要求取功名的士子。可见当时的文士是很活跃的，入仕的路子也是很多的。

对文人的优待和培养，使乾隆朝的人才之盛远远超过了前几代，这些人很多都成为文治武功的大家。有的精于考据，如汉学诸公；有的长于治理，如陈宏谋、梁国治、萨载、舒赫德、高晋等。虽说其中不乏寡廉鲜耻、营私败检之徒，但大多数人才学优长，尤善经世抚民。

乾隆帝通过小小的恩惠，可以说达到了"天下之才全入我彀中"的目的，这也是清朝长治久安的根本。而到了乾隆中后期，为了控制文人言论，却又制造了文字狱，让文人安分守己。乾隆帝对于文人的态度有一个明显的转变，这是与他的政治需要紧密联系的。

雍正在位13年，制造了查嗣庭等10多起文字冤狱。乾隆帝为了汲取历史教训，在他即位初年，就表现了某些开明之举。大学士鄂尔泰曾奏请回避御讳。乾隆帝说："避讳虽历代相沿，而实文字末节，无关大义也。"他宣布，"嗣后凡遇朕御名之处，不必讳。"

乾隆帝还曾说："朕自幼读书宫中，从未与闻外事，耳目未及之处甚多，群臣可各抒己见，深筹国计民生要务，详酌人心风俗之攸宜，毋欺毋隐……即朕之谕旨，倘有错误之处，亦当据实直陈，不可随声附和。如此则君臣之间，开诚布公，尽去瞻顾之陋习，而庶政之不能就绪者鲜矣。"

但在乾隆十五年以后，即孙嘉淦伪奏稿以后，乾隆帝就背弃了自己的诺言，不只不许臣民"据实直陈"他的"错误之处"，而且对臣民的诗文吹毛求疵，断章取义，随意附加"影射讥讽"等罪名，杀人无数。

乾隆十五年，社会上流传所谓孙嘉淦伪奏稿。孙曾官至工部尚书，生性耿直，敢于犯颜直奏，因此社会上有人冒其名写奏稿，指斥乾隆帝"五不解十大过"，主要内容是批评乾隆帝南巡扰民、奢侈浪费和赏罚不公等。

乾隆帝大怒，说这"全属虚捏"，他下令各省督抚、各级官员严查伪稿的炮制者和传播者。至同年十一月，仅四川一省就逮捕了嫌疑犯280多人。山东曾发现伪奏稿，山东巡抚以为"无庸深究"，被乾隆帝革职查办；御史书成上疏委婉提出劝阻，说此案旷日持久，"株连终所难免，恳将人犯即行免释"，乾隆帝阅后大怒，连降二道谕旨申斥书成为"丧心病狂之言"，书成被革职服苦役，此后无人敢谏。

在继续追查中，有挟仇诬告，有畏刑妄承，有株连扰累，总之弄得人心惶惶。乾隆十七年十二月，江西巡抚鄂容泰，奏报长淮千总卢鲁生父子传抄伪稿。逾月，军机大臣在刑讯诱供中又得知南昌守备刘时达父子同谋。

乾隆十八年三月，卢鲁生被凌迟，刘时达等俱定秋后斩决，家属照例连坐。办案不力的大员如江西巡抚、按察使、知府等俱被革职拿问，连两江总督、漕运总督也被牵连问罪。

其实此案疑点很多，卢的供词前后矛盾，他说伪稿是刘所供，但二人并未对质，又无其他证据，只是负责此案的官员怕担当"查处不力"的罪名，就仓促判决定案了。乾隆帝虽未加罪孙嘉淦，但孙嘉淦吓得心惊肉跳，面对身边哭泣的妻儿，自悔以前不该耿直敢奏，致使别人冒己名写伪奏稿。乾隆十八年，孙嘉淦因惊惧而死。在文字狱的腥风血雨中，正气傲首俱丧，以后敢于直言的就更少了。

乾隆二十年，乾隆帝又通过胡中藻文字狱案扫平了鄂派的势力。乾隆二十二年，乾隆帝南巡到徐州，江苏学政使彭家屏告病在老家河南夏邑休养。夏邑县离徐州很近，乃前往接驾。乾隆帝询问民情，彭家屏奏称河南去年水灾造成庄稼歉收，他自己的家乡夏邑县和永城县灾情尤其严重。

乾隆帝闻听，虽然立刻传旨讯问河南巡抚图勒炳阿，心中却在寻思："以彭家屏为本地缙绅，不免有心邀誉乡里，言之过甚。"所以当图勒炳阿报告"夏邑等县仅少数低洼地方有积水，都有六七分收成，可以不必给予赈济，酌情借一些粮食已经足够接济"时，乾隆帝也就放心了。

在乾隆帝南巡回驾又经徐州时，河南夏邑县百姓张钦拦路告状，称上年夏邑受灾，地方官隐匿灾情不报，乾隆帝听到这些不觉大吃一惊。由于沿途见到徐州百姓困苦不堪，于是想到夏邑等县与徐州是近邻，恐怕受灾也不会轻，便派步军统领衙门微服前往密行访查，而步军统领未回之时，又有河南夏邑县农民刘元德状告地方官散赈不实等事。

在追查出段、刘两名官员时，受命微服私访的步军统领从夏邑返回，向乾隆帝报告说："夏邑、永城、商丘、虞城四县灾情严重，庄稼连年歉收，积水干涸，无法下种，百姓惨不忍睹。"

步军统领仅花了几百个铜钱就买了两个男孩子，并有卖身契约为证。至此，证明彭家屏及告状农民张钦、刘元德所说句句属实，而且还把灾情隐瞒不少。乾隆帝遂将巡抚图勒炳阿革职，发往乌里雅苏台，夏邑、永城知县皆被革职，此案自此了结。

然而事情的发展却并未到此结束，乾隆帝一向视民告官为刁风恶习。所以又反过来下令对刘元德严加审讯，以此告诫百姓，务必安分守法。在严刑逼供之下，刘元德供出支使他告状的是生员段昌绪等人，还为他们告状提供了路费。夏邑知县又报告说从段昌绪家中搜出吴三桂当年使用过的檄文一张。乾隆帝想到彭家屏也定有伪书之嫌，便派人到彭家屏家中严查。接着，乾隆帝又亲自提审彭家屏，向彭家屏声称："你是朝廷重臣，一直身受国家的恩惠，如果你自首的话，还有一线生机。"

彭家屏称："吴三桂的伪檄我实在没有看到过。"

乾隆帝再三盘问，彭家屏才承认家中藏有《豫变纪略》《酌中志》

《南迁录》等明末野史。但是，到彭家中搜查的官员却并未发现任何悖逆书籍。乾隆帝在一怒之下，遂转而指责彭家屏之子彭传笏焚毁书籍，让图勒炳阿等将彭家屏的儿子及家人严行审讯，明白开导，下令让熟悉彭家屏底细的人主动招供，以使其无可狡赖。乾隆帝传话给彭家屏如能主动承认，还是可以宽恕的，如果顽固不化，马上按照律法从重办理，严加正法，不再给予宽待。

在这种威逼利诱下，彭传笏只得承认逆书系自己焚毁。然而乾隆帝并不满足，进一步将案情引向严重，指责彭家屏有校点逆书之嫌，将彭及其子定斩监候、家产入官。

后来，图勒炳阿奏彭家屏刊刻族谱《大彭统记》，乾隆帝闻讯，又抓住此事大做文章，将其置之死地。他说："彭家屏称大彭得姓于黄帝，太狂妄了，身为臣子，自称为帝王苗裔，这是何居心？而且以《大彭统记》命名，实在是大逆不道，又斥责彭家屏不避讳皇室宗庙名字，朕综合他所有的罪状，决定赐他自尽，用以告诫其他负恩狂悖的大臣。"

江西新昌人王锡候，中举后9次会试都落榜，从此他心灰意冷，专心著述，他深感《康熙字典》查检、识证都不容易，于是用数年的工夫，编了一部《字贯》，于乾隆四十年刊成后，被仇家王泷南告发，说他删改《康熙字典》，贬毁圣祖。乾隆帝一看，该书的《提要·凡例》中有一则教人怎样避讳，即凡有康熙帝、雍正帝、乾隆帝的名字等字样时应如何改写以避讳。王锡候所教的方法是完全按官方规定，都用了缺笔处理，以示敬避。

可是乾隆帝还认为该书没有按更严格的避讳方法，于是勃然大怒，认为此实"大逆不道""罪不容诛"。王锡候被判斩立决，家属按例受株连。江西巡抚满人海成，当初在接到王泷南控告后，立即上报，拟革除王锡候的功名。乾隆帝认为海成判得太轻，"有眼无珠"，将其革职治罪。这个满洲大吏，以前因查缴出禁书8000多册，曾受到乾隆帝嘉奖，如今一着不慎，便沦为阶下囚。

从此以后，各省督抚大员及各级官员，遇到这类案件就更加刻意苛求，吹毛求疵，在拟具处理意见时，就宁严勿宽、宁枉勿纵，以免被皇帝加罪。乾隆四十三年，为江苏东台县举人徐述夔子孙被仇家蔡嘉树告发，因而获罪。徐述夔生于康熙中叶，约卒于乾隆二十八年。生前曾著有《一柱楼诗集》，该诗集中有"大明天子重相见，且把壶儿搁半边"；"清风不识字，何须乱翻书"等句。

乾隆帝见了，认为是"叛逆之词"，说"壶儿"是讽刺满人；"清风"一句是指满人没文化。诗集中还有两句，"明朝期振翮，一举去清都"，"明朝"二字本是指明天早晨，意思非常清楚，而乾隆帝偏说是指"明代"，因此这两句便被说成是怀念明朝。

最后判决：徐述夔及其子已死，开棺戮尸，枭首示众；徐的两个孙子虽携书自首，但仍以收藏"逆诗"罪论斩。最冤枉的是徐述夔的族人徐首发和徐成濯兄弟，因二人名字合成是"首发成濯"4个字，乾隆帝根据《孟子》"牛山之木，若彼濯濯，草木凋零也"，遂认为此二人的名字是诋毁本朝剃发之制，以大逆不道之罪处死。

石卓槐，湖北黄梅县监生，在其所著《芥圃诗抄》中，有"大道目以没，谁与相维持"等句。经仇家告发，乾隆帝批道："大清主宰天下，焉有大道没落之理，更焉用外人维持？"于乾隆四十五年下令将石凌迟处死。

乾隆四十六年，湖北孝感县生员程明湮在读《后汉书·赵壹传》中的五言诗"文籍虽满腹，不如一囊钱"句后批道："古今同慨"4字，被仇家告发为以古讽今，判斩立决。

乾隆帝更一再下令各省督抚大员和各级官吏，搜查禁书。对于有积极表现的，就奖励升官；对于不积极的，就予以申斥治罪。因此各级官员都战战兢兢，到处搜查禁书，翻箱倒柜，弄得各州县乡里骚然。

官员们在处理案犯时也就无限上纲，宁枉勿纵，而何谓"悖逆"，何谓"禁书"，又没有个标准，所以奸人就可以乱加解释、挟嫌诬告，或因敲诈不遂而告发。在这种社会风气下，势必产生一批文化鹰犬，如浙江巡抚觉罗永德在乾隆三十三年向皇帝密报："为查获行踪妄僻，诗句牢骚可疑之犯，臣谆饬各属，不论穷乡僻壤，庵堂歇店细加盘诘。"

官府尚且如此，一些无耻文人更为虎作伥，用各种卑鄙手段获取告密材料，以为自己升官发财的进身之阶。在这种文化专制恐怖主义之下，曹雪芹写《红楼梦》时不得不声明，此书大旨言情，不敢干涉朝廷，都是些"贾雨村言，甄士隐去"，其良苦的用心都是为了躲过残酷的森严文网。

当时的士人绝大多数也终日战战兢兢、提心吊胆过日子，更不敢言创新和改革，只能谨守"祖宗之法"，终日揣摩上意，歌功颂德，唯唯诺诺。乾隆四十七年以后，文网稍宽，对下面官员或因邀功或因畏罚而送上来的文字狱案，乾隆帝有时批示："朕凡事不为已甚，岂于文字反过于推求？毋庸深究。"

巨资兴修皇家园林

弘历登基那年25岁，风华正茂，野心勃勃。从乾隆元年开始，圆明园就开始大举扩建。到乾隆九年，建成了"圆明园四十景"。这座园林有的模仿江南园林，有的再现古诗和绘画的意境，集天下之大美于一身。

乾隆帝对圆明园的厚爱是有来历的。小时候他和前途尚不明朗的父亲雍亲王胤禛一起住在圆明园，那时的圆明园只是皇子赐园，康熙帝所居的畅春园才是真正的皇家园林。

乾隆帝聪明能干，好大喜功。传教士郎士宁认为，乾隆帝各方面都争强好胜，最喜欢扮演文坛领袖。他一生写诗4万多首，比《全唐诗》数量还多，有时候乾隆帝一天写几十首诗，见什么写什么。

据统计，乾隆帝写的与圆明园有关的诗就达两千多首，诗中记载着诸多历史事件，比如83岁高龄时在正大光明殿接见英国使臣马嘎尔尼，85岁时在勤政殿立皇十五子颙琰为太子，宣布归政。

乾隆帝对雍正时期的圆明园做了调整和更改，减少了园林的乡野味道，比如牡丹台更名"镂月开云"，竹子院更名"天然图画"，菜圃更名"杏花春馆"，金鱼池更名"坦坦荡荡"。乾隆帝在《圆明园后记》得意地写道：

天宝地灵之区，帝王豫游之地无以逾此。

乾隆帝还在圆明园的西北建了"鸿慈永祜"，又称"安佑宫"。这座家庙供奉着康熙帝和雍正帝画像。这座建筑样式仿照太庙，门口竖着华表和牌楼。安佑宫加强了圆明园作为离宫的政治地位，但从园林美学角度而言，则显得体积庞大，过于庄严，与周围山水颇不协调。

另外一处规模宏大的建筑群是福海东北方的"方壶胜境",这是乾隆帝想象中的仙境的模样。圆明园的建筑一般不用琉璃瓦,而"方壶胜境"不但用琉璃,而且还用了七彩琉璃。每当夕阳西下,此地绚烂异常。

乾隆帝还嫌不过瘾,又向东发展扩建了长春园,向东南兼并了绮春园,这3座园林仍统称为"圆明园"。在长春园,乾隆帝把六下江南的旧梦带回了京都,又把西洋建筑引进了中国。

乾隆帝对江南园林的学习很成功。虽然很多景点的名字都是照搬江南风景,比如西湖十景、狮子林,但乾隆帝塑造的是神韵,而不是仅求形似。

他第二次、第三次、第四次下江南,都曾游览苏州的狮子林,对该园闹中取静的设计,乾隆帝赞不绝口。第五次南巡时,长春园东北角的"狮子林"已经建成,该园不拘泥于原样,而是根据圆明园当地条件,对景物加以取舍。

乾隆十五年,乾隆帝下旨建造西洋水法房,这是西洋楼建筑群的开端。此后,他又下旨命郎世宁等人设计,修建了方外观、海晏堂、大水法等洛可可和巴洛克式建筑。

直到乾隆四十八年,大水法以北建成了远瀛观。西洋楼景区只占整个圆明园的2%,乾隆帝的本意也只是玩赏喷泉等西洋奇巧。要知道,西洋楼建筑主体虽然是欧洲样式,屋顶却是中式的,这也意味着乾隆帝内心深处仍然坚信大清权倾天下,舍我其谁。

圆明园中最匪夷所思的地方,当属同乐园的买卖街了。平民喜欢模仿皇室,造"假皇家";皇家却也喜欢模拟平民,造"假民间"。同乐园倒没什么,那是皇帝看戏的地方,主建筑是一座三层的大戏台。

而买卖街却是一处闹市。街上店铺掌柜由内务府太监充任,举凡古玩、酒楼、茶馆,无所不有,甚至还有拎着篮子卖瓜子的。据传教士王致诚描述,买卖街上有太监假装吵嘴打架的,还有扮演小偷和捕快的。"小偷"被抓获之后要送官府惩办,给皇室家族取乐。

乾隆皇帝的园居生活在大多数时间里,他睡在后宫"九州清晏",当然,圆明园里有许多寝宫,他可以在任何地方小憩。比如文渊阁,那是《四库全书》的藏书楼;再比如长春园的含经堂,那里也有《四库全书》的简本《四库全书汇要》。

早上起来,乾隆帝一般去"坦坦荡荡"喂鱼,到舍卫城烧香礼佛。接着或乘船,或坐轿到同乐园吃早饭,他的早饭很晚,大概相当于上午十点钟。

吃完早饭，乾隆帝再到"勤政亲贤"办公。奏章批阅累了，他可以就地"观稼验农"，也就是视察农业生产。圆明园由两层虎皮墙包围着，墙体不高，墙外就是周围百姓的水田。

圆明园墙边建了几处较高的建筑，乾隆帝可以站在楼上看农夫种田。比如"若帆之阁"，墙外风吹禾苗，稻田像海浪一般荡漾，他所在的阁楼就像航行在稻海里的一艘小船。

乾隆帝忽然闪现一个念头，比如想盖座新楼，或想改建现有宫殿，就会把建筑设计世家"样式雷"找来，后者根据他的口述，用木条和纸板做成模型，就是"烫样"。乾隆帝批准之后，纸上的图样就会迅速拔地而起，不久以后，乾隆帝就会游荡其中，不停地作诗、泼墨绘画。

乾隆帝修建圆明园工程，耗资肯定是巨大的。况且正如乾隆帝所言，"土木之功，二十年斯弊"，圆明园建成之日也就是修缮的开始。对此乾隆帝自有一套说辞，他认为，"泉货本流通之物，财散民聚，圣训甚明，与其聚之于上，毋宁散之于下"。

上行下效，乾隆时代，北京掀起了建设高潮，宫殿、坛庙、园囿、衙署、城郭、河渠，莫不修缮。清朝以前，皇家工程往往是无偿征用人工，而乾隆帝则"物给价，工给值"，这位皇帝从来不打白条。乾隆帝认为建筑是百年大计，不能省钱，所以乾隆时期的建筑质量很高、结实、美观。

清王朝进入乾隆时期，最终形成了肇始于康熙的皇家园林建设的高潮。乾隆皇帝作为盛世之君，有较高的汉文化素养，平生附庸风雅，喜好游山玩水。他自诩"山水之乐，不能忘于怀"，对造园艺术很感兴趣也颇有一些见解。

明代以及康、雍两朝建置的那些旧苑已远不能满足乾隆帝的需要，因而按照自己的意图对它们逐一进行改造、扩建。同时，他又扶持皇家敛聚的大量财富，兴建了为数众多的新园。

乾隆帝曾先后6次到江南巡视，足迹遍及江南园林精华荟萃的扬州、苏州、无锡、杭州、海宁等地。凡他所喜爱的园林，均命随行的画师摹绘为粉本"携图以归"，作为北方建园的参考。一些重要的扩建、新建的园林工程，他都要亲自过问甚至参预规划事宜，表现了一个内行家的才能。

康熙以来，皇家造园实践经验上承明代传统并汲取江南技艺而逐渐积累，乾隆帝又在此基础上把设计、施工、管理方面的组织工作进一步加以提高。内廷如意馆的画师可备咨询，内务府样式房做出规划设计，销算房做出工料估算，有一个熟练的施工和工程管理的班子。因而园林工程的工期比较短，工程质量也比较高。

从乾隆三年直到三十九年这30多年间，皇家的园林建设工程几乎没有间断过，新建、扩建的大小园林按面积总计起来大约有一千五六百公顷之多，它们分布在北京皇城、宫城、近郊、远郊、畿辅以及承德等地。营建规模大，确乎是宋、元、明以来所未之见的。

大内御苑的情况，比之清初因兴废扩充而有一些变动：

东苑。大部分析为民宅，少部分改为寺庙和内务府仓库，东苑作为园林已不复存在。

兔园。全部析为民宅，亦不复存在。

景山。增建、改建若干建筑物。

西苑。三海以西的空地由于皇城内民宅日增而不断缩小，最后只剩下沿东岸的一条狭窄的地带，不得不于此加筑宫墙以严内外之别。西苑的范围缩小，苑内却增建了大量建筑物，包括佛寺、祠庙、殿堂、住房、小园林以及个体的楼、阁、亭、榭、小品之类的点景，由于建筑密度增高，苑内景色大为改观，尤以北海一带的变动最大。

紫禁城内。御花园和慈宁宫花园大体上仍保持着清初的格局，仅有个别殿宇的增损，另在内廷的西路新建"建福宫花园"，内廷东路新建"宁寿宫花园"。

以西苑的改建为主的大内御苑建设，仅仅是乾隆时期的皇家园林建设的一小部分，大量则是分布在北京城郊及畿辅、塞外各地的行宫和离宫御苑。北京西北郊和承德两地尤为集中，无论就它们的规模或者内容而言，均足以代表有清一代宫廷造园艺术的精华。

乾隆帝之所以集中全力在北京西北郊和承德这两个地方兴建和扩建御苑，固然由于这里具备优越的山水风景和康、雍两朝已经奠定的皇家园林特区的基础，而他本人持有与康熙帝同样的园林观也是一个主要的原因。

乾隆帝酷爱园林的享受，六巡江南又深慕高水平的江南造园艺术。同时也像康熙那样保持着祖先的骑射传统，喜欢游历名山大川，对大自然山水林木怀着特殊的感情。他认为造园不仅是"一拳代山、一勺代水"对天然山水作浓缩性的摹拟，其更高的境界应该是身临其境的直接感受。

若夫崇山峻岭，水态林姿；鹤鹿之游，鸢鱼之乐；加之岩斋溪阁，芳草古木，物有天然之趣，人忘尘市之怀。较之汉唐离宫别苑，有过之无不及也。

北京西北郊和承德的山水结构乃是创设园林的自然风景真实感的不可多得的地貌基础，这样的造园基地，对于乾隆帝来说其所具有极大的诱惑力，自是不言而喻的。

乾隆帝奉皇太后居畅春园并扩建其西邻的西花园，他自己仍以圆明园作为离宫。对该园又进行第二次扩建，大约在乾隆九年告一段落。这次扩建并没有再拓展园林用地，而是在原来的范围内增建若干景点。将园内的40处重要景点分别加以4个字的"景题"，成"四十景"。其中28处是雍正时旧有的，12处是新增的。

乾隆十年，扩建香山行宫，十二年改名"静宜园"。乾隆十五年，扩建静明园，把玉泉山及山麓的河湖地段全部圈入宫墙之内。同年，在瓮山和西湖的基址上兴建清漪园，改瓮山之名为"万寿山"，改西湖之名为"昆明湖"，二十九年完工。

与建设清漪园和静明园的同时，为了彻底解决与日俱增的宫苑的供水和大运河上源通惠河的接济问题，对北京西北郊的水系进行了大规模的整治：拦蓄西山、香山一带的大小山泉和涧水，通过石渡槽导入玉泉湖，再经过玉河汇入昆明湖；结合园林建设，拓展昆明湖作为蓄水库，另开凿高水湖和养水湖作为辅助水库，并安设相应的涵闸设施；疏浚长河，开挖香山以东和东南的两条排洪泄水河。

经过这一番整治之后，昆明湖的蓄水量大为增加，北京西北郊形成了以玉泉山、昆明湖为主体的一套完整的、可以控制调节的供水系统。它保证了宫廷、御苑的足够用水，补给了通惠河上源，也收到农业灌溉的效益。同时，还创设了一条由西直门直达玉泉山静明园的长达10余公里的皇家专用水上游览路线。

乾隆十六年在圆明园东邻建成长春园、东南邻建成绮春园。此二园为圆明园的附园，三者之间有门相通，同属圆明园总理大臣管辖。因此，一般通称的圆明园也包括长春、绮春二园在内，又称为"圆明三园"。除此之外，海淀以南、沿长河一带还陆续建成若干小型的行宫御苑。

到乾隆中期，北京的西北郊已经形成一个庞大的皇家园林集群。其中规模最宏大的5座：圆明园、畅春园、香山静宜园、玉泉山静明园、万寿山清漪园,号称"三山五园"。圆明、畅春为大型人工山水园,静明、清漪为天然山水园,静宜为天然山地园。它们都由乾隆帝亲自主持修建或扩建,精心规划,精心施工。

可以说,三山五园荟聚了中国风景式园林的全部形式,代表着后期中国宫廷造园艺术的精华。它们附近又陆续建成许多赐园、私园,连同康、雍时留下来的一共有十余座。

在西起香山、东到海淀、南临长河的辽阔范围内,极目所见皆为馆阁联属、绿树掩映的名园胜苑,形成一个巨大的"园林之海",也是历史上罕见的皇家园林特区。北京西北郊以外的远郊和畿辅以及塞外地区,新建成或经过扩建的大小御苑亦不下10余处,其中比较大的是南苑、避暑山庄和静寄山庄。

乾隆三年,扩建北京南郊的南苑,增设宫门9座,苑内新建团河行宫以及衙署、寺庙若干处,作为皇帝狩猎、阅武和游幸时驻跸之用。乾隆十六年,扩建承德避暑山庄,五十五年完工。

在园内增建大量的景点,其中主要的36处以3个字命名景题,是为"乾隆三十六景"。园外狮子沟以北、武烈河东岸一带,先后建成宏伟壮丽的"外八庙",自北而南环绕避暑山庄有如众星拱月。

乾隆十九年,在北京以东蓟县境内的盘山南麓建成大型山地园林"静寄山庄",又名盘山行宫。乾隆帝题署"静寄山庄十六景",其中八景在园内,八景在园外。

其余规模较小的行宫则是乾隆帝北巡、南巡、西巡、谒陵的途中,以及游览近郊和畿辅各地的风景名胜时临时驻跸之用,大部分均有园林或园林化的建置。

乾隆时期是明、清皇家园林的鼎盛时期,它标志着康、雍以来兴起的皇家园林建设高潮的最终形成,它在造园艺术方面所取得的成就使得北方园林成为与江南园林南北并峙的一个高峰。乾、嘉盛世的皇家园林鼎盛局面,也正预示着它的衰落阶段行将来临。

皇家园林要充分显示皇家气派,而规模宏大是皇家气派的突出表现之一。因此,这时期的皇家造园艺术的精华差不多都集中在大型园林中,它们的总体规划在继承上代传统和康熙新风的基础上又有所发展和创新:

其一是大型人工山水园的"集锦式"的布局。这类园林的横向延展面极大,为了避免出现园景过分空疏、散漫、平淡和山水比例失调的情况,园内除了创设一个或若干个以较大水面为中心的开朗的大景区之外，在其余大部分地段上采取化整为零、集零为整的方式，划分为许多小的、景观较幽闭的景区。

每个小景区均自成单元，各具不同的景观主题、不同的建筑形象，功能也不尽相同。它们既是大园林的有机组成部分，又相对独立而自成完整小园林的格局。这就形成了大园含小园、园中又有园的"集锦式"的规划方式，圆明园便是典型的一例。

其二是力求把我国传统的风景名胜区的那种以自然景观之美而兼具人文景观之胜的意趣再现到大型天然山水园林中来，后者在建筑的选址、形象、布局、道路安排、植物配置等方面均取法、借鉴于前者。从而形成类似风景名胜区的大型园林，即园林化的风景名胜区。

从康熙到乾隆帝，皇帝在郊外园居的时间愈来愈长，园居的活动内容愈来愈广泛，相应地就需要增加园内建筑的数量和类型。因此，乾隆时期皇家园林的建筑分量就普遍较以前增多。

加之当时发达的宫廷艺术，诸如绘画、书法、工艺美术，都逐渐形成了讲究技巧和形式美的风尚，宫廷的艺术风尚势必影响到皇家园林。匠师们也就因势利导，利用园内建筑分量的加重而更有意识地突出建筑的形式美的因素，作为造景和表现园林的皇家气派的一个手段。

园林建筑的审美价值被推到了新的高度，相当多的成景部分离不开建筑，建筑往往成为许多局部景域甚至全园的构图中心。园林建筑几乎包罗了中国古典建筑的全部个体型式，某些型式还适应于不同的造景需要而创为多样的变体。

建筑布局很重视选址、相地，讲究隐、显、疏密的安排，务求其表现与大自然协调亲和的艺术魅力。凡属国内的重要部位，建筑的群体布置一般均运用轴线对位和比较严整的几何关系，个体采取"大式"做法，以显示皇家气派。

其余的地段则因就局部的地貌作自由随宜的群体布置，个体建筑一律为"小式"做法，或"小式"做法与民间建筑相融糅的变体。正是这些变体建筑，使得皇家园林于典丽华贵中又增添了不少朴素、雅致的民间乡土气息。北方皇家园林之引进江南造园技艺始于康熙，而更全面、更广泛的吸收则在乾隆时期。大体上是通过3种方式：

其一，引进江南园林的造景手法。在保持北方建筑风格的基础上大量使用游廊、水廊、爬山廊、拱桥、平桥、亭桥、舫、榭、粉墙、漏窗、洞门、花街铺地等江南常见的园林建筑形式以及某些小品、细部、装修，大量运用江南各流派的叠山技法。

临水的码头、石矶、驳岸处理，水体的开合变化，水域的聚散划分等，也都借鉴于江南园林。此外，还引种驯化南方的不少花木。而这些都并非简单的抄袭，乃是使用北方的材料、结合北方的自然条件、适应北方的鉴赏习惯的一种艺术再创造。

其二，再现江南园林的主题。皇家园林里面的许多"景"其实就是把江南园林的主题在北方再现出来，也可以说是某些江南名园在皇家御苑内的变体。

例如，苏州四大名园之一的"狮子林"，元代画家倪云林曾绘《狮子林图》，乾隆帝南巡时3次游览此园，并且展图对照观赏。倪图中所表现的狮子林着重在突出叠石假山和参天古树的配合成景，而乾隆帝咏该园诗则谓"一树一峰入画意，几弯几曲远尘心"，实际上也是对倪图的意境的赞赏。因而先后在北京的长春园和承德的避暑山庄内分别建置小园林亦名"狮子林"，它们并不全同于苏州狮子林，但在以假山叠石结合高树茂林作为造景主题这一点上却是一致的。

所以说，长春园、避暑山庄的狮子林乃是再现苏州狮子林造景主题的两个变体。正由于诸如此类的大量变体的创作，对充实、扩大皇家园林的造景内容起到了十分重要的作用。

其三，具体仿建江南名园，以它们为蓝本大致按照其规划布局而建成园中之园。这种情况亦不在少数，清漪园内的惠山园便是典型的一例。即使仿建亦非单纯模仿，用乾隆帝的话来说乃是"略师其意，就其自然之势，不舍己之所长"。也就是说，重在求其神似而不必拘泥于形似，是用北方刚健之笔抒写江南柔媚之情的一种更为难能可贵的艺术再创造。

通过上述3种方式，促成了宫廷与民间造园艺术的大融糅。皇家园林因得到民间养分的滋润而大为丰富了园林的内容，大为开拓了创作的领域。在讲究工整格律、浓艳典丽的宫廷色彩中，或多或少地融入了江南文人园林的清沁雅致、如诗如画的情趣。

雍、乾时期，皇权的扩大达到了中国封建社会前所未有的程度。御苑既然是皇家建设的重点项目，则园林藉助于造景而表现天人感应、皇权至尊、纲常伦纪、崇圣尊君等的象征寓意，就比以往的范围更广泛、内容更驳杂，传统的象征性的造景手法在乾隆时的皇家诸园中又得到了进一步的发展。

园林里面的许多"景"都是以建筑形象结合局部景域而构成五花八门的摹拟：蓬莱三岛、仙山琼阁、梵天乐土、文武辅弼、龙凤配列、男耕女织、银河天汉等等，寓意于历史典故、宗教和神话传说。

此外，还有多得不胜枚举的借助于景题命名等文字手段而直接表达出对帝王德行、哲人君子、太平盛世的歌颂、赞扬。甚至有以整个园林或者主要景区的规划布局，间接地表现出"普天之下莫非王土，率土之滨莫非王臣"的天朝象征。

诸如此类的象征寓意，大抵都伴随着一定的政治目的而构成了皇家园林的意境的核心，也是儒、道、释作为封建统治的精神支柱之在造园艺术上的集中反映，正如私家园林的意境的核心乃是文人士大夫的不满现状、隐逸遁世的情绪之在造园艺术上的曲折反映一样。

在皇家园林内还大量建置寺、观、祠庙，尤以佛寺为多。几乎每一座稍大的园林内都有不止一所的佛寺，其规模之大、规格之高，并不亚于当时的第一流敕建佛寺，有的佛寺成为一个景域或主要景区内的主景，甚至全国的重点和构图中心。

这固然由于清王朝的满族统治者以标榜崇弘佛法来巩固自己的统治地位，而与当时为团结和笼络蒙、藏上层人士以确保边疆防务、多民族国家的统一的政治目的也有更直接的关系。因此，乾隆时期的皇家园林中佛寺之盛远远超过上代。有些园林甚至可以视为寺观园林与皇家园林的复合体。

乾隆朝得以最终完成肇始于康熙朝的皇家园林建设高潮，把宫廷造园艺术推向高峰的境地。但是，如果与康熙朝相比较，则某些御苑的建筑物份量过大、内容过于驳杂，全面吸收江南园林养分的同时也难免掺杂了巨商富贾的市井趣味，个别御苑内佛寺过多而弥漫着不甚协调的宗教气氛等等。更重要的是，这些修建都耗费了巨大的资财。

乾隆帝修建皇家园林，是好大喜功，还是雄才大略？这两个看法似乎都有道理。他创造了一个盛世，却也错过了一些极为关键的机遇。英使马嘎尔尼来华，希望中国在广州之外再开辟通商口岸。乾隆帝请他到西洋楼看了喷泉表演，并告诉他，天朝物产丰盈，无所不有，至于马嘎尔尼当作礼物送给清廷的枪炮，就一直堆放在仓库里。

放松对和珅的管控

乾隆帝用阿桂，可谓他晚年的一个英明抉择。然而，盛极而衰，封建统治周而复始的轮回规律告诉人们，在乾隆帝引以为荣的盛世中已经潜伏着衰微的因素，而好大喜功、刚愎自用的乾隆帝，又在某种程度上助长了这一趋势。

对大清王朝来说，和珅是个一等一的奸臣，他中饱私囊，贪污受贿；而对乾隆帝来说，和珅却是他贴心的小棉袄。和珅，字致斋，姓钮钴禄氏，满族正红旗人。其家世颇难考订。钮钴禄氏为满族八大贵族之一，其先祖是当年追随清太祖努尔哈赤入关的额亦都，额亦都有16子，以幼子遏必隆最贵。

和珅踏上仕途是在乾隆三十四年，这一年他承袭三等轻车都尉，开始有了接近皇帝的机会，很快，他被授为三等侍卫，旋即又被委以重任。可见，和珅入仕伊始，就非庸碌之才可比。乾隆四十年，和珅被授为御前侍卫，入直乾清门，于是，他等到了一生中最难得的机运。

有一次，乾隆帝出宫到北海游赏春光，和珅与众多侍卫陪同侍驾。正行间，忽见一侍卫纵马飞驰而来，翻身下马，急急走到舆前报道："云南急呈奏本，缅甸要犯逃脱。"

乾隆帝很生气，谕令停舆，接过奏章，龙颜大怒，骂道："废物！"

众侍卫见此情景，刷的一声，全部跪倒，不敢抬头。只听乾隆帝怒道："虎兕出于柙，龟玉毁于椟中，谁之过欤？"

这是引用《论语》中的一句话，来责问"罪犯逃脱，是谁的过错"。一连问了几声，那些扈从侍卫一个个惊慌失措，不知皇上所言为何。突然，只听见一人口齿清晰地应声答道："典守者不得辞其责也！"

这句答话，正好也是《四书》中对上句话的注解"岂非典守者之过邪？"被作了巧妙的变通，用在这个场合，显得自然贴切。乾隆帝吃惊道："什么人答话？站起身来。"

一人答道："奴才和珅冲撞皇上，罪该万死！"

乾隆帝道："正是可以得到褒奖的，怎能说是冲撞呢？你且站起来。"

乾隆帝看着从一大片下跪的人群中突然站起一人，犹如鹤立鸡群；再看这个出语不凡的年轻人，相貌俊秀，举止合度。乾隆帝问起了和珅的出身和学业，见和珅是生员出身，知书达理，于是颇为器重。

从那以后，乾隆帝就让和珅总管仪仗队。乾隆四十年，又升为御前侍卫兼副都统，宫中的琐碎事务，诸如仪仗的排列、护从的派遣、车马的准备以及宫中膳食等事宜，差不多都由他管理。从此，和珅得到乾隆帝赏识，官运亨通，青云直上。

乾隆四十一年正月，和珅出任户部侍郎，三月任命军机大臣，四月任总管内务府大臣。和珅就任侍郎后，有位叫安明的笔帖式送礼给和珅，希望能够升为司务，所以向和珅贿赂。

和珅起初清廉为官，当然不会接受贿赂，但他向安明保证会向尚书丰升额建议提拔安明。这令安明十分高兴，所以安明对和珅百般依顺，和珅便向丰升额保举安明就任司务。

安明任司务后立即送了一颗玉给和珅，和珅婉拒不收，5日后，安明收到老家的信，说安明父亲已经离世，叫安明回家奔丧。按清朝体制，父母过世，要回家守3年丧，这安明刚升职，不想回家守丧，所以就隐瞒下来。

但被尚书丰升额查出，丰升额联同权臣永贵一同弹劾和珅包庇安明，不料和珅早就从永贵之子伊江阿得到消息，连忙写了两份奏折，一份送交军机处，一份自己留下来。

次日，永贵上奏指和珅包庇安明，和珅立刻上奏折指出安明不回家奔丧，是为不孝，自己失察，亦应处罚。永贵大惊，忙指责和珅徇私舞弊，弃属下于不顾，有违人伦，理应处罚。

乾隆帝说自己已收到军机处呈交和珅弹劾安明的奏折，证明和珅并不是蓄意包庇安明，故乾隆帝认为和珅被安明蒙蔽，将安明凌迟处死，全家籍没，而和珅则因失察降两级留用。和珅这次得罪了当朝权臣永贵，令自己的仕途蒙上阴影。

乾隆四十五年正月，海宁揭发大学士兼云贵总督李侍尧涉嫌贪污，乾隆帝下御旨命刑部侍郎喀宁阿、和珅和钱沣远赴云南查办李侍尧。起初毫无进展，后来和珅拘审李侍尧的管家赵一恒，对赵一恒严刑逼供，赵一恒奈不住痛楚，把李侍尧的所作所为一一向和珅作了交代。

他把赵一恒交代的事项笔录下来，又命人召来了云南李侍尧属下的大官员，当着他们的面宣告了赵一恒的供述，那些原来忠于李侍尧的官员见和珅已掌握了证据。

于是他们纷纷出面指控李侍尧的种种罪行，就连那些曾向李侍尧行贿的官员，也申明自己是被迫行贿的。和珅取得了实据，迫使李侍尧不得不低头认罪。和珅也因此被提升为户部尚书。案件审结后，李侍尧被判斩监候。

李侍尧案审结后，李侍尧和他的党羽一大份财产被和珅私吞，加上乾隆帝的赏赐，和珅初尝掌握大权大财的滋味。四月，长子丰绅殷德被乾隆帝指为十公主额驸，领受乾隆帝赏赐黄金、古董等等，百官争相巴结。和珅起初不受贿赂，但日子一长，和珅开始贪污、结党，形成一股大势力。

和珅初为官时，由于是向乾隆帝百般讨好，加上是年纪轻轻就官居要职，受到了一部分不满和珅的官员恶意对待。加上乾隆四十一年正月发生的安明案，和珅被文官们轮番弹劾，令他对朝中文官怀有仇恨之心，这也是后来大多数文人被和珅残杀的原因。

乾隆四十五年，和珅开始对文官实行报复。和珅就任四库全书馆正总裁后大兴文字狱，把反对他的一部分文人一律诬陷为"私藏逆书""禁逆不力"或针对作者本身的"多含反意""诋讪怨望"等作为谋反的罪证。

和珅另外入翰林院任满翰林院掌院学士，与汉翰林院掌院学士嵇璜一起掌管翰林院，不过嵇璜年老力衰，主要事务大多为和珅代理。和珅从此控制科举制度，肆意从秀才处纳贿，形成"价高者得"的一种交易。

和珅更用此垄断朝廷士子，要中进士必先通过和珅的审核，如有"问题"者则除名，令乾隆末期的士子"几出和门"。乾隆四十三年，因为福康安于吉林贪赃枉法，乾隆四十五年又于广东贪赃枉法，又经常运用漕船私运货物。

于是，和珅暗中搜集证据，等待时机。乾隆五十二年，发生林爽文事件，和珅向乾隆帝进谗言，让福康安领兵攻打林爽文。乾隆帝命福康安为主将、海兰察为副将率绿营兵8000人对付林爽文号称50万的大军。

乾隆帝准奏。同年十二月福康安抵台湾开始攻打林爽文，和珅党羽柴大纪又故意拖延福康安，福康安虽杀柴大纪，但是他仍然费时一年零四个月才平定林爽文事件。

乾隆四十三年七月，和珅把矛头指向阿桂之子阿迪斯，劾其贪赃枉法，逮解京城审问。和珅献上阿迪斯贪污所得金银8箱予乾隆帝观看，乾隆帝大怒，下令将阿迪斯发配伊犁充军，其父阿桂连坐，降二级留任。

经过阿迪斯事件后，和珅陷害近半数武官，乾隆帝更下诏需要严加查办。不久后黄枚案爆发，阿桂是黄枚的义父，黄枚少时天资聪颖，很年轻就中了进士，当年任浙江省平阳知县，窦光鼐告发黄枚贪赃枉法，黄枚反告窦光鼐"刑逼书吏、恐吓生监、勒写亲供状"。

窦光鼐欲以死相谏，和珅亦上奏乾隆帝黄枚贪污，并称阿桂有意包庇。乾隆帝下令彻查，结果是黄枚家财高达12万两，黄枚贪污证据确凿，就地正法。大学士和珅、学政窦光鼐举报有功各升一级，领班军机大臣阿桂连坐，但因阿桂领军在外征战，于国家有功，不予追究。

乾隆四十六年三月，属甘肃河州管辖的循化厅撒拉族人苏四十三，因不满甘肃之官员贪污舞弊、欺压人民，率众起义，于河州围攻中杀死支援之杨士玑，起义军分兵从小道绕过清军勒尔谨部，直取首府兰州。兰州城只有800守兵，一经交战，便损兵300。

乾隆皇帝唯恐兰州不保，遂命尚书和珅为钦差由京城赴甘肃，又命军机大臣阿桂督师，速调陕西、四川、新疆等地援军进剿，合共十几万军队入甘肃支援。

十日后，巴彦岱率3万大军到达兰州城下，撤了陕甘总督勒尔谨的职，暂任陕甘地区军事指挥，组织军队反击叛乱军。李侍尧到达后正式接任陕甘总督，只用4万军队把10万起义军打得溃败，分5路进军循化。

二十日后，和珅到达海兰察部，发现海兰察部已经击败起义军，于是下令分四路进军，但是四路军中对于和珅这位拍马屁起家之长官多有不满，于是海兰察、图钦保出征，海兰察绕山而进，歼敌军伏兵。但是图钦保则被困于山中，最后被围困而死。和珅此举更增加了诸将之反感，数日未曾再出征。

再过数日，军机大臣阿桂领10万大军到达，阿桂问和珅为何战败，和珅推搪诸将不听调遣，阿桂说："是宜诛！"

次日，阿桂下令集合，一会儿军队就全部集合，他马上反问和珅："诸将殊不见其慢，当谁诛？"

和珅语塞，知道这是诸将有意为难，只得闭上嘴，认错。阿桂正式接手最高统帅，十日后，李侍尧攻下循化，阿桂捕杀韩二个，苏四十三叛乱接近结束，和珅亦被调回京师，因指挥失败关系导致总兵图钦保战死，被停职处分。加上阿桂和海兰察等30余将上书，奏请乾隆帝禁止和珅再度领兵。

和珅知道此事后和阿桂结下不解之恨，直至阿桂去世。清乾隆四十六年五月丙午日，清兵包围起义军据点华林山华林寺，清兵放火烧寺，起义军皆葬身火海，苏四十三在混乱中被杀，历时70多日之苏四十三起义终告失败。

乾隆四十九年，和珅已经成为了朝中四大势力之一，四大势力分别是以阿桂为首的武官派、以刘墉为首的御史派、以钱沣为首的反对派、以和珅为首的贪官们。和珅并不急于和他们争斗，他将自己的触手伸向商人和犯罪集团。

和珅迫令商人们臣服于他，假如不臣服便会遭到犯罪集团灭门。浙江富商曾氏因拒绝交和珅的帮费，竟在一夜之间全家被杀，金银财宝全部被掠去。对外称被强盗抢劫，后来被御史平反。和珅因此得到了庞大的利益，亦因此有了资本进行政治斗争。

乾隆四十九年正月，二十一日，乾隆帝从京师出发，开始第六次南巡。和珅在第五次南巡时亦有随行，但这次和珅的势力与几年前倍增数倍，更由于和珅下令各府进献资金，国库未曾花一毛钱便完成南巡的准备。所以乾隆帝下令和珅南巡时站在自己旁边，以显示其功绩。

乾隆五十三年，和珅将大部分朝中反对势力打倒，独揽大权。主要敌人阿桂和福康安长年在外。朝中只有王杰、范衷和钱沣在与和珅进行政治斗争。但和珅党羽布满全国，对比起来拥有绝对优势。

和珅的亲信十分多，其集团骨干成员有和琳、李侍尧、福长安、苏凌阿、国泰、伊江阿、伍拉纳、蒋锡棨、毕沅、汪如龙、吴省钦、吴省兰兄弟等人。

乾隆五十五年，和珅创立议罪银制度，假如官员犯罪，可通过交纳一定的银两来免罪。而所收银两收入内务府库，供乾隆帝运用。不过内阁学士尹壮图对此制度作出弹劾。

于是，乾隆帝下令户部侍郎庆成带领尹壮图视察，不过为免扰民，必须在将到某地时通知当地官府，所以尹壮图所到之处都张灯结彩，人民安居乐业。以致尹壮图到了山西太原后即上奏："仓库整齐，并无亏缺，业已倾心贴服，可否恳恩即令回京待罪？"

乾隆帝朱批道："一省查无亏缺，恐不足以服其心，尚当前赴山东及直隶正定、保定等处。"

最后尹壮图当然什么也查不到，都察院下令："移会内阁稽察房查照。奉上谕，尹壮图前奏各省多有亏空。经令庆成盘查实系尹逞臆妄言虚词欺罔。尹壮图著革职，交与庆成押带来京交刑部治罪。"

廷议处斩，最后乾隆帝以"不妨以谤为规，不值加以重罪也"免去了尹壮图的死罪。嘉庆元年，福康安在镇压苗民起义时死去。嘉庆二年十月，领班军机大臣阿桂去世，朝中只剩下刘墉和董诰二人暗中反对和珅。

乾隆帝已经进入垂暮之年，他上朝时命令和珅站在他和嘉庆的旁边，因为只有和珅才能听明白乾隆帝在说什么。所以每天上朝满朝文武三跪九叩后，和珅就等同摄政，满朝文武上奏什么，他就"听取"乾隆帝说话，自己下判断，把持朝政，因此清人都称和珅为"二皇帝"。而坐在一旁的嘉庆帝没有实权，真正握有实权的是和珅和乾隆帝。

乾隆、嘉庆两帝的人身自由受到和珅很大的限制，因为无论是太监、宫女或者是亲信官员都有可能是和珅派来的间谍。嘉庆帝侍读吴省钦、吴省兰兄弟就是一例。

和珅并且能掌握官员的生杀大权，所以刘墉装老、董诰装傻来瞒骗和珅，但是两人仍被和珅一党孤立。就连嘉庆帝也得小心行动，因为和珅曾在即位初期赠予嘉庆帝玉如意，所以嘉庆写下《咏玉如意》数首，故意扔给太监小德子。小德子便将《咏玉如意》献给和珅，和珅看后即笑说："嘉庆不足以与我斗智谋！"

但是嘉庆帝仍不放心，下令和珅除了公开场合外，不需行三跪九叩之礼，又称赐和珅良田美宅、奴仆婢女。就连孝淑睿皇后喜塔腊氏去世，嘉庆帝亦不能流露感情。嘉庆7日之内每天焚香3回，就连眼泪亦没有流。

和珅倒台后，嘉庆帝写他当时恨不得立刻斩了和珅。和珅权大欺主，所以英国使臣马戛尔尼于回忆录中写道："许多中国人私下称和珅为'二皇帝'。"

嘉庆四年正月，太上皇乾隆帝驾崩；正月十三，嘉庆帝宣布和珅的20条大罪，下旨抄家，抄得白银8亿两。乾隆帝年间清廷每年的税收，不过7000万两。和珅所匿藏的财产相等于当时清政府15年的收入。时人称："和珅跌倒，嘉庆吃饱。"

正月十八，廷议凌迟，不过，固伦和孝公主和刘墉等人建议，和珅虽然罪大恶极，但是毕竟担任过先朝的大臣，应改赐和珅狱中自尽。最后赐和珅在自己家用白绫自杀，其长子丰绅殷德因娶乾隆帝第十女固伦和孝公主，得免连坐。为防止有人借和珅案进行报复，刘墉向嘉庆帝建言应避免案件扩大化，妥善做好善后事宜。结果，在处死和珅的第二天，嘉庆帝发布上谕，申明和珅一案已经办结，不大规模地牵连百官，以安朝臣之心。

和珅在清朝的外交事务担任重要职位，英特使马戛尔尼对和珅的外交十分赞赏。和珅初为官时，精明强干，为政清廉，通过李侍尧案巩固了自己的地位。乾隆帝对其宠信有加，并将幼女十公主嫁给和珅长子丰绅殷德，使和珅不仅大权在握，而且成为皇亲国戚。随着权力的成长，他的私欲也日益膨胀，利用职务之便，结党营私，聚敛钱财，并用贿赂、迫害、恐吓、暴力、绑架等方式笼络地方势力、打击政敌。

此外，和珅还亲自经营工商业，开设当铺75间，设大小银号300多间，且与英国东印度公司、广东十三行有商业往来。成为后人所称权倾天下、富可敌国的"贪官之王""贪污之王"。

和珅亦同时是18世纪"世界首富"，超越了同时期的梅耶·罗斯柴尔德。以嘉庆帝、监察御史钱沣、大学士刘墉、翰林院编修范衷、军机大臣王杰、户部尚书董诰和礼部侍郎朱圭为代表的朝中清议力量，曾多次弹劾和珅，但和珅均能化险为夷。

虽然贪污是他的最大的过错，但他的才华还是应该得到认可的。有人将他与刘墉和纪晓岚并列为清乾隆时期三大中堂。虽然刘墉和纪晓岚均未入军机处，但刘墉官至体仁阁大学士，纪晓岚官至协办大学士，按职级标准而言，称为中堂是合理的。

《清史稿》说"大学士非兼军机处，不得为真宰相"，故称刘、纪为中堂还可以，宰相则不沾边了。和珅虽然聚敛，但他确实善于理财。前几任都因办不到而被罢职。之后，由于要花钱办事，所以还得靠和珅来弄钱。

和珅一生读书甚多，清史载和珅喜读《三国演义》和《春秋》，精通四书五经，他早年对朱熹的理念十分认同。虽然后来信奉现实主义，不过闲时亦爱与文人墨客一聚。而且四大名著之一的《红楼梦》，也是因为和珅才保留了下来。他常常与乾隆帝一起作诗，和珅对乾隆帝所作诗词的风格都知道得一清二楚。

和珅为了迎合乾隆帝，下功夫学诗、写诗，并造诣很深。他偶尔会在乾隆帝面前表现一下自己对诗文的研究，甚至闲暇的时候以"骚人"自居。和珅的诗合乎乾隆帝的审美趣味，乾隆帝很多时候就命和珅即景赋诗，以代替自己。在和珅的诗集《嘉乐堂诗集》中就有很多首是奉乾隆帝的命令所为，从中也可以看出和珅诗学之造诣。

压制农民反抗斗争

乾隆三十九年是乾隆朝由盛转衰的转折点。山东王伦起义，揭开了各族人民大规模反抗斗争的序幕。三十九年八月二十八日，山东省寿张县党家庄爆发农民起义，领导者是当地白莲教的支派清水教首领王伦。

王伦为人机智、勇敢，善拳术。乾隆十六年，王伦秘密加入白莲教的支派清水教。乾隆三十六年自称教主，并以"运气"替人治病、教授拳术等方式，在兖州、东昌等地收徒传教。他的信徒，大都是贫苦农民和游民。

乾隆三十九年，山东歉收，地方官加重赋税，人民的反抗情绪十分强烈。王伦利用清水教谶言，决定组织教徒于是年秋起事，并任命了军师、元帅、总兵等官职。

王伦发动起义后，当天夜里就占领了寿张县城，杀死知县沈齐义。九月初二日，王伦起义军又攻破阳谷，初四占领堂邑。起义军杀富济贫，"将库存银两搜劫，释放监犯，收入伙内"。因此，起义军的队伍越来越壮大。

起义军进一步北上，直逼临清。临清是运河重镇，是南北水路交通的枢纽，清政府非常重视。临清有两座城池，一座是旧城，另一座是临清城。

旧城土城早已倒塌，清军没有可以把守的城墙，所以，起义军很快就占领了旧城。占领旧城之后，起义军又包围了临清城的西门和南门。临清城的守将束手无策，因为德州、青州和直隶正定派兵增援，才暂时守住。

九月五日，乾隆帝才接到王伦造反的奏折。他口头上说："幺麽乌合，不过自速其死。计余绩、唯一到彼会剿，自可迅即就擒。"其意似乎胸有成竹，但是却知道凭山东的兵力，无法镇压农民起义。山东的绿营懦怯无能，旗兵早已失去战斗力。

于是，乾隆帝在八日传谕军机大臣：

> 寿张、堂邑奸民滋扰不法，不可不迅速剿捕。但恐该省绿营兵庸懦无能，且与奸民等或瞻顾乡情，不肯出力。而徐绩于军旅素所未娴，恐不能深合机宜。

当时，大学士舒赫德正奉命前往河南督视河工，乾隆帝下令舒赫德临时赶往山东主持镇压起义军，并且命令天津挑选1000余名绿营军，沧州、青州也挑选一些精兵，准备投入战斗。

九日，乾隆帝又下旨，命额驸拉旺多尔济和左都御史阿思哈，带着健锐营和火器营的两千余名士兵，从北京出发去山东镇压起义军。十一日，当乾隆帝得知起义军已经攻到临清时，又急忙下令直隶、河南两省加以堵截，防止起义军向邻省进军。

十二日，兖州镇总兵唯一、德州防御尉格图肯各带兵250名支援临清。唯一"素以勇略自夸"，但是在起义军的突击下被打得丢盔卸甲。唯一和尉格图肯"避贼而逃"，乾隆帝大怒，下令将这两个临阵脱逃的将领军前正法。

九月二十日，乾隆帝经过反复思考，批准了舒赫德的3路围攻的计划。东路由舒赫德、拉旺多尔济率领，从德州经恩县、夏津进军临清；南路由阿思哈、徐绩率领，从东昌向临清进发；北路由直隶总督周元理率领，从景州经过故城、油房逼向临清。

3路军队约在九月二十四日一起攻击起义军，以图一举歼灭起义军。从九月七日开始，起义军攻打临清，历时半个月，攻城没有进展。二十三日，舒赫德军队到临清。起义军排列在城外的东南面，迎击清军。双方展开激战。

不久，阿思哈和徐绩率领的军队也赶到了，包围起义军。起义军寡不敌众，退回旧城，与清军展开巷战。旧城中小巷很多，小路纵横交错，起义军化成小股力量，打击清军。

二十四日，清军攻入旧城搜捕王伦。王伦部下为了保卫王伦，与清军展开激烈的巷战，王伦义女乌三娘在苍战中被清军用炮炸死。二十九日，清军包围了王伦的住处，并劝王伦投降。王伦看到起义军死伤无数，没有力量再与清军战斗，于是举火自焚。

王伦起义规模不大，历时不到一个月，但它是在清王朝前期鼎盛之时爆发的，对封建统治是一次不小的震动，预示着清王朝盛极而衰，更大规模的革命风暴即将到来。

在双方激战的时刻，乾隆帝日夜披阅奏章，指挥调度，督责文臣武将严行镇压，"断不可稍存姑息，图积阴功"。并谕令军机大臣一定要生擒王伦："必当明正刑诛，以彰国法。若掩于枪箭之下，或焚死，或自壮，得免鱼鳞寸磔，尚觉其幸逃重罪。"对被捕后解往京师的起义军首领，都要"将该犯脚筋挑断，以防中途窜逃"。

起义被镇压后，乾隆帝为了加强朝廷的控制，从3个方面采取了措施。首先，乾隆帝下令对起义军采取残酷的镇压手段，"示以惩儆"。清军攻占临清后，血腥屠杀起义军。起义军领袖梵伟、王经隆、孟灿等被凌迟处死，战斗结束后被官兵杀害的起义群众更多。

舒赫德等在临清每日督率官兵，从早到晚分头搜捕，挨屋逐户严查，下及地窖、水沟，无不遍加寻觅，如果遇到有匪党藏匿其内，连日治拿杀死者无数，并自行焚毙者，也到处皆有。临清旧城街巷，尸体遍野，堆积得都塞住了道路。

直隶总督周元理等奏请将拿获的人犯中审讯明白是被威胁随行的，应行释放，乾隆帝批驳说："如果一被抓获，就自称被逼胁，岂可再这么宽恕他们。"对逃散的起义群众，乾隆帝令直隶、河南两省堵截擒拿。

周元理回奏说："已经让大名、天津二道及府、州、县、协、营严密稍查。"

乾隆帝朱批责问道："为什么不亲自去这些地方镇压，那不是更为有力吗？"又命令南河总督高晋，"速驰赴山东等省这些贼人亲戚多的地方，密行调兵，督率防剿，不要让贼人稍有窜越滋事。"

由于王伦是自焚而死，乾隆帝责备舒赫德派官兵搜捕时人数本觉太少，以致未能生擒，下令将王伦的亲属不分男女大小，尽行处斩。地方官刨挖王伦等人的祖宗坟墓，毁散尸骨，以发泄对农民起义的仇恨。

此外，许多起义农民的家属被当作"逆属"赏给贵族官僚为家奴，甚至80余岁的老妪也不能幸免。然后，乾隆帝下令加紧推行保甲法。王伦起义被镇压后，乾隆帝想要寻找一个严密防止人民反抗、以求长治久安的良策，于是，保甲法又一次被提到加强警保的重要地位。

周元理奉命前往山东"会剿"王伦起义后，从大名、广平一带巡查回省，他再三考虑，只有力行保甲法。周元理在奏折中写道："保甲系旧立章程，只因为行之日久，各属视为具文，却少有实效。直隶为徽辅首善之区，此次不可不认真查办。"

乾隆帝披阅后十分赞赏，于乾隆三十九年十月二十六日下旨：

  清查保甲系孤盗洁奸良法，地方官果能实力奉行，何至有邪教传播、纠众滋扰之事？今周元理欲认真立法清查，自属课吏安民切实之道。直隶既如此办理，他省自亦当仿照查办，不得仅以虚文覆奏了事。

  乾隆帝下令将周元理的原折抄寄各省督抚学习，首先响应的是新调任山东的巡抚杨景素。杨景素对农民起义心有余悸，立即回奏："山东省保甲一事，较他省尤为切要。现在贼匪剿除，所有善后章程更应筹之有素。"

  杨景素分析山东各地以秘密结社的形式，正日益严重地威胁着清王朝的封建统治：山东为九省通衢，山海交错，地广人稠，易藏奸愚，如兖曹沂青一带，每有不逞之徒，结连顺刀会、掖刀会等项名色，沂郑费蒙一带，多有盐枭保镖贩私、抗官拒捕发觉惩治之案。他如学习拳棒，或名红拳，或名义合拳，虽称借以防身，实皆勇悍无赖。而其尤甚者，则惟各项邪教以念经修善为名，愚夫愚妇既易被其煽惑，而王伦等拳棒也易托足邪教，尤滋事端，是编查保甲实为第一要务。

  杨景素在奏折中提出关于施行保甲的10项条款，他特别强调："如有倡立邪教、学习拳务及一切违禁之事，并形迹诡秘之人，断难逃脱牌头、甲人等之耳目。"

  这份施行保甲条款重在"饵盗"，不但要控制定居人口，同时要严密监视流动人口："凡有迁移增减户口，牌头随时告知甲长、保长。庵观寺院之内，游方僧道借此托足，最易容奸，应随行随即告知牌头人等，查问明确方准存留，仍以三日为限，过期即行驱逐。坊店、饭馆，过客往来，其中奸民混杂，最宜加意稽查。"

  向如拿获邻省巨盗及越狱等项人犯，多从坊店、饭馆物色而得，应照例设循环二簿，填注往来客商姓名，所带何项货物及车辆头畜数目，按半月缴送州县查阅。

  其他如孤庙土窑，微山湖和登莱海岛的居民，蒙山中搭棚烧炭的住户，崂山上悬崖结宇之僧，或两个村庄接壤之地，或两邑交界之区，以及洞穴幽深的徂徕山，"均易窝藏奸匪，皆须随时严行稽查"。

  按照这个条款的繁密禁令，朝廷对人民的控制更加强了。最后，朝廷决定收缴民间的鸟枪。舒赫德镇压王伦起义以后，根据这次镇压的经验，给乾隆帝上了一道奏折，请求明令严禁民间铸造和私藏鸟枪。

乾隆帝对此非常重视，他将舒赫德的奏折发交部议。部议："应如所请，令各省督抚转饬地方官遍行示谕，严定限期，将民间私藏鸟枪等项令其赴本州县呈缴，查收完后汇送督抚衙门，将收到数目分晰报部。"并且详细议定处罚条款："民人逾限不缴杖一百，徒三年，私行制造杖一百，流两千里。每一件加一等。其不实力稽查之地方专管文武各官，罚俸一年。"

随后，吏部又制定条款，规定各督抚年终汇奏查禁鸟枪情形时，要将所属道府州县失察民间按用鸟枪应行开参之例汇奏，其处分是："州县官失察一次者降一级留任，二次者降一级调用。该管道府失察所属一次者罚俸一年，二次者降一级留任。"

这样一来，就把收缴民间鸟枪定为法令，违者按律处治。为了防止农民反抗，乾隆帝一方面对起义军的残余部队给予了严厉的惩罚，另一方面又推行了保甲法和收缴民间鸟枪，想以此来稳固统治，但是，由于清朝统治的日益腐败，各地的起义如星星之火，不止不休。

王伦起义揭开了清中叶农民起义的序幕。乾隆四十六年，甘肃爆发了苏四十三、田五起义。乾隆六十年又发生了湘黔苗民起义。嘉庆元年，爆发了清中叶规模最大的农民起义，就是川楚白莲教起义。伴随着农民起义的不断爆发，各地烽烟四起，清朝也从鼎盛时期转入衰败时期。

闭关锁国的内忧外患

乾隆帝统治的60年，是世界发生巨大变化的60年。在乾隆帝统治的这60年间，在西方，英国的工业革命促进了生产力的大幅提高，英国的国力日益强盛；各国爆发了资产阶级革命，资产阶级正式登上政治舞台。伴随着经济和政治的变革，西方国家的经济迅猛发展，国家日益强盛。

乾隆三十年，英国纺织工哈格里夫斯发明新式纺车珍妮纺纱机；乾隆五十年，英国卡特莱特发明水力织布机；同年，英国瓦特改良蒸汽机。西方开始了工业革命。

乾隆三十九年，美国独立战争开始，到乾隆五十三年，美国在纽约召开第一届国会。乾隆五十四年，华盛顿宣誓就任美利坚合众国第一任总统，美国开始在北美崛起。

乾隆二十年，俄国建立莫斯科大学；乾隆四十五年，美国科学院在波士顿成立；乾隆四十九年，哥伦比亚大学成立；同年，德国出现第一位女医学博士。乾隆五十四年，法国爆发了大革命，攻占了巴士底监狱，后来把法王路易十四送上断头台，并发表人权宣言，一个法兰西的资产阶级国家开始兴起。

总的来说，在乾隆时代，西方世界发生了3件大事：第一件事是英国工业革命，第二件事是美利坚合众国成立，第三件事是法国大革命。

这3件大事再加上此前的英国资产阶级革命，具有划时代的意义，影响了世界历史的进程，改变了整个世界的格局。而此时，大清帝国仍然陶醉在"天朝上国""千古第一全人"的迷梦之中。

乾隆帝统治的早期，由于外族和外国的频频入侵，乾隆帝为了保卫国土，一律采取强硬的回击政策，保护了国土的完整。到了乾隆后期，西方国家想通过商业与中国加强往来，乾隆帝却表现出强硬的排外态度，封锁国门，导致了中国的落后。

乾隆时期，北方的沙俄开始强大起来，屡屡进犯我国北方边境，如果不能有效地打击这些进犯者的气焰，势必危及乾隆帝在国内的统治。为此，乾隆帝组织了强大的机动兵团守卫边境，同时义正词严地拒绝任何敢于窥视中国领土的谈判，从而有效地保证了中国领土的完整性，同时也强化了乾隆帝对国内各派政治力量的制衡。

早在雍正时期，沙皇已派遣"堪察加勘察队"到远东和清朝宁古塔将军辖境内进行所谓的"探险"活动。

乾隆二年，由沙皇俄国科学院派出的两名测量人员在哥萨克骑兵的护送下，偷越中国边界到黑龙江北岸的雅克萨城。

他们不但越界偷测地形、绘制地图，窃取情报，而且公然于乾隆五年炮制了一份关于黑龙江的《备忘录》，肆意歪曲《中俄尼布楚条约》的性质，硬说该约是"俄国上当受骗了"，是"被迫签订的"，而现在是到了"揭露已犯的错误，赶紧补救"的时候了！

韬光养晦的雍正皇帝，曾为谋求边境安宁，以让步的态度与沙俄签订了《布连斯奇条约》和《恰克图条约》。但沙俄政府欲壑难填，对我国东北、西北和蒙古地区继续采取蚕食政策，尤其对东北黑龙江地区更是垂涎三尺。

由于国力的增强，乾隆帝一改雍正时的被动姿态，他满怀重振国威的激情与沙俄斗智斗勇。他从历史上中俄交涉的来龙去脉中认识到，如果使俄国侵占黑龙江的阴谋得逞，那么康熙时期签订的《中俄尼布楚条约》规定的边界势必会任其改变，八旗将士们用鲜血收复的雅克萨城将会重新丧失，这是绝对不能答应的。

乾隆二十一年，沙俄想以"葡萄牙借澳门"的方式来蚕食中国领土，提出俄国船只借道黑龙江的要求，遭到乾隆帝的断然拒绝。这就是历史上著名的"假道"黑龙江事件。

此时随着沙俄卷入对普鲁士与英国的7年战争的展开，无法以武力来谋取黑龙江的航行权力，沙皇的御前大臣便自作聪明，想出所谓"假道"的新招数。

经过一番策划，沙皇伊丽莎白·彼得洛夫娜决定派大臣勃拉季谢火经办，以"东北沿海居民贫困并且处在极端饥馑之中"为托词，要求清政府准予沙俄"假道"黑龙江航道运载粮食，并沿途给予"可能之协助"。

乾隆帝识破了沙俄这一"假道"的侵略阴谋，他态度明确地给予回绝，并说："当初与俄罗斯议定的11条协议内，并没有俄罗斯可以越界运送货物这样一项内容。"

为了防止沙俄船只强行闯入黑龙江,乾隆帝命令黑龙江边防台站官兵必须加紧防守卡座,不得让俄罗斯船只私自通过,如果他们不听阻止,想要凭借武力强行通过,立即派官兵擒拿,按照私越边界的罪名处理。

乾隆帝的政策有力地挫败了沙俄利用"假道"中国内河黑龙江吞食中国领土的特大阴谋。为了保住大清江山,乾隆帝对外国商人在中国的势力非常重视,不断地加强对外国商人在华贸易的控制。

18世纪中叶,西方资本主义国家已开始工业革命,海外贸易日益扩张。特别是以英国东印度公司为首的西方商人,一直强烈渴望寻找机会打开中国市场。

弘历即位后,在海禁方面基本上沿袭了先祖的严格控制的政策。当时,在中国沿海的4个通商港口,前来进行贸易与投机的洋商日益增多。与此同时,南洋一带也经常发生涉及华人的事端,这些情况很快引起了清朝政府的警觉和反感。

乾隆五年(1740年),荷兰殖民者在南洋的爪洼大肆屠杀华侨,制造了骇人听闻的"红溪惨案"。消息传来后,举国震惊。同时,澳门等外国人聚集的地方也经常有洋人犯案。

另一方面,当时的英国商人为了填补对华贸易产生的巨额逆差,不断派船到宁波、定海一带活动,就近购买丝、茶。乾隆帝第二次南巡到苏州时,从地方官那里了解到,每年仅苏州一个港口就有1000余艘船出海贸易,其中有几百条船的货物卖给了外国人。

乾隆二十二年,乾隆帝南巡回京后,发布圣旨,规定洋商不得直接与官府交往,只能由"广州十三行"办理一切有关外商的交涉事宜,从而开始实行全面防范洋人、隔绝中外的闭关锁国政策。

在乾隆帝闭关锁国的圣旨发布后不久,又发生了洪任辉状告地方官的事件,乾隆帝进一步感受到洋人多事,坚定了闭关的决心。

洪任辉原名詹姆士·弗林特,英国人,是东印度公司的翻译。

1755年,洪任辉带领商船前往宁波试航,希望扩大贸易范围,开辟新的贸易港。当洪任辉抵达宁波港时,受到当地官员的热烈欢迎。更令他们惊喜的是,浙海关关税比粤海关低,各种杂费也比广州少很多。

于是,在此后两年中,英国东印度公司屡屡绕开了广州口岸,派船到宁波贸易,致使粤海关关税收入锐减。

两广官员上奏乾隆帝,乾隆帝通知浙江海关把关税税率提高一倍,想通过此手段让洋商不再来宁波贸易。不料东印度公司仍不断派商船来宁波。

于是，乾隆帝在1757年关闭了宁波等地的口岸，只留广州一个口通商口岸。东印度公司指示洪任辉再往宁波试航，如达不到目的，就直接航行至天津，设法到乾隆帝的面前去告御状。

1759年，洪任辉由广州出航，向当地官员假称回国，实际却驶往宁波。洪任辉的船在定海海域被清朝水师拦住，无法驶入宁波。洪任辉便驾船来到天津。

在天津，洪任辉通过行贿手段将一纸诉状送到直隶总督的手中，转呈乾隆帝御览。洪任辉在诉状中控告粤海关官员贪污及刁难洋商，并代表东印度公司希望清政府改变外贸制度。

乾隆帝看了他的诉状后，勃然大怒。乾隆帝认为洪任辉不听浙江地方官的劝告，擅自赴天津告状，不但有辱天朝的尊严，而且怀疑他是"外借递呈之名，阴为试探之计"。

洪任辉被驱逐出境。洪任辉事件发生后不久，乾隆帝感到要防止外商侵扰，除了将对外贸易限制于广州一地外，还必须加强对他们的管理与防范。

1759年，朝廷又颁布了《防夷五事》，规定外商在广州必须住在指定的会馆中，并且不许在广州过冬，不得外出游玩；而中国商人不得向外商借款或受雇于外商，不得代外商打听商业行情。

在此后的近百年间，为了打破封闭的中国市场，欧洲诸国，如沙俄、英国等国曾多次向中国派出使团，试图说服清朝皇帝改变闭关锁国的国策，但都无功而返。其中，英国代表马戛尔尼是最典型的一次。

乾隆五十八年（1793年），英国为了通商，派特使马戛尔尼和副使斯当东到中国。马戛尔尼是在英国任职很久、经验丰富的外交官，有勋爵身份，担任过英国驻俄国圣彼得堡的公使，后来英国政府委任他为孟加拉总督，他辞而未去。

1792年，英国政府委任马戛尔尼为访华全权特使，斯当东爵士为副使兼秘书，率领官员兵丁役夫船员700余人，乘坐狮子号、豺狼号、印度斯坦号等5艘船只，从普利茅斯港出发，通过英吉利海峡，朝中国方向航行。

马戛尔尼乘船从天津上岸，沿运河到了通州。清政府接待使团由圆明园前往承德避暑山庄。经过古北口时，马戛尔尼看到了雄伟的长城，非常赞叹。到了避暑山庄之后，和珅陪着他参观了避暑山庄。

在马戛尔尼使团启程之前，英国东印度公司董事长弗兰西斯·培林爵士给两广总督、广东巡抚郭世勋写了一封信，用英文和拉丁文各写了一份，通知清政府马戛尔尼勋爵奉命访华。

在这封信里，培林爵士说：

  最仁慈的英王陛下听说贵国皇帝庆祝八十大寿的时候，为了对贵国皇帝树立友谊，为了改进北京和伦敦两个王朝的友好来往，为了增进贵我双方臣民之间的商业关系，英王陛下特派遣自己的表亲和参议官、贤明干练的马戛尔尼勋爵作为全权特使，代表英王本人谒见中国皇帝，探望通过他来奠定两者之间的永久和好。

从这封信的行文方式、用词和口气看，都是按双方是同等的地位、是平等的关系来叙述的。郭世勋不敢如实转奏，便把英文、拉丁文的信函原件呈上，又将信译成汉文，把平等的口气译成下对上、外夷对天朝的禀帖口气。

其译文为：

  咭唎总头目官、管理贸易事百灵谨禀请天朝大人钧安。敬禀者，我国王兼管三处地方，向有夷商来粤贸易，素沐皇仁。今闻天朝大皇帝八旬万寿，未能遣使赴京叩祝，我国王心中惶恐不安。

  今我国王命亲信大臣，公选妥干贡使马戛尔尼前来，带有贵重礼物进呈天朝大皇帝，以表其慕顺之心，惟愿大皇帝恩施远夷，准其永远通好，俾中国百姓与外国远夷同沾乐利，物产丰盈，我国王感激不尽。

乾隆帝看到郭世勋的奏折及培林爵士之信的译稿，以为强大的远夷国王遣使前来祝寿，非常高兴，命令广东及沿途官员好好接待，优待使者。使团携带的货物，"免其纳税"，供给上等食物，"赏给一年米石"。

乾隆帝要接见使团，但是礼仪方面发生了矛盾。清朝要求三跪九叩，但是，在英国没有这个礼节，双方反复地交涉。

乾隆五十八年八月初十日，乾隆帝在避暑山庄万树园接受马戛尔尼入觐，马戛尔尼"单腿下跪"行礼。

十三日，举行乾隆83岁的祝寿大典，马戛尔尼一行与缅甸国使臣和蒙古王公一起，向皇帝祝寿，"全体祝寿人员根据指挥行三跪九叩礼"，马戛尔尼及其随从"行深鞠躬礼"。

马戛尔尼拜访了中堂和珅，详细说明英国政府的"和平仁爱政策"，对发展中英贸易提出了8项要求。

乾隆帝于八月十九日，就英国特使请求的事，写了两道谕旨，但未立即下达，延迟到九月初一日，由和珅遣人恭奉谕旨，以及送给英王及使节团的礼物，送到承德英国使者的住处。

礼品很多，英王、正使、副使、司令官、船长、官兵、船员、仆人、厮役，以及留在浙江的官员、船长、船员、兵士，都得到了优厚的礼品，尤其是赐给英王的礼品，又多又"俱系中国出产的精品"。

乾隆帝给英王的敕谕共有两道。第一道敕谕是正式国书性质的，主要是讲英王"倾心向化"，遣使来庭，"恭赍表章"，"叩祝万寿"，"备进方物"，故特许使臣朝觐，赐宴赏赉，并赏赐其随行人员，及通事兵役。现使臣返国，特颁敕谕，并赐赉英王"文绮珍物"。

同时，这道敕谕还专门讲了，英王表内请派一人留京照管英国买卖的要求不能批准的各种理由。对于英国提出的另外7项要求，乾隆帝在第二道敕谕中逐条列举理由驳斥，不允其请。

英国提出的请求是：多口通商，可到宁波、珠山、天津、广东地方交易；在北京设立英国商行；在珠山附近给一小岛；拨给邻近广州的一块地方；英国货物自广东到澳门免收税或少收税；英船照其他地方税率交税；允许英国传教士在中国自由传教。

在乾隆帝的严谕督促下，马戛尔尼一行在钦差大臣松筠的陪同下，于五十八年九月初离京，乾隆五十八年九月六日到达两年前始发港普利茅斯港，结束了使华之行。

乾隆帝以"天朝上国"自居，马戛尔尼带来了一次中西文化交流的机会，万里迢迢送到北京，送到承德避暑山庄。但是，乾隆帝因为对他的一系列要求都予以拒绝，所以把中西方交流的窗户关上了。

乾隆帝实行的闭关自守政策和"天朝上国"的态度在一定的程度上导致了大清帝国的封闭和落后。在西方社会发生翻天覆地变化的时候，大清朝依然在封建经济的约束下自以为是。

繁华落尽，盛世转衰。乾隆王朝由于吏治贪污无法根治，农民起义风起云涌。虽然乾隆帝从思想上大施文字狱，在国策上闭关以防止外国势力入侵；但是，清朝这艘大船已经破烂不堪，隐伏着内忧外患。

驾崩之后移权新皇

乾隆帝在45岁左右，就有左耳重听的毛病，到了65岁以后，左眼又视力欠佳。乾隆四十五年，即和珅见用的时候，乾隆帝已处于老境来临的衰态中。这一年他因臂痛而一度不能弯弓射箭。

而后，乾隆四十八年、乾隆四十九年的郊祀大典，乾隆帝也因气滞畏寒派皇子代行。而且，老皇帝夜里常常失眠，记忆力明显减迟，乾隆五十九年，85岁的乾隆帝竟衰老健忘到刚吃过早饭不过一个时辰，又命令安排早饭的程度。

乾隆帝已经渐渐意识到生老病死是大自然的永恒规律，自己已经步入老年，精力和体力大不如以前。如此衰弱的体力，怎能应付得了那纷繁复杂的国家政务呢？老年乾隆帝因体力渐衰，精神不支。

然而，已习惯于站在权力之巅上的乾隆帝，决不会因体力和精神的减弱而让出权力，对于一切军国要务，他仍要亲自裁断；用人等行政大权，他仍要掌握在手中。

而另一方面，乾隆帝统治的后期已进入了国家财力耗竭的阶段，由于乾隆帝性喜奢华，巡游无度，又好大喜功，不仅败坏了社会风气，且使国库有亏，仅乾隆帝之游幸一项就耗资数亿两白银，其恶果是可想而知的。

乾隆帝一方面想独揽大权，又觉得无心腹可托；另一方面又想极尽享乐却苦于无人为之筹集巨额财力。权力与体力和精力产生了不可调和的矛盾。

晚年的乾隆帝有一种既想使大清王朝永世不衰，又欲极尽奢华享乐的矛盾心理，并进而影响到他的统治政策与措施，于是便出现了他在晚年用人上的矛盾——既用贤能又用奸佞。

同时任用阿桂与和珅似乎实现了乾隆帝的这两种要求。任用阿桂，乾隆帝在战场上完成了"十全武功",而任用和珅,则加剧了官员的贪污腐化。

为了让大清江山后继有人,乾隆帝多次选择可以传承皇位的皇子。虽然乾隆帝子女甚多,但是儿子大多数短命。乾隆帝生有17子、10女,到晚年的时候,身边只有4个儿子,即皇八子永璇、皇十一子永瑆、皇十五子颙琰、皇十七子永璘。

乾隆帝先后立过3个皇太子。第一个皇太子是皇后富察氏所生的皇次子永琏。乾隆帝认为"永琏乃皇后所生,朕之嫡子,聪明贵重,气宇不凡"。他即位后,亲书密旨,立永琏为皇太子,藏在乾清宫"正大光明"匾额之后,但永琏9岁时死去。

第二位皇太子是永琮。乾隆帝在永琏病故后,又立皇七子永琮,但他两岁时又因痘症早殇。乾隆帝非常伤心,说:

> 皇七子永琮,毓粹中宫,性成凤慧,甫及二周,岐嶷表异。圣母皇太后因其出自正嫡,聪颖殊常,钟爱最笃。朕亦深望教养成立……而嫡嗣再殇,推求得非本朝自世祖章皇帝以至朕躬,皆未有以元后正嫡绍承大统者。岂心有所不愿,亦遭遇使然耳,似此竟成家法。乃朕立意私庆,必须以嫡子承统,行先人所未曾行之事,邀先人所不能获之福,此乃朕之过耶。

第三位皇太子是皇十五子颙琰。乾隆四十三年九月二十一日,乾隆帝宣谕:至六十年内禅。他说:

> 昔日皇祖康熙在位61年,我不敢与他老人家相比。如果老天保佑我长寿,至乾隆60年,我寿八十有五,即当传位太子,归政退闲。

这道谕旨的意思是说,他的祖父康熙皇帝在位六十一年,自己不敢相比。如果能在位六十年,就当传位给太子。乾隆六十年九月初三日,85岁的乾隆帝御圆明园勤政殿,召见皇子皇孙、王公大臣,宣示立皇十五子嘉亲王颙琰为皇太子,以明年为嗣皇帝嘉庆元年,届期归政。

嘉庆元年正月初一日,乾隆帝御太和殿,举行内禅大礼,授玺。颙琰即皇帝位,尊乾隆为太上皇,训政。由礼部鸿胪寺官诣天安门城楼上,恭宣颙琰钦奉太上皇帝传位诏书,金凤颁诏,宣示天下。

"金凤颁诏"是指皇帝从太和殿颁发的诏书，抬上黄舆，鼓乐高奏，礼仪隆重，由礼部官员送上天安门。天安门城楼上有一只"金凤"，口衔诏书，从城楼上徐徐降下；城楼下的礼部官员跪接诏书，分送各地，公布天下。

乾隆帝归政之后，以太上皇名义训政。当时有两个年号：宫内皇历仍用"乾隆"年号，各省改用"嘉庆"年号。乾隆帝退位后，本应住在宁寿宫，让新皇帝住在养心殿，但他不愿迁出，而让嘉庆帝居毓庆宫，赐名"继德堂"。

乾隆帝经常御殿，受百官朝贺，嘉庆帝则处于陪侍的地位。朝鲜使臣到北京，目击记载说：

嘉庆帝"侍坐太上皇，上喜则亦喜，笑则亦笑"。

又记载：

赐宴之时，嘉庆帝"侍坐上皇之侧，只视上皇之动静，而一不转瞩。"

乾隆帝内禅皇位后，又训政3年零3天。嘉庆四年正月初三日，乾隆帝崩于紫禁城养心殿。乾隆帝驾崩后，嘉庆帝颙琰亲政。嘉庆帝在办理大行皇帝乾隆帝大丧期间，采取断然措施，惩治权相和珅。

在乾隆帝当太上皇期间，和珅竭尽全力限制嘉庆，培植任用自己的亲信。颙琰即位时，他的老师朱珪当时任广东巡抚，向朝廷上了封表示庆贺的奏章。和珅就到乾隆帝面前告朱珪的状，不过乾隆帝未予理睬。

嘉庆元年，乾隆帝准备召朱珪回京，升任大学士，嘉庆帝写诗向老师表示祝贺。和珅又到乾隆帝那里告状，说嘉庆皇帝笼络人心，把太上皇对朱珪的恩典，算到自己身上。

这一次，乾隆帝生气了。他问军机大臣董诰："这该怎么办？"

董诰跪下劝谏乾隆帝说："圣主无过言。"

乾隆帝才作罢。不久，和珅还是找了个借口，怂恿乾隆帝将朱珪从两广总督降为安徽巡抚。和珅还将他的门下吴省兰派到嘉庆帝身边，名义上是帮助整理诗稿，实际上是监视嘉庆帝的言行。

嘉庆二年，领班军机大臣阿桂病故。和珅成为领班军机大臣。这时的乾隆帝，已年老体衰，记忆力很差，和珅成了乾隆帝的代言人，更加为所欲为。

乾隆帝驾崩，和珅失去靠山。嘉庆帝一面任命和珅与睿亲王等一起总理国丧大事，一面传谕他的老师朱珪来京供职。初四，嘉庆帝发出上谕，谴责在四川前线镇压白莲教起义的将帅玩嬉冒功，并借此解除和珅的死党福长安的军机处大臣职务。

嘉庆帝命和珅与福长安昼夜守灵，不得擅离，切断他们与外界的联系，削夺了和珅的首辅大学士、领班军机大臣、步军统领、九门提督的军政大权。正月初五日，给事中王念孙等官员上疏，弹劾和珅弄权舞弊。

初八，嘉庆帝宣布将和珅革职，逮捕入狱。初九，在公布乾隆帝遗诏的同时，嘉庆帝将和珅、福长安的职务革除，下刑部大狱。命仪亲王永璇、成亲王永瑆等，负责查抄和珅家产，并会同审讯。

十一日，在初步查抄、审讯后，嘉庆宣布和珅20大罪状，主要有欺骗皇帝、扣压军报、任用亲信、违反祖制、贪污敛财等。十八日，在京文武大臣会议，奏请将和珅凌迟处死，将同案的福长安斩首。

和珅被诛后，其党羽皆惶恐不安，嘉庆帝宣谕："凡为和珅荐举及奔走其门者，悉不深究。勉其悛改，咸与自新。"此谕一下，人心始安，政局稳定。

和珅的仕途起伏和乾隆盛世由盛转衰的起伏有着密切的联系。和珅得宠于乾隆盛世之末，正是乾隆帝功业将成、好大喜功之时。随着乾隆帝年岁益老，他越发宠爱和重用和珅，而和珅正是清朝贪官的代表。在贪污积弊日渐深入清朝的统治骨髓的时候，乾隆盛世的风采也随之逝去，取而代之的是人民的起义和清朝的衰落。

乾隆帝终年89岁，统治中国63年，躬历4朝，亲见7代，历代帝王都无法望其项背。他没有坐享其成，在父祖余荫的庇佑下度过一生，而是凭借自己的才干与谋略把大清王朝的强盛推向了顶峰。乾隆帝统治时期的清朝边疆稳固、社会安定、国库充裕、文治武功都达到了极盛。

但盛极而衰，国内的阶段矛盾日益尖锐，在乾隆后期各地起义此起彼伏。而这时国际环境风云变幻，外国资本主义势力叩关而至，清朝日益临近几千年来中国从未有过的严重危机时期。

正如和珅的盛极而衰一样，乾隆帝的盛世也在闭关自守中越来越衰败，大清的国运和国势也日渐没落，走入了清朝末年的凋敝。

附：清高宗大事年表

乾隆元年（1736年丙辰），弘历即皇帝位。准噶尔遣使入觐，清厘僧道，定江南水利岁修章程，禁百工当官贴费。

乾隆二年（1737年丁巳），命直隶试行区田法，仍设军机处，遣使封黎维祎为安南国王，减台湾"番饷"银。

乾隆三年（1738年戊午），准噶尔使臣奉表至京，准民人置买公产旗地，加恤各省贫生，定八旗家奴开户例，皇太子永琏殇。

乾隆四年（1739年己未），禁民越省进香，官修《明史》编成。

乾隆五年（1740年庚申），重修《大清律例》成书。

乾隆六年（1741年辛酉），乾隆帝初举木兰秋狝，徐元梦去世。

乾隆七年（1742年壬戌），定拔贡12年举行一次。

乾隆八年（1743年癸亥），乾隆帝初次往盛京谒陵，纂修《医宗金鉴》告成。

乾隆九年（1744年甲子），拨银兴修直隶水利，圆明三园建成。

乾隆十年（1745年乙丑），大学士鄂尔泰去世，普免各省钱粮。

乾隆十一年（1746年丙寅），查禁弘阳教，《九宫大成谱》编成。

乾隆十二年（1747年丁卯），方贞观逝世，准旗人入民籍居外省，准福建商民赴台贩米，准民开垦福建沿海诸岛。

乾隆十三年（1748年戊辰），皇后随驾东巡落水死，定军法从事律。

乾隆十四年（1749年己巳），金川事平。

乾隆十五年（1750年庚午），定旗员回避庄田例，西藏珠尔默特作乱。

乾隆十六年（1751年辛未），第一次下江南，停止知县3年行取例。

乾隆十七年（1752年壬申），马朝柱招军起义，温台县贫民抢米。
乾隆十八年（1753年癸酉），清查南河亏空。
乾隆十九年（1754年甲戌），阿睦尔撒纳兵败内附。
乾隆二十年（1755年乙亥），清军征讨达瓦齐，阿睦尔撒纳逃归作乱。
乾隆二十一年（1756年丙子），伊犁得而复失，定八旗驻防兵丁置产留养例。
乾隆二十二年（1757年丁丑），第二次下江南，清军再定准噶尔，回部大、小和卓木叛乱。
乾隆二十三年（1758年戊寅），雅尔哈善得库车空城，黑水营围解。
乾隆二十四年（1759年己卯），平定回疆。
乾隆二十五年（1760年庚辰），乾隆帝第十五子爱新觉罗·颙琰生授回疆诸伯克，移民实边。
乾隆二十六年（1761年辛巳），密折奏报京员贤否。
乾隆二十七年（1762年壬午），第三次下江南。
乾隆二十八年（1763年癸未），果亲王弘瞻被革爵，定州县官无故赴省参处例。
乾隆二十九年（1764年甲申），驰禁蚕丝出洋。
乾隆三十年（1765年乙酉），乾隆帝第四次南巡，定巡查与俄国疆界例。
乾隆三十一年（1766年丙戌），普免各省漕粮，皇后那拉氏去世。
乾隆三十二年（1767年丁亥），明瑞征缅破蛮结。
乾隆三十三年（1768年戊子），明瑞败死小猛育，学者齐召南去世。
乾隆三十四年（1769年己丑），傅恒征缅议和罢兵。
乾隆三十五年（1770年庚寅），再免全国地丁钱粮一次。
乾隆三十六年（1771年辛卯），渥巴锡回归入觐。
乾隆三十七年（1772年壬辰），桂林兵败墨垄沟，停5年编审造册制。
乾隆三十八年（1773年癸巳），温福兵败木果木。
乾隆三十九年（1774年甲午），定聚众结盟罪例，波格尔拜会六世班禅。
乾隆四十年（1775年乙未），禁广西商民出口贸易。

乾隆四十一年（1776年丙申），追谥明季殉难诸臣，清廷删销书籍。

乾隆四十二年（1777年丁酉），民壮停止演习火枪，清廷恢复翻译科试。

乾隆四十三年（1778年戊戌），追复多尔衮封爵，乾隆帝东巡盛京，乾隆帝宣谕内禅年限。

乾隆四十四年（1779年己亥），命和珅在御前大臣上学习行走。

乾隆四十五年（1780年庚子），乾隆帝第五次南巡。

乾隆四十六年（1781年辛丑），禁直省大吏设立管门家人收受门包。

乾隆四十七年（1782年壬寅），颙琰次子，爱新觉罗·旻宁诞生；给袁崇焕裔孙官职。

乾隆四十八年（1783年癸卯），乾隆帝第四次东巡盛京。

乾隆四十九年（1784年甲辰），乾隆帝第六次南巡，定绿营告休人员食俸例。

乾隆五十年（1785年乙巳），乾隆帝登基50年举行庆典活动，是年灾害严重。

乾隆五十一年（1786年丙午），增定武职官阶，台湾林爽文起义。

乾隆五十二年（1787年丁未），准汉人娶蒙古妇女为妻。

乾隆五十三年（1788年戊申），廓尔喀兴兵侵藏；复封黎维祁为安南国王。

乾隆五十四年（1789年己酉），封阮兴平为安南国王，清政府在西藏设站定界，定立禁约回民章程。

乾隆五十五年（1790年庚戌），海岛民居不得尽行焚毁。

乾隆五十六年（1791年辛亥），回疆设立满文学校，廓尔喀侵据扎什伦布，清政府在西藏开炉铸钱。

乾隆五十七年（1792年壬子），治仲巴呼图克图等罪。

乾隆五十八年（1793年癸丑），颁布《钦定西藏章程》，准将铁器等贩入新疆。

乾隆五十九年（1794年甲寅），裁革两淮盐政衙门日费供应。

乾隆六十年（1795年乙卯），宣立颙琰为皇太子，乾隆帝连续制裁贪官，弘历禅位。

嘉庆四年（1799年）正月初三日，清高宗爱新觉罗·弘历去世。